Inhalt

Zeitschrift »psychosozial« im Psychosozial-Verlag

Redaktion: Prof. Dr. Hans-Jürgen Wirth, Katrin Frank, Walltorstraße 10, 35390 Gießen
E-Mail: hjw@psychosozial-verlag.de, katrin.frank@psychosozial-verlag.de

Abo-Verwaltung: Telefon 06 41/96 99 78 18
E-Mail: bestellung@psychosozial-verlag.de

Verlag: Psychosozial-Verlag, Walltorstraße 10, 35390 Gießen
E-Mail: info@psychosozial-verlag.de, www.psychosozial-verlag.de

Umschlaggestaltung: nach Entwürfen des Ateliers Warminski, Büdingen

Umschlagabbildung: Redon: »Winged Head«, ca. 1880

Satz: Hanspeter Ludwig, Gießen

Bezugsgebühren: Für das Jahresabonnement EUR 49,90 (inkl. MwSt.) zuzüglich Versandkosten. Studentenabonnement 50% Rabatt (inkl. MwSt.) zuzüglich Versandkosten. Lieferungen ins Ausland zuzüglich Mehrporto. Das Abonnement verlängert sich jeweils um ein Jahr, sofern nicht eine Abbestellung bis zum 15. November erfolgt.

Preis des Einzelheftes: EUR 19,90.

Bestellungen richten Sie bitte direkt an den Psychosozial-Verlag oder wenden Sie sich an Ihre Buchhandlung.

Anzeigen: Anfragen bitte an: anzeigen@psychosozial-verlag.de

Erscheinungsweise: Viermal im Jahr.

Manuskripte: Die Redaktion lädt zur Einsendung von Manuskripten (in zweifacher Ausfertigung) ein. Mit der Annahme des Manuskriptes erwirbt der Verlag das ausschließliche Verlagsrecht auch für etwaige spätere Veröffentlichungen.

Datenbanken: Die Zeitschrift psychosozial wird regelmäßig im Sozialwissenschaftlichen Literaturinformationssystem SOLIS des Informationszentrums Sozialwissenschaften (Bonn) und in der Literaturdatenbank PSYNDEX der Zentralstelle für psychologische Information und Dokumentation (ZPID), Universität Trier, Postfach 3825, 54286 Trier erfasst.

CIP-Einheitsaufnahme der Deutschen Bibliothek: Psychosozial. – Gießen: Psychosozial-Verl. Erscheint jährlich viermal – Früher im Rowohlt-Taschenbuch Verl., Reinbek bei Hamburg, danach in der Psychologie Verl. Union, Beltz Weinheim. – Erhielt früher Einzelbd.-Aufnahme. – Aufnahme nach 53. Jg. 16, H. 1 (1993).

ISSN 0171-3434

Abonnement-Verwaltung: Bitte teilen Sie dem Verlag bei Adressänderungen unbedingt Ihre neue Anschrift mit.

Schwerpunktthema:

Neue moderne Leiden. Krankheit und Gesellschaft

Herausgegeben von Rolf Haubl und Elmar Brähler

Editorial

Unter dem Eindruck des Zweiten Weltkrieges hat die Weltgesundheitsbehörde eine Definition von Gesundheit vorgelegt, die eine nicht einlösbare regulative Idee formuliert: Ihr zufolge ist Gesundheit nicht einfach die Abwesenheit von Krankheit, sondern ein Zustand völligen körperlichen, psychischen und sozialen Wohlbefindens. Diese Definition impliziert eine Kritik an der naturwissenschaftlichen Medizin, die im 19. Jahrhundert mit einem organpathologischen Krankheitsbegriff ihren Siegeszug angetreten hat. Kritisiert wird, dass eine solche Medizin Krankheiten über Abweichungen von einem normalen organischen Funktionieren diagnostiziert, wobei sie suggeriert, die dafür benötigten Funktionsnormen seien objektive Sachverhalte. Ein weiterer Kritikpunkt stellt heraus, dass sich die Organmedizin zwar mit Krankheiten auskennt, nicht aber mit Kranken. Es sind aber konkrete Menschen, die erkranken, und konkrete Menschen, die organische Funktionsnormen festlegen und Abweichungen davon interpretieren: Patienten auf der einen, Mediziner auf der anderen Seite. Folglich muss ein qualifizierter Gesundheits- oder Krankheitsbegriff das Erleben eines Menschen ebenso berücksichtigen wie die gesellschaftlichen Verhältnisse, in denen er lebt. Gesundheit und Krankheit verlangen eine ganzheitliche und das heißt: biopsychosoziale Betrachtung.

Allerdings ist auch die Definition der Weltgesundheitsbehörde nicht ohne Widerspruch geblieben. Zum einen mangelt es an einer praktikablen Operationalisierung von Wohlbefinden; zum anderen weckt die Definition die falsche Erwartung, es bestünde ein Anspruch auf Wohlbefinden, wie immer es auch operationalisiert sein mag. Zwar darf man annehmen, dass Krankheiten in der Regel das Wohlbefinden senken, die Gleichsetzung von Gesundheit mit Wohlbefinden legitimiert aber Maßlosigkeit: Wohlbefinden ist letztlich ein subjektiver Zustand. Wie aber kann in Anbetracht dieser Subjektivität verhindert werden, dass Gesellschaftsmitglieder bereits kleinste Eintrübungen ihrer Befindlichkeit als Krankheit anerkannt haben wollen?

Keine Unterscheidung zu treffen, wäre aber aus verschiedenen Gründen fatal. So ist die Krankenrolle aus der Sicht wohlfahrtsstaatlicher Gesundheitssysteme eine höchst kostenintensive Rolle, weshalb sie nicht ohne strenge Prüfung vergeben wird. Somit käme eine nicht begrenzbare Vergabe der Rolle zu teuer. Zudem würden auch die Mediziner davon profitieren und deshalb nicht wirklich gegen eine Ausweitung einschreiten. Im Gegenteil: Das Gesundheitssystem, allen voran die Pharmaindustrie, betreiben gezielt »disease mongering«; es werden Krankheiten konstruiert, um den Umsatz an medizinischen Leistungen zu steigern. Schließlich verschafft man mit einer unkontrollierten Transformation von Missbefinden in Krankheiten den Gesellschaftsmitgliedern leichte Gelegenheiten, sich unangenehmen, aber gesellschaftlich notwendigen Aufgaben zu entziehen.

In modernen, funktional differenzierten Gesellschaften ist das Medizinsystem ein eigenständiges Subsystem, das Wissen über Krankheit und Gesundheit monopolisiert – bisher mehr über Krankheit als über Gesundheit, so wie es bisher auch kurative Maßnahmen gegenüber rehabilitativen und präventiven Maßnahmen favorisiert. Wen das Medizinsystem zertifiziert, der tritt als Experte auf, der medizinische Laien in erster Linie als Störfaktoren wahrnimmt. Denn Laien haben ihre eigenen Krankheitstheorien, die meist nicht mit wissenschaftlichen Theorien kompatibel sind, aber Glaubenswahrheiten bieten, die das Arzt-Patient-Verhältnis beeinflussen, indem sie etwa die erwartete Compliance hintertreiben. Mögen auch manche Laientheorien magischem Denken entsprungen sein, so setzen sie sich in der Moderne doch eher aus massenmedial aufbereiteten und verbreiteten Informationen zusammen. Denn Gesundheit und Krankheit sind mehr denn jemals zuvor öffentliche Themen mit einem großen Aufmerksamkeitswert.

Gesund zu leben, ist zu einem neuen Imperativ der Lebensführung geworden, zum Teil so penetrant, dass Zyniker meinen, gerade dieser Imperativ verhindere ein lebenswertes Leben. Dürften Gesellschaftsmitglieder überhaupt darauf verpflichtet werden, gesund zu leben, sodass sie bei Zuwiderhandeln den Schaden, den sie nehmen, ohne Unterstützung der Solidargemeinschaft zu tragen hätten? Ist die Vergabe der Krankenrolle daran gebunden, dass ein Kranker die Ursachen seiner Erkrankung nicht kontrollieren konnte, so wird dieses Kriterium spätestens dann zum Problem, wenn sich bestimmte Lebensstile als gesundheitliche Risikofaktoren ausmachen lassen.

Mit zunehmendem Gesundheitsbewusstsein steigt auch die Verunsicherung über den eigenen Gesundheitszustand und mit der Verunsicherung die Suche nach Orientierung, gleich, woher man sie bezieht. Das Medizinsystem selbst bietet keine zweifelsfreie Orientierung. Denn das bekannt Bonmot, Gesunde seien Menschen, die nicht wissen, dass sie krank sind, erhält durch den medizinisch-technischen Fortschritt durchaus seine Bestätigung. Je tiefer die medizinischen Wissenschaften in die Struktur menschlichen Lebens eindringen, desto mehr Funktionsnormen stellen sie auf, womit sie Abweichungen schaffen, um die sich zuvor niemand gekümmert hat. Jede dieser Abweichungen ermöglicht es, eine neue Krankheit zu (er-)finden. Gleichzeitig verspricht der medizinisch-technische Fortschritt aber auch neue Therapiemöglichkeiten. Damit mobilisiert das Medizinsystem beständig Hoffnungen gegen die Ängste, die es mit erzeugt hat.

Was für organische Krankheiten gilt, trifft noch mehr auf Krankheiten zu, für die sich keine organischen Ursachen finden lassen. Auch wenn sie heute seltener als eingebildet stigmatisiert werden, werfen sie immer wieder die Frage nach einer Grenzziehung zwischen Leid und Krankheit auf. Was erwartet eine Gesellschaft von ihren Mitgliedern: Welches und wie viel Leid sollen sie ertragen, ohne dass es in die Zuständigkeit des Medizinsystem fällt?

Unter dem Titel »Neue moderne Leiden. Krankheit und Gesellschaft« versammeln wir in diesem Themenheft eine Reihe von Originalarbeiten, die alle – in der Tradition von Edward Shorters »Moderne Leiden« (Hamburg: Rowohlt 1994) – von folgenden Prämissen ausgehen: Das Spektrum menschlichen Leidens ist nicht universal. Verschiedene Gesellschaften bringen verschiedene Leiden samt deren – kontroverser – Deutung hervor, die sich zudem unter dem Einfluss gesellschaftlichen Wandels verändern. Nicht alle diese Leiden werden als Krankheiten gedeutet. Vielmehr lassen sich widerstreitende Interessen ausmachen, die für oder gegen eine solche Transformation eintreten. Jedes einzelne Gesellschaftsmitglied leidet zwar für sich, kommt dabei aber nicht ohne soziale Anerkennung seines Leidens aus.

Rolf Haubl & Elmar Brähler

Elektrosensibilität – vom Leiden an einer Krankheit, die es nicht gibt

Über die Wirklichkeit des Möglichen in der Risikogesellschaft

Armin Günther

Am 11. Juli 1959 berichtete die in North Carolina, USA, erscheinende Tageszeitung *The News & Observer* über Experimente britischer Forscher, welche die vielfach geäußerte Sorge, Rauchen könne Lungenkrebs verursachen, zu entkräften schienen:

> »*Strong Rebuttal to Cancer Scare*
> Scientists of Britain's Institute of Cancer Research, after waiting five years to complete and verify their experiments, have announced findings which furnish a strong rebuttal to the lung cancer scare which has aimed at cigarette smokers in this country. In brief, the British scientists, who enjoy an enviable reputation for thoroughness and accuracy, testify that five years of experiments had failed to induce lung cancer by exposing the animals to strong concentrations of cigarette smoke. In fact, they report that no malignant changes have been detected, but that the animals did lose weight in the course of the experiment« (The News & Observer 1959).

Ähnliche Meldungen, in denen ein Zusammenhang von Rauchen und Lungenkrebs infrage gestellt wurde, waren bis in die 1960er Jahre hinein keine Seltenheit.[1] Aus heutiger Sicht, ein halbes Jahrhundert später, erscheinen diese Berichte befremdlich, ja geradezu schockierend, weiß doch inzwischen jedes Kind, dass Rauchen krank macht und Krebs verursacht. Der Blick auf eine Zigarettenschachtel genügt, um dies in Erfahrung zu bringen: »Rauchen ist tödlich. Raucher sterben früher. Rauchen verursacht tödlichen Lungenkrebs. Rauchen führt zur Verstopfung der Arterien und verursacht Herzinfarkte und Schlaganfälle ...«[2] Glasklar, eindeutig und jenseits jedes Zweifels werden in den Warnhinweisen die »harten Tatsachen« über die gesundheitlichen Auswirkungen des Rauchens benannt. Zu den »harten Tatsachen« gehören auch die 140.000 Menschen, die dem aktuellen *Drogen- und Suchtbericht* der Bundesregierung zufolge jährlich in Deutschland an den direkten Folgen des Rauchens sterben, sowie die mehr als 3.000 Menschen, die den Folgen des Passivrauchens erliegen (vgl. Drogenbeauftragte der Bundesregierung 2007, S. 12). In den vergangenen zehn Jahren sind Tabakkonzerne in den USA zu Zahlungen in Millionenhöhe verurteilt worden (vgl. Daynard et al. 2000), nicht zuletzt deshalb, weil sie die Gefahren des Rauchens wider besseren Wissens über Jahrzehnte hinweg verharmlost haben (vgl. Glantz et al. 1996; Glantz 2000). Und bei allen Debatten, die gegenwärtig um den Schutz von Nichtrauchern vor den Folgen des Passivrauchens geführt werden, gibt es doch um einen Punkt keine nennenswerte öffentliche Auseinandersetzung mehr: dass das Inhalieren von Tabakrauch – ob aktiv oder passiv – ein erhebliches Gesundheitsrisiko darstellt.[3]

Risiken als gesellschaftliches Wissen

Doch der Blick in die Medienberichterstattung früherer Jahre lässt erahnen, dass die vermeintlich »harten Tatsachen« über die gesundheitlichen Folgen des Rauchens keineswegs offen zutage liegen. Unser Wissen um die Risiken des Rauchens ist ein gesellschaftlich erworbenes und tradiertes Wissen (vgl. Günther 1997, 1998). Gewiss, wir haben vielleicht persönlich die Erfahrung machen müssen, dass eine Person aus unserem Bekanntenkreis nach langjährigem Tabakkonsum an Lungenkrebs erkrankt ist. Aber wissen wir, dass Rauchen krank macht, weil wir diese Erfahrung machen mussten? Oder ist es nicht vielmehr gerade umgekehrt so, dass wir in dieser konkreten Erkrankung die zerstörerischen Folgen des Rauchens nur erkannten (oder vermuteten), weil wir bereits um die krankmachende Wirkung des Rauchens wussten?

Das Irritierende an den historischen Berichten über die Risiken des Rauchens besteht daher nicht so sehr in dem, was dort über das Rauchen gesagt oder nicht gesagt wird. Was irritiert, ist vielmehr, daran erinnert zu werden, dass die zweifelsfreie Gewissheit, die wir heute in der medizinischen Beurteilung des Tabakkonsums an den Tag legen, das Ergebnis eines jahrelangen gesellschaftlichen Auseinandersetzungsprozesses ist. Und mit dieser Erinnerung droht die fraglose Gewissheit von der Schädlichkeit des Rauchens – zumindest für einen Moment – den Boden unter den Füßen zu verlieren. Die Frage drängt sich auf, wie verlässlich dieses gesellschaftlich produzierte Wissen eigentlich ist?

Diese Irritation betrifft nicht nur, ja nicht einmal in erster Linie, das Beispiel des Rauchens. Die Vergegenwärtigung vergangener Risikodiskurse (Lau 1989) lässt vielmehr auch unsere aktuellen Debatten um neue, insbesondere technik-induzierte Risiken in einem anderen Licht erscheinen – zumindest dann, wenn wir es nicht mit der Arroganz der Nachgeborenen bei einem Kopfschütteln über die Irrtümer und Fehleinschätzungen der Vergangenheit belassen. Wenn selbst die Schädlichkeit des Rauchens über Jahre hinweg und durch wissenschaftliche Argumente gestützt infrage gestellt werden konnte, wie sehr können wir dann jenen Stimmen vertrauen, die uns heute der Ungefährlichkeit neuerer Risiken versichern – wie zum Beispiel der folgenden Meldung der *Frankfurter Allgemeinen Zeitung,* in der von den Ergebnissen einer dänischen Studie zu den Risiken der Handynutzung berichtet wird:

> »*Keine Krebshäufung durch Handys erkennbar*
> Der oft geäußerte Verdacht, die von Mobiltelefonen ausgehende Strahlung berge ein Krebsrisiko, wird durch eine große dänische Studie entkräftet. Den Ergebnissen zufolge ging weder eine kurze noch eine lange Nutzung mit einer erkennbaren Häufung von Krebserkrankungen einher. Das berichtet eine Forschergruppe um den Epidemiologen Joachim Schüz von der Dänischen Krebsgesellschaft in Kopenhagen. Die Untersuchung stützt sich auf Daten von 420095 Personen, die in den Jahren 1982 bis 1995 ein Mobiltelefon erworben haben. [...] Würde die elektromagnetische Strahlung von Handys das Krebsrisiko erhöhen, wie das immer wieder befürchtet wird, dann sollte sich das vor allem in einer größeren Zahl von Tumoren des Gehirns und Nervensystems, der Augen, Speicheldrüsen sowie in einer Häufung von Leukämien spiegeln. Auf keine dieser Krebsarten traf das aber zu. Die dänischen Forscher schließen daher jeglichen größeren Zusammenhang zwischen Handynutzung und Krebsrisiko aus« (Frankfurter Allgemeine Zeitung 2006, S. N1).

Die Parallelen in der Berichterstattung über die britischen Experimente zur Kanzerogenität von Zigarettenrauch und der dänischen Handykohortenstudie sind offensichtlich. Dementis hier wie dort: Mit Verweis auf wissenschaftliche Forschungsergebnisse wird der Gefahrenverdacht gegenüber dem Rauchen wie auch der Handynutzung »widerlegt« und »entkräftet«: Kein Krebs durch Rauchen; kein Krebs durch Mobiltelefone. Beide Berichte heben die wissenschaftliche Qualität der Befunde hervor, der eine durch den Hinweis auf die Reputation der Forscher und den langjährigen, sorgfältigen Forschungsprozess, der andere vor allem durch die Größe der Studie, festgemacht an der Anzahl der analysierten Fälle.

Und genau wegen dieser Parallelität der Berichterstattung liegt die Frage auf der Hand, ob nicht auch der weitere Prozess dieses Risikodiskurses parallel verlaufen könnte? Werden die Menschen in 50 Jahren möglicherweise genauso irritiert und schockiert auf die Zeit zurückblicken, in der das Mobiltelefonieren als gesundheitlich unbedenklich galt, so wie wir auf die Zeit zurückblicken, in der das Rauchen als harmloses Vergnügen angesehen wurde? Werden auf den Handys der Zukunft ebenfalls Warnhinweise zu lesen sein: Mobiltelefonieren ist tödlich; Mobiltelefonierer sterben früher; Mobiltelefonieren verursacht tödlichen Gehirnkrebs ...?

Elektrosmog in der öffentlichen Wahrnehmung

Allen Dementis zum Trotz: Ein nicht unerheblicher Anteil der Bevölkerung in Deutschland schließt gesundheitliche Gefahren durch »Elektrosmog« oder elektromagnetische Felder[4] (EMF) nach wie vor nicht aus. Dabei steht in den letzten Jahren vor allem der *Mobilfunk* als EMF-Quelle im Brennpunkt des Interesses.

In einer 2004 durchgeführten, repräsentativen Umfrage *(WIK)*[5] beantworteten immerhin 89% der Auskunftspersonen die Frage, ob sie es persönlich *für möglich* halten, »dass mit dem Mobilfunk gesundheitliche Probleme verbunden sind« mit »ja, ganz sicher« (25%) oder »ja, möglicherweise schon« (64%). Lediglich 11% der Befragten trauten sich auf diese Frage ein definitives »nein, auf keinen Fall« zu (Büllingen/Hillebrand 2005, S. 47).

Sorgen »wegen der elektromagnetischen Felder, die von Mobilfunk-Sendeanlagen, Handys oder schnurlosen Telefonen ausgehen« machen sich einer anderen, von 2003 bis 2006 jährlich durchgeführten Reihenbefragung *(INFAS)* zufolge etwa 30% der deutschen Bevölkerung (infas 2006, S. 21). Dabei werden Mobilfunk-Sendeanlagen kritischer gesehen als der Gebrauch von Handys (vgl. Siegrist et al. 2005, S. 1256; Dialogik 2006, S. 161).

Der Anteil der Menschen, die eine Gefährdung durch Elektrosmog nicht nur für möglich halten oder sich deswegen Sorgen machen, sondern sich als unmittelbar *Betroffene* sehen, ist – wie nicht anders zu erwarten – deutlich kleiner. Immerhin zwischen 8% und 10% der deutschen Bevölkerung beschrieben sich selbst in den bereits zitierten jährlichen INFAS-Befragungen als gesundheitlich beeinträchtigt durch die »elektromagnetischen Felder, die von Mobilfunk-Sendeanlagen, Handys oder schnurlosen Telefonen ausgehen« (infas 2006, S. 21). In der WIK-Studie gaben etwa 5% der Auskunftspersonen an, sie hätten »schon einmal gesundheitliche Probleme gehabt, deren Ursache sie eindeutig dem Mobilfunk zuschreiben« (Büllingen/Hillebrand 2005, S. 54). Und in einer anderen, ebenfalls 2004 durchgeführten Befragung (KATALYSE), bejahten über 7% der bevölkerungsrepräsentativen Stichprobe die allgemeine (nicht nur auf Mobilfunk bezogene) Frage nach »gesundheitliche[n] Beschwerden im Zusammenhang mit elektrischen, magnetischen oder elektromagnetischen Feldern« (Katalyse 2006, S. 39). Vergleichbare Ergebnisse gibt es auch aus anderen Ländern und Regionen, wenngleich der Anteil der Befragten, der gesundheitliche Beeinträchtigungen durch EMF berichtete, teilweise deutlich abweicht.[6]

Diese Umfragedaten lassen schon erahnen, dass es erhebliche Unterschiede in der Risikobewertung von elektromagnetischen Feldern gibt. In dem relativ hohen Anteil an Menschen, die gesundheitliche Probleme im Zusammenhang mit dem Mobilfunk zumindest »für möglich« halten, spiegelt sich der Umstand wider, dass die Debatte um das Risiko Elektrosmog von weiten Teilen der Bevölkerung als noch nicht abgeschlossen wahrgenommen wird. Die Intensität der Besorgnis scheint dabei allerdings »im Durchschnitt« eher gering zu sein. Speziell für den Mobilfunk kommt das Forschungsinstitut Dialogik (2006, S. 66) auf der Basis einer mehrere Umfragen zusammenfassenden Metaanalyse zu dem Ergebnis, dass dieser »nicht mit den Eigenschaften eines hohen Risikos« wahrgenommen wird. Gefährdungen wie »Luftverschmutzung«, »Verzehr von Fleisch unbekannter Herkunft«, »gentechnisch veränderte Lebensmittel«, »starkes Zigarettenrauchen« (infas 2006, S. 7) oder auch »Asbest«, »Röntgenstrahlung«, »Atomkraft« und »Straßenverkehr« (Büllingen/Hillebrand 2005, S. 46) werden im Durchschnitt als deutlich riskanter eingeschätzt.

Doch diese Durchschnittsbetrachtung verdeckt, dass in der Bevölkerung erhebliche Unterschiede in der Einschätzung der Gefahren durch Elektrosmog bestehen. Eine besonders kritische Haltung hat naturgemäß die Gruppe der »Betroffenen«, also jener relativ kleine, dennoch absolut betrachtet mehrere Millionen Menschen umfassende Anteil der Bevölkerung, der sich in seiner Gesundheit durch Elektrosmog beeinträchtigt sieht. Seit einigen Jahren (vgl. Hillert et al. 1999, S. 429; Hillert 2001, S. 2ff.) haben wir auch ein eigenes Label für diesen Personenkreis. Die Rede ist von »Elektrosensiblen«.

»Elektrosensibilität« und seine Lesarten

»Elektrosensibilität ist«, so schreibt ein Betroffener auf seiner Internetseite, »eine moderne Umweltkrankheit. Elektrosensible Menschen reagieren mit Krankheitssymptomen auf elektromagnetische Felder, denen sie oft unausweichlich ausgesetzt sind« (Rückemann 2002).

Doch genauer betrachtet, entpuppt sich der Begriff der »Elektrosensibilität« oder »elektromagnetischen Hypersensibilität« (EHS) als eine Schimäre. Auf den ersten Blick scheint hiermit eine Gesundheitsstörung aus dem weiten Feld stofflicher und energetischer Überempfindlichkeiten bezeichnet zu werden. EHS wäre demnach die individuelle Überempfindlichkeit eines Organismus gegenüber elektromagnetischen Feldern – ähnlich beispielsweise der »Licht- oder Sonnenallergie«, bei der es zu Reaktionen auf die UV-Strahlen im Sonnenlicht kommt. Doch während diese Lesart dem Verständnis vieler Betroffener aber auch dem Alltagsverständnis nicht betroffener Laien entsprechen dürfte, verstehen »EHS-Experten« den Begriff vielfach anders. Demnach sind Menschen »elektrosensibel«, wenn *sie selbst* »körperliche Beschwerden auf das Vorhandensein von elektrischen, magnetischen oder elektromagnetischen Feldern (EMF) zurückführen« (Katalyse 2006, S. 30). Elektrosensibel ist dieser Lesart zufolge also nicht, wer eine Hypersensibilität gegenüber elektromagnetischen Feldern hat, sondern wer *von sich selbst glaubt*, eine solche Hypersensibilität gegenüber elektromagnetischen Feldern zu haben!

Wie eigenartig diese Begriffskonstruktion ist, zeigt der Vergleich mit einer »anerkannten« Form von Hypersensibilität: Wenn wir von einer Person sagen, dass sie an einer Lichtallergie leidet, so wollen wir damit zum Ausdruck bringen, dass diese Person auf Licht mit Krankheitssymptomen reagiert. Wir wollen aber überhaupt nichts darüber aussagen, was die betreffende Person denkt (z.B. über ihre Krankheit). Ganz anders im Fall der Elektrosensibilität. Wenn Menschen beispielsweise in wissenschaftlichen Untersuchungen als »elektrosensibel« bezeichnet werden, dann vielfach, um damit etwas darüber auszusagen, was diese Menschen denken – nämlich, dass Elektrosmog sie krank macht – und nicht, um damit eine Aussage über die Wirkung elektromagnetischer Felder auf diesen Personenkreis zu machen.

Wir haben es also mit zwei ganz unterschiedlichen Lesarten von »Elektrosensibilität« zu tun: In der *objektivistischen Lesart* setzt die Zuschreibung von Elektrosensibilität eine *medizinische* Diagnose voraus, bei der EMF als Ursache für Krankheitssymptome festgestellt wurde (objektive Elektrosensibilität). In der *subjektivistischen Lesart* dagegen ist für die Feststellung von Elektrosensibilität eine *psychologische* Diagnose erforderlich, bei der zu prüfen ist, ob eine Person die eigenen Krankheitssymptome elektromagnetischen Feldern bzw. »Elektrosmog« zuschreibt (subjektive/wahrgenommene Elektrosensibilität).[7] Kurz: Im objektivistischen Sinne reden wir über Krankheitsursachen, im subjektivistischen Sinne dagegen über subjektive Krankheitstheorien.[8] Beide Lesarten definieren unterschiedliche Personengruppen, die eine mehr oder weniger große, möglicherweise auch leere Schnittmenge haben können.

Warum diese unterschiedlichen Konzepte von Elektrosensibilität? Der Grund hierfür ist unschwer auszumachen: Während es zweifellos Menschen gibt, die sich als elektrosensibel wahrnehmen (subjektive Elektrosensibilität), ist es höchst strittig, ob sie es tatsächlich auch sind (objektive Elektrosensibilität). Die unterschiedlichen Lesarten von »Elektrosensibilität« verweisen also letztlich auf die Frage, die die Auseinandersetzung um die Risiken elektromagnetischer Felder insgesamt beherrscht: Macht Elektrosmog krank?[9]

Elektrosmog im Risikodiskurs

Im Unterschied zum Risiko des Rauchens, über dessen krankmachende Wirkung inzwischen ein »vernünftiger Zweifel« nicht mehr möglich ist, gibt es derzeit keinen gesellschaftlichen Konsens hinsichtlich des Risikos, durch Elektrosmog zu erkranken. Auch wenn nicht wenige meinen, dass »die Harmlosigkeit der Funktechnik nach Tausenden Studien so gut wie gesichert [sei]«

(Dworschak 2007, S. 156), zeigt gerade dieses Beispiel, dass noch so viele wissenschaftliche Studien das Ende einer öffentlichen Risikodebatte nicht erzwingen können. Im Gegenteil: Dass diese Debatte nach wie vor offen ist, wird nirgends deutlicher als in der nicht enden wollenden Flut an wissenschaftlichen Untersuchungen zu den Auswirkungen elektromagnetischer Felder auf Mensch und Natur.

Betrachtet man diese Debatte etwas näher, so treten als Akteure vor allem Politik, Wirtschaft/Industrie, Bürgerinitiativen/Umweltverbände und Wissenschaft mit ihren jeweils funktionsspezifisch unterschiedlichen Perspektiven in Erscheinung (vgl. Dialogik 2006).[10] Auch die Heilberufe sind in dieser öffentlichen Auseinandersetzung vertreten, insbesondere die Ärzteschaft, die ganz praktisch mit der Frage nach den Folgen elektromagnetischer Felder konfrontiert ist. Im Folgenden soll kurz und notwendigerweise stark vereinfacht umrissen werden, wie sich das »Risiko Elektrosmog« aus diesen unterschiedlichen Perspektiven gegenwärtig darstellt:

Politik: Für Deutschland lässt sich die regierungsamtliche Position zum Risiko Elektrosmog einer Stellungnahme der Bundesregierung aus dem Jahr 2005 entnehmen:

> »Die […] Frage nach einem kausalen Zusammenhang zwischen dem Einwirken elektromagnetischer Felder und damit ausgelöster Erkrankungen ist eindeutig zu beantworten. Nach derzeitigem wissenschaftlichen Kenntnisstand liegt ein solcher Zusammenhang nicht vor, solange die in der 26. BImSchV festgelegten Grenzwerte eingehalten werden« (Deutscher Bundestag 2005, S. 10).

Bis heute dürfte sich an dieser grundsätzlichen Einschätzung nichts geändert haben. Doch trotz der eindeutigen Antwort auf die Frage nach dem Gesundheitsrisiko durch elektromagnetische Felder ist auch für das politische System insgesamt die Debatte damit keineswegs beendet. Nicht zuletzt durch Initiativen wie dem *Deutschen Mobilfunk Forschungsprogramm*[11] wird sie weitergeführt und offengehalten. Diese wie andere öffentlich finanzierte Forschungsprogramme legitimieren sich letztlich durch das Zugeständnis, dass die Unsicherheiten über die Auswirkungen elektromagnetischer Felder angesichts des Stellenwerts und der Reichweite der Problematik noch zu groß sind, um sie als unvermeidbares Restrisiko auf sich beruhen lassen zu können (vgl. Deutscher Bundestag 2006, S. 4). So verfolgt die deutsche (Regierungs-)Politik im Hinblick auf die Risiken des Mobilfunks eine zweigleisige Argumentationsstrategie (vgl. Dialogik 2006, S. 94): Einerseits wird betont, dass bei Einhaltung der Grenzwerte nach derzeitigem wissenschaftlichen Kenntnisstand keine Gesundheitsschäden zu erwarten sind. Andererseits wird es als Gebot der Vorsorge betrachtet, die Möglichkeit noch nicht nachgewiesener Schäden in Betracht zu ziehen und die »Belastung« durch EMF auch unterhalb der Grenzwerte möglichst zu minimieren.

Wirtschaft: Auf Seiten der Wirtschaft stehen in den letzten Jahren vor allem die Mobilfunknetzbetreiber in der Diskussion. Deren Position ist klar und wenig überraschend (vgl. Dialogik 2006, S. 83): Nach dem derzeitigen Stand von Wissenschaft und Technik stellt die Mobilfunktechnologie keine Gefahr dar, vielmehr erleichtert sie das Leben und stiftet individuellen und gesellschaftlichen Nutzen. Vorbehalten und Ängsten will man durch sachliche Information und Aufklärung begegnen. Die Industrie gibt sich verantwortlich und dialogbereit – hat aber mit einer relativ geringen Glaubwürdigkeit zu kämpfen.

Bürgerinitiativen/Umweltverbände: Eine Gegenposition zur Wirtschaft nehmen Bürgerinitiativen teilweise auch Umweltverbände ein. Auch dies ist wenig verwunderlich, wurden doch gerade die Bürgerinitiativen vielfach mit dem erklärten Ziel gegründet, gegen Mobilfunkanlagen vorzugehen. Aus Sicht dieser Initiativen ist die Gesundheitsschädlichkeit elektromagnetischer Felder durch wissenschaftliche Untersuchungen sowie klinische Einzelfallbeobachtungen hinreichend belegt (vgl. Dialogik 2006, S. 85). Gleichzeitig wird die Unabhängigkeit wissenschaftlicher Forschung vielfach infrage gestellt und auf finanzielle und personelle Verflechtungen von Wissenschaft, Wirtschaft, Politik und Medien verwiesen.

Die organisierten Mobilfunkgegner haben

allerdings, ähnlich wie die Wirtschaft, mit einem Imageproblem zu kämpfen. In der Außensicht wird ihnen eine zur Wirtschaft komplementäre Voreingenommenheit zugesprochen: Während die einen verharmlosen, überzeichnen die anderen (vgl. Dialogik 2006, S. 15, 104).

Wissenschaft: Auf die Wissenschaft berufen sich neben der Politik sowohl Befürworter wie Gegner der umstrittenen Technologien. Diese multiple Indienstnahme wissenschaftlichen Wissens für die jeweils eigene Risikobewertung ist möglich, da es *die* Position *der* Wissenschaft zur Frage *des* Risikos von Elektrosmog nicht gibt. Hier wie auch in anderen Risikodiskursen zeigt sich, dass das Wissenschaftssystem gleichzeitig Sicherheit wie Unsicherheit produziert. Zwar wird man sagen können, dass es nach (vor-)herrschender Meinung keinen wissenschaftlichen Nachweis für eine Gesundheitsgefährdung durch EMF im Niedrigdosisbereich gibt. Doch bei der Bewertung dieser »(vor-)herrschenden Meinung« bestehen erhebliche Unterschiede.

Exemplarisch macht dies eine Untersuchung von Wiedemann et al. (2002) deutlich: Vier Wissenschaftler aus unterschiedlichen, universitären und außeruniversitären Einrichtungen wurden beauftragt, auf der Basis der bis dato (2000/2001) vorliegenden wissenschaftlichen Literatur unabhängig voneinander ein Gutachten zu den Risiken des Mobilfunks für die menschliche Gesundheit zu erstellen. Zwar stimmten die Gutachter darin überein, dass es keinen wissenschaftlichen Nachweis eines solchen Risikos unterhalb der geltenden Grenzwerte gibt. Allerdings unterschieden sie sich bei der Bewertung von »Verdachtsmomenten«:

> »Der erste Gutachter sah klare Verdachtsmomente; der zweite kommt zu der Auffassung, dass es einige wenige, aber durchaus ernstzunehmende Befunde gibt, die, falls sie reproduziert werden können, auf Effekte auf den Menschen unterhalb der Grenzwerte hinweisen. Er verneint aber, dass diese Effekte bereits mit gesundheitsschädlichen Wirkungen gleichzusetzen sind. Der dritte Gutachter geht ebenfalls von derartigen Hinweisen aus, stellt aber auch fest, dass diese widersprüchlich sind und dass über deren gesundheitliche Bedeutung nichts ausgesagt werden kann. Der vierte Gutachter bewertet alle Hinweise als nicht belastbar« (Wiedemann o.J., S. 1).

Wiedemann et al. (2002) gingen auch der Frage nach, worin die Gründe für die unterschiedlichen Einschätzungen der Experten zu suchen sind. Unter anderem zeigte sich eine ausgesprochen geringe Übereinstimmung bereits in der Auswahl der für die Gutachten ausgewerteten wissenschaftlichen Literatur. Insgesamt hatten alle vier Gutachter zusammen 483 unterschiedliche wissenschaftliche Arbeiten herangezogen, doch nur 30 (6%) davon wurden von allen vier Gutachtern zitiert, während auf der anderen Seite 70% der Arbeiten überhaupt nur von einem Gutachter herangezogen wurde.[12] Das ist eine erstaunliche Selektivität, insbesondere wenn man berücksichtigt, dass die Gutachter sich weitestgehend auf Beiträge aus anerkannten wissenschaftlichen Zeitschriften beschränkten. Diese Untersuchung macht deutlich, wie groß der Interpretationsspielraum offensichtlich ist, wenn es darum geht, den »Stand der Forschung« zu bestimmen, selbst innerhalb einer relativ homogenen »wissenschaftlichen Rationalität«.

Ärzte/Heilberufe: Dass Vertreter der Heilberufe und insbesondere Ärzte immer wieder einmal in die öffentliche Auseinandersetzung um die Risiken elektromagnetischer Felder eingreifen, verwundert nicht, sind sie doch mit dieser Problematik ganz praktisch konfrontiert. Sie können sich nicht auf die handlungsentlastete Position der Wissenschaft zurückziehen, die auf die Notwendigkeit weiterer Forschung verweist, sondern müssen Hier und Jetzt handeln.

Öffentliche Resonanz haben vor allem diverse Ärzteappelle gefunden wie der Freiburger Appell (2002), der Bamberger Appell (2004), der Allgäuer Ärzteappell (2006) usw. (vgl. Diagnose Funk o.J.), in denen mehrere 100 Ärzte vor den möglichen Gesundheitsgefahren warnen, die von elektromagnetischen Feldern ausgehen. Dabei berufen sich die Mediziner in der Regel auf ihre klinischen Erfahrungen, aber auch auf wissenschaftliche Studien. Eine der in der deutschen Öffentlichkeit mit am heftigsten diskutierten Elektrosmog-Studien (vgl. Bächtle 2005), die sog. »Naila-Studie« (vgl. Eger et al. 2004), wurde gewissermaßen unter Umgehung des wissenschaftlichen Establishments von fünf niedergelassenen Ärzten durchgeführt. In dieser epidemiologischen Untersuchung wurde eine Häufung von Krebserkrankungen im Umkreis einer Mobilfunksendestation im oberfränkischen Dorf Naila festgestellt.

Interessanterweise zeigen einige Umfragen, dass viele niedergelassene Ärzte einen Zusammenhang zwischen Elektrosmog und Krankheitssymptomen durchaus für plausibel halten. Leitgeb et al. (2005) fanden in einer 2003 durchgeführten postalischen Umfrage unter Allgemeinmedizinern in Österreich, dass bis zu 96% der befragten Ärzte einen (negativen) Einfluss von Elektrosmog auf die Gesundheit nicht ausschlossen und nur 39% niemals einen solchen Zusammenhang diagnostiziert hatten. Für Leitgeb et al. (2005, S. 237) ist es »eher einzigartig, dass es einen derart weit verbreiteten Widerspruch zwischen der Meinung von Ärzten und der anerkannten nationalen und internationalen Risikobewertung gibt«. Huss und Röösli (2006) fanden in einer telefonischen Umfrage unter Schweizer Ärzten ebenfalls einen hohen Prozentsatz (61%), der die Verursachung von Symptomen durch elektromagnetische Felder im Alltag für möglich hielt. Auch wenn die Repräsentativität dieser Umfragen aufgrund möglicher Selbstselektionseffekte nicht gesichert ist, deuten sie doch darauf hin, dass unter Ärzten eine deutlich andere Risikoeinschätzung vorzufinden ist, als bei vielen wissenschaftlichen Experten.

Halten wir fest: Die Frage, ob Elektrosmog krank macht, ist nach wie vor gesellschaftlich nicht entschieden. Die Debatte ist offen, und diese Offenheit stellt für den Umgang mit denjenigen, die sich als Opfer der technologischen Entwicklung sehen, ein Problem dar. Als »Elektrosensible« befinden sie sich innerhalb der diskursiv konstituierten gesellschaftlichen Realität in einer Art Zwischenreich: Es gibt sie zwar, aber nicht als fraglos anerkannte Realität, sondern nur als eine unwahrscheinliche und vielfach infrage gestellte Möglichkeit.

Doch wie lebt es sich in diesem Zwischenreich? Wie lebt es sich in einer Welt, die einen nicht nur mit krankmachender Strahlung traktiert, sondern – schlimmer noch! – in der einen ein großer Teil der Mitmenschen nicht ernst nimmt und in der einen Politik, Wirtschaft, Wissenschaft, Medizin, Medien etc. immer weiter ins gesellschaftliche Abseits drängen?

Innenansichten

Bislang gibt es kaum Versuche, die psychosoziale Situation von Personen systematisch zu erfassen und differenziert zu beschreiben, die bei sich selbst eine Empfindlichkeit gegenüber elektromagnetischen Feldern wahrnehmen. Das Bild in der Öffentlichkeit wird geprägt von der Schilderung spektakulärer Einzelfälle, Menschen, die in Kellern oder Autos schlafen, ihr Zuhause aufwändig gegen elektromagnetische Felder abschirmen (vgl. Granlund-Lind/Lind 2004, S. 71ff.) oder aber als aktive Mobilfunkgegner ihren persönlichen Feldzug gegen Sendemasten und die Mobilfunkindustrie zu führen scheinen.

> »Familie B. in Schwäbisch Gmünd. Seit Jahren kämpfen die Rentner um ihre Anerkennung als Strahlenopfer. Das Haus ist längst lückenlos abgeschirmt gegen den Sender im Kirchturm gegenüber. In zwei Nachbarhäusern schlafen die Familien im Keller. Aber die Eheleute B. halten es nicht einmal mehr im Keller aus. Zum Schlafen gehen sie jede Nacht in eine Hütte am Waldrand. Sie liegt in einer Senke, wo der Funk noch nicht hinkommt. ›Im eigenen Haus leben wir wie Gefangene‹, sagt Frau B. ›Glauben Sie, das machen wir aus Spaß?‹« (Dworschak 2007, S. 159).

Ähnliche Fallskizzen finden sich auch in einer Sammlung von über 400 Briefen, die im Rahmen eines öffentlichen Hearings entstanden, das im März 2000 in Schweden stattfand. Diese Briefe wurden später von einer der Betroffenen in Auszügen veröffentlicht, zunächst auf Schwedisch, später dann auch in einer englischen Übersetzung (vgl. Granlund-Lind/Lind 2004, S. 2; s. auch Nordstrom 2004, S. 178). Und obwohl diese Sammlung sicher nicht den Ansprüchen einer wissenschaftlichen Datenerhebung und Dokumentation genügt, der Mobilfunk zum Zeitpunkt des Hearings noch nicht die heutige Bedeutung hatte und die Situation in Schweden obendrein ihre nationalen Besonderheiten hat, erlaubt die Sammlung doch Einblicke in die Problemlagen betroffener Personen, die über die Darstellung von Schutzmaßnahmen einzelner »Elektro-Flüchtlinge« hinaus gehen.

Die gesammelten Dokumente machen deutlich, dass das zentrale Problem vieler Betroffener – abgesehen von den körperlichen Leiden – darin besteht, dass sie an einer »illegitimen Krankheit« leiden, an einer Krankheit, die es nicht gibt: »It feels very humiliating to suffer from a disease that doesn't exist« (Brief 120; Granlund-Lind/Lind 2004, S. 92).

Das Gefühl der Demütigung, des Nicht-Ernst-Genommen-Werdens, das sich in diesem Satz ausdrückt, dürfte vielen EHS-Betroffenen nicht fremd sein. Es hängt eng zusammen mit der Erfahrung, dass die eigene Erklärung für die selbst erlebten körperlichen Beschwerden als inakzeptabel zurückgewiesen wird.

Ein weiteres Selbstzeugnis aus dieser Sammlung beschreibt, wie unterschiedlich es sich »anfühlt«, an einer legitimen oder aber an einer illegitimen Krankheit zu leiden. Die Auskunftsperson schildert, dass bei ihr nach einem langen Krankheitsverlauf mit den »typischen« EHS-Symptomen von einem »verständnisvollen Arzt« eine elektromagnetische Hypersensibilität diagnostiziert wurde.[13] Es folgte eine Reihe fachärztlicher Untersuchungen, die teilweise als äußerst entwürdigend und herablassend[14] empfunden wurden: »The feeling of helplessness I felt is difficult to express« (Brief 156; Granlund-Lind/Lind 2004, S. 90).

Ganz anders dagegen erlebt die Berichterstatterin[15] die Situation, als bei ihr etliche Jahre später eine Multiple Sklerose (MS) festgestellt wurde: »I received dignified attention from the healthcare services. I have been treated with respect, empathy and I have been believed!« (Brief 156; Granlund-Lind/Lind 2004, S. 90).

Die entwürdigende Behandlung der EHS-Kranken auf der einen Seite und die respektvolle Behandlung der MS-Kranken auf der anderen Seite führen der Betroffenen, die beide Rollen am eigenen Leibe erfahren hat, deutlich vor Augen, dass es sich hierbei um unterschiedlich »respektable« Krankheiten handelt. Ihr Fazit: »Both MS and electro-hypersensitivity are illnesses that science cannot completely explain, but I have experienced the enormous difference of being a patient with an ›accepted‹ diagnosis!« (Brief 156; Granlund-Lind/Lind 2004, S. 90).

Ein Ende dieser Diskriminierung wird dann auch von einem anderen EHS-Betroffenen gefordert:

> »We are not seeking any form of economic compensation nor do we want compassion. What we do demand, however, is to be taken seriously and to be believed by doctors and others who maintain that there is no medical evidence to prove that electro-hypersensitivity exists« (Brief 236; Granlund-Lind/Lind 2004, S. 87).

So eindrucksvoll die Leidensgeschichten der schwedischen Dokumentation auch sind, muss man sich doch der Selektivität dieser Berichte und der Besonderheiten ihrer Entstehung, Sammlung und Publikation bewusst sein. Die gesammelten Briefe sollten die Öffentlichkeit auf die Situation der betroffenen Menschen aufmerksam machen und wohl auch als eine Sammlung von Evidenzen dafür verstanden werden, dass es die Krankheit Elektromagnetische Hypersensibilität tatsächlich gibt.

In einem gänzlich anderen Entstehungszusammenhang steht dagegen eine »repräsentative soziodemo- und psychographische Untersuchung von Elektrosensiblen in Deutschland« (Katalyse 2006, S. 9), die das Bundesamt für Strahlenschutz (BfS) in Auftrag gegeben hat und deren Ergebnisse vor Kurzem veröffentlicht wurden (vgl. Katalyse 2006). Ziel dieser Studie war es, Empfehlungen für die Kommunikationsstrategie des BfS und anderer Mobilfunkakteure gegenüber Personen mit wahrgenommener Elektrosensibilität zu entwickeln (vgl. Katalyse 2006, S. 9).

Dazu wurden aus einer repräsentativen Stichprobe der deutschen Bevölkerung 167 (6%) subjektiv elektrosensible Personen herausgefiltert und telefonisch befragt. Mit 40 von diesen 167 Personen führte das Untersuchungsteam außerdem noch ein persönliches »Tiefeninterview«.[16] Alle Personen waren »elektrosensibel« in dem (subjektivistischen) Sinne, dass sie gegenwärtige oder vergangene körperliche Beschwerden auf das Vorhandensein elektromagnetischer Felder zurückführten, konkrete Beschwerden benennen konnten und diese Beschwerden öfter als einmal aufgetreten waren (Katalyse 2006, S. 30). Innerhalb dieser Gemeinsamkeiten gab es jedoch offenbar ein Spektrum verschiedenster Ausprägungen von (wahrgenommener) Elektrosensibilität. Deutlich wird, dass sich längst nicht jeder, der seiner eigenen Wahrnehmung nach auf elektromagnetische Felder reagiert, dadurch in schwerwiegender Weise gesundheitlich beeinträchtigt fühlt.

So ergab bereits die telefonische Befragung, dass nur etwa die Hälfte der 167 betroffenen Personen den Begriff »elektrosensibel« kannte, und von diesen hatte sich lediglich etwa ein Drittel bereits selbst als »elektrosensibel« bezeichnet (Katalyse 2006, S. 59).[17] Ebenfalls etwa die Hälfte der telefonisch befragten Personen hatte ihre gesundheitlichen Beschwerden überwunden und fühlte sich nicht mehr beeinträchtigt (Katalyse 2006, S. 45). Von denen, die gegenwärtig noch Beschwerden hatten, gaben 65% an, dass diese nur »selten« oder »ab und zu« auftreten, und etwa 50% fühlten sich davon »wenig« beeinträchtigt (Katalyse 2006, S. 51). 37% aller Befragten hatten weder Vorsorgemaßnahmen ergriffen noch über solche nachgedacht (Katalyse 2006, S. 58). Wo Maßnahmen ergriffen wurden, reichte das Spektrum vom Ausschalten elektrischer Geräte vor dem Schlafengehen bis zum Neubau eines Wohnhauses mit eigener Stromversorgung (Katalyse 2006, S. 103).

Auch die 40 *persönlich befragten* »Elektrosensiblen« beschreibt der Forschungsbericht (Katalyse 2006, S. 62) »bezüglich Einstellungen, Deutungsmustern und Umgang mit der Problematik« als eine heterogene Gruppe. Für die Mehrheit war »Elektrosensibilität« eher ein Randthema. Selbst die Frage der Schädlichkeit von EMF sei für diese Teilgruppe »nicht abschließend beantwortet« (Katalyse 2006, S. 68). Für eine Minderheit der persönlich befragten Personen hatte »Elektrosensibilität« allerdings eine zentrale Bedeutung für die Lebensführung und die Organisation des Alltags. Die negative Wirkung von EMF stand für diese Personen außer Frage (Katalyse 2006, S. 68).

Ohne die Probleme betroffener Menschen bagatellisieren zu wollen, zeigen diese wenigen empirischen Befunde doch, dass unter dem einheitlichen Label »Elektrosensibilität« ein weites Spektrum unterschiedlicher Belastungssituationen zu finden ist: von der vorübergehenden, leichten Befindlichkeitsstörung bis zur anhaltenden, das ganze Leben bestimmenden Erkrankung.

Doch über das gesamte Spektrum hinweg fand sich auch in dieser Untersuchung der Wunsch nach Verständnis und Respekt für die eigene Sichtweise der erlebten Gesundheitsprobleme: »Auch Befragte, die letztendlich nur einen diffusen Anfangsverdacht gegenüber EMF haben, möchten sich mit ihren Befürchtungen ernst genommen fühlen und nicht als ›unaufgeklärte Spinner‹ abgetan werden« (Katalyse 2006, S. 71).

Ein Kommunikations- und Hilfsangebot, das von den Betroffenen als Erstes verlangt, dem Glauben an die krankmachende Wirkung elektromagnetischer Felder abzuschwören, wird abgelehnt. Die Autoren des Forschungsberichts kommen dann auch auf der Basis ihrer Untersuchung zu der Empfehlung, dass die Kommunikation mit betroffenen Personen für die (Selbst-)Diagnose »Elektrosensibilität« offen bleiben müsse. »›Elektrosensibilität‹ als (optionale) Sinnstiftung erhalten« (Katalyse 2006, S. 12, 71), so formulieren die Autoren ihre Forderung.

Vor diesem Hintergrund scheint die subjektivistische Lesart von »Elektrosensibilität« – elektrosensibel sind Menschen, die ihre Krankheitssymptome selbst auf EMF zurückführen – eine mögliche Kommunikationsbasis zu bieten: Sie anerkennt die realen Leiden der Betroffenen, lässt aber die Frage der Ursachen offen.

Doch wie tragfähig ist diese Kommunikationsbasis? Bildet sie ein belastbares Fundament, auf dem auch Hilfsangebote geboten und angenommen werden können? Ist sie wirklich offen für alternative Krankheitsmodelle oder spricht sie nur nicht aus, was doch selbstverständlich unterstellt wird: dass die Ursachen der jeweiligen Krankheitssymptome eben nicht in elektromagnetischen Feldern zu suchen sind?

Außenansichten

Zweifel, dass die Symptome subjektiv elektrosensibler Personen tatsächlich durch elektromagnetische Felder verursacht werden, sind weit verbreitet. Unter anderem verweisen EHS-Skeptiker auf Ergebnisse sogenannter Provokationsstudien. Bei diesen Studien wird in einem experimentellen Setting getestet, ob Personen, die sich selbst für elektrosensibel halten, tatsächlich in der Lage sind, elektromagnetische Felder mit überzufälliger Sicherheit zu identifizieren.

Rubin et al. (2005) kommen in einer Metaanalyse von 31 Provokationsstudien zu dem Ergebnis, dass Menschen, die sich selbst für elektrosensibel halten, nicht nachweisbar sensibler auf elektromagnetische Felder reagieren als andere Personen. Auf der anderen Seite zeigten einige dieser Studien, dass Personen, die sich für elektrosensibel halten, dann eher EMF wahrnahmen oder Symptome produzierten, wenn sie wussten oder zu wissen glaubten, dass sie elektromagnetischen Feldern ausgesetzt waren. Nicht die Anwesenheit elektromagnetischer Felder, sondern der bloße Glaube an deren Anwesenheit scheint demnach zu Symptomen zu führen. Rubin et al. folgern hieraus »that psychologic mechanisms may play at least some role in causing or exacerbating EHS symptoms« (Rubin et al. 2005, S. 230).

Damit ist die prominenteste Alternativerklärung zum Phänomen der elektromagnetischen Hypersensibilität angesprochen: die der *psychogenen* Verursachung. Psychosomatisch orientierte Mediziner haben EHS vorzugsweise als eine Form von *Somatisierung* diskutiert, d.h. als eine psychosomatische Störung, bei der psychosoziale Probleme als körperliche Leiden erlebt werden, deren Ursachen von den Betroffenen auf organische Erkrankungen oder eben auch Umweltgifte fehlattribuiert werden. Nach dem internationalen Klassifikationssystem für Krankheiten ICD-10 sind »somatoforme Störungen« charakterisiert durch »die wiederholte Darbietung körperlicher Symptome in Verbindung mit hartnäckigen Forderungen nach medizinischen Untersuchungen trotz wiederholter negativer Ergebnisse und Versicherungen der Ärzte, dass die Symptome nicht körperlich begründbar sind« (DIMDI 2005, S. 336).

Während im klassischen Fall bei somatoformen Störungen die körperlichen Beschwerden von den Betroffenen auf organische Ursachen (Krankheiten) zurückgeführt werden, werden bei sog. »umweltbezogenen Körperbeschwerden« (UKB) die Ursachen in der Umwelt gesucht, obwohl die nähere Untersuchung keinen Nachweis einer Exposition oder eines Kausalzusammenhangs zwischen Exposition und Ausmaß der Beschwerden ergibt (Henningsen et al. 2002, S. 62). Als charakteristisch gilt auch, dass das verstärkte Auftreten derartiger Beschwerden in der Bevölkerung häufig eher auf »sozialer Ansteckung« (z.B. durch mediale Berichterstattung), als auf unterschiedlichen physikalischen Expositionsverteilungen zu beruhen scheint. Göthe et al. (1995) sprechen in diesem Zusammenhang von einem umweltbezogenen Somatisierungssyndrom (environmental somatization syndrom, ESS).[18]

Nun beruht die Diagnose einer Somatisierungsstörung wesentlich auf einem Ausschluss organischer bzw. physikalischer Ursachen für die berichteten Krankheitssymptome (vgl. Gucht/Fischler 2002, S. 6). Da aber die Möglichkeit körperlicher Störungen durch EMF nach wie vor als denkbar, wenn auch unwahrscheinlich gilt, es gleichzeitig jedoch kein anerkanntes objektives Diagnoseverfahren für EHS gibt, ist ein solcher Ausschluss letztlich prinzipiell nicht mit Sicherheit möglich. Das gilt zwar im Grunde für jede Somatisierungs-Diagnose, da organische Ursachen immer nur nach dem gegenwärtigen Stand medizinischen Wissens ausgeschlossen werden können. Doch eben da liegt der Unterschied: EHS kann auch nach dem gegenwärtigen Stand medizinischen Wissens nicht mit Sicherheit ausgeschlossen werden.[19] Damit bleibt das Somatisierungsmodell eine Erklärungshypothese neben der ebenfalls hypothetisch möglichen Erklärung durch elektromagnetische Felder.

Für viele Betroffene geht die Diagnose einer psychogenen Verursachung ihrer Beeinträchtigungen mit einer Entwertung und Stigmatisierung einher. Als »Psychiatrisierung« gebrandmarkt sehen sie hierin eine generelle Strategie, die Wirklichkeit gesundheitlicher Gefahren durch Elektrosmog abzublocken.

> »One popular theory on the part of doctors is the one dealing with psychosomatic illnesses and that problems were the cause of my dramatic symptoms. I reject this in the most emphatic terms. Their attitude resulted in my being treated in an insulting manner and has further aggravated my already difficult situation. From a historical perspective, their attitude has always been common in the case of new illnesses« (Statement 29; Granlund-Lind/Lind 2004, S. 87).

Nachgerade perfide muss es aus dieser Sicht erscheinen, dass »Uneinsichtigkeit« in die psychische Verursachung der körperlichen Symptome, die »hartnäckigen Forderungen nach medizinischen Untersuchungen« (DIMDI 2005, S. 336), geradezu als diagnostisches Kriterium einer psychogenen, spezieller einer somatoformen Störung gilt. So stellen Göthe et al. (1995, S. 6) unter der Überschrift »Symptoms and characteristics of ESS« fest:

> »As in other somatoform disorders, patients with ESS [environmental somatization syndrome; AG] usually reject any suggestion of a psychogenic etiology and all alternate explanations of their complaints. The mere suggestion of consulting a psychologist or a psychiatrist is often interpreted as a rejection of the valid complaints and can result in powerful counteraction«.

Die Betroffenen sehen sich in einer »catch 22«-Situation[20] gefangen: Beharren sie darauf, dass ihre Krankheitssymptome körperlich-physikalisch (z.B. durch Elektrosmog) begründet sind, so bestätigt gerade dies die psychogene Ätiologie (Somatisierung). Geben sie dagegen nach und beharren nicht auf dem körperlich-physikalischen Ursprung ihrer Symptome, so haben sie damit selbst die psychogene Ätiologie ihrer Krankheitssymptome anerkannt.

Aus Sicht der EHS-Skeptiker muss der Arzt (wie auch die Gesellschaft) gegenüber uneinsichtigen Patienten Festigkeit bewahren und darf sich nicht auf ihre Sicht der Dinge einlassen:

> »The aggressive defense of the patients' explanation of the disorder creates great demands on professional skill, diplomatic finesse, and metal power of the consulted physicians. The pressure may be so strong that the physicians may yield and adapt the therapy to the patients' conviction as to cause and effect. The community is often placed in a similar position by lobby groups calling for drastic measures to eliminate the alleged disease-inducing exposures« (Göthe et al. 1995, S. 6).

Nicht selten finden sich in diesem Zusammenhang auch Hinweise auf die hohen Kosten, die Patienten mit Somatisierungsstörungen der Gesellschaft verursachen (vgl. Lipowski 1988, S. 1360; Gucht/Fischler 2002, S. 1; Sauer/Eich 2007, S. A46), wobei mitunter der Eindruck entsteht, dass die Schuld hierfür mehr oder weniger offen wechselweise bei den uneinsichtigen Patienten oder den falsch behandelnden (d.h. sich auf die Patientensicht einlassenden) Ärzten gesucht wird – nicht aber in einem System, das Unsicherheit, Nicht-Wissen und unterschiedliche Wirklichkeitskonstruktionen auf der einen Seite systematisch hervorbringt, das auf der anderen Seite aber, wenn es um die Legitimität kollektiven Handelns geht (Entwicklung des Mobilfunks, Übernahme von Behandlungskosten etc.), darauf angewiesen ist, Unsicherheit, Nicht-Wissen und alternative Wirklichkeitskonstruktionen weitgehend auszuschließen.

Kommen wir auf die unter EHS-Experten vorherrschende subjektivistische Lesart von Elektrosensibilität zurück und auf die Frage, ob diese eine tragfähige Kommunikationsbasis darstellt: *Logisch* betrachtet lässt es diese Lesart offen, ob der *wahrgenommenen* Elektrosensibilität auch eine *wirkliche* Elektrosensibilität zugrunde liegt. Eben in diesem Ausklammern der Verursachungsfrage wird der Vorteil dieser Lesart von Elektrosensibilität gesehen. In der Praxis dürfte diese Offenheit allerdings nicht selten eine bloß scheinbare sein, während die Ursachenfrage tatsächlich im Sinne der psychogenen Ätiologie (vor-)entschieden ist. So empfiehlt die »Arbeitsgemeinschaft der Wissenschaftlichen Medizinischen Fachgesellschaften« (AWMF) in ihrer Leitlinie »Umweltbezogene

Körperbeschwerden« (UKB) Therapeuten folgende Kommunikationsstrategie:

> »Unter Berücksichtigung der Kommunikationserleichterung mit dem Betroffenen wird empfohlen, UKB eigenständig als solche zu diagnostizieren [d.h. nicht als somatoforme Störung; AG] – ggf. unter Verwendung relativ neutraler Termini wie zum Beispiel der so genannten idiopathischen Umweltintoleranz oder der Umweltkrankheit. Eine *diagnostische Einordnung als somatoforme Störung* (oder bei starkem Überwiegen des Vermeidungsverhaltens als Phobie) sollte *gegenüber dem Patienten initial vermieden werden*, da sie
> - die subjektive Ursachenüberzeugung des Betroffenen übergeht und so in der Regel Widerstände weckt
> - die Besonderheiten der UKB auch in soziokultureller Hinsicht unterschlägt
> - wissenschaftlich nur in aufwendigen prospektiven Studien zu sichern ist
> - per se keine therapeutischen Vorteile bietet« (Henningsen et al. 2002, S. 63f., Hervorhebungen übernommen).

Im Klartext: Die Diagnose, die der behandelnde Therapeut tatsächlich stellt (nämlich die einer psychogenen Störung), soll dem Patienten »zur Kommunikationserleichterung« nicht offen mitgeteilt werden, sondern es soll an ihrer Stelle ein neutral klingendes, tatsächlich aber die Diagnose verschleierndes Ersatz-Label verwendet werden.

Ob eine solche Kommunikationsbasis tragfähig ist, bleibt fraglich. Von den Betroffenen dürften nicht selten die »neutralen Termini«, die die Ätiologie offen lassen, als eine heuchlerische Offenheit, ein bloß scheinbares Geltenlassen alternativer Krankheitsmodelle erlebt werden. Denn es kommt gar nicht so sehr darauf an, was Ärzte oder andere Kommunikationspartner sagen, sondern – wie der folgende Erfahrungsbericht deutlich zeigt – wie sie *handeln*:

> »The doctor's appointment was short. Fluorescent lamps and computers that were turned on. I asked him to turn them off, he did so with an irritated expression. How can a doctor who considers himself to be an expert in electro-hypersensitivity receive patients with electric apparatus turned on? It quickly emerged that he didn't believe that electricity could make you sick« (Brief 294; Granlund-Lind/Lind 2004, S. 86).

Würde ein Spezialist für Pollen-Allergien seine Patienten inmitten blühender Wiesen untersuchen oder ein Orthopäde seine Praxis im fünften Stock eines Altbaus ohne Aufzug eröffnen? Wohl kaum. Doch genau eine solche Behandlung erlebte der Verfasser dieses Berichts in Bezug auf seine Beschwerden. So ist es auch kein Wunder, dass der konsultierte Arzt in den Augen seines Patienten den »Praxistest« nicht besteht. Dabei muss dem Arzt selbst nicht einmal zu Bewusstsein kommen, dass er in dem, was er tut, die Wirklichkeitssicht seines Patienten negiert. Da er diese Wirklichkeitssicht nicht ernsthaft in Erwägung zieht, gelingt ihm letztlich auch nicht jene Empathie, die erforderlich ist, um sein eigenes Handeln mit den Augen seines Patienten zu sehen.

Dass der Umgang mit den Problemen subjektiv elektrosensibler Menschen auf einer Kommunikationsbasis möglich ist, die nicht nur verbal, sondern auch im Handeln offen ist für die Wirklichkeitssicht der Betroffenen (ohne diese Sicht vorbehaltlos zu übernehmen), zeigt ein in dieser Form wohl einzigartiges umweltmedizinisches Projekt (Huss et al. 2005). Bei der im Jahr 2001 an der Universität Basel durchgeführten Studie nahmen Personen teil, die ihre Gesundheitsbeschwerden auf Umwelteinflüsse zurückführten. Das besondere an diesem Projekt bestand in der umfassenden, allerdings auch extrem aufwändigen, multidisziplinären Diagnostik, die auch die subjektiven Krankheitstheorien der Betroffenen in überzeugender Weise mit einbezog. Alle 63 Teilnehmer der Studie wurden von einem interdisziplinären Team medizinisch und psychologisch-psychiatrisch untersucht. Außerdem wurden ihre Wohnungen von Experten auf Umweltbelastungen hin geprüft. Bei den 25 Personen, die als Ursache für ihre Beschwerden elektromagnetische Felder vermuteten, wurden zusätzlich umfangreiche EMF-Messungen durchgeführt. Dass dies nicht mit der bloßen Absicht geschah, die subjektiven Theorien der Betroffenen zu widerlegen, wird darin deutlich, dass letztlich bei 8 (32%)

dieser 25 Personen in einem komplexen Bewertungsprozess ein Zusammenhang zwischen den Krankheitssymptomen und EMF-Exposition als plausibel erachtet wurde (vgl. Huss et al. 2005, S. 21). Damit wurden zwar immer noch bei 68% der Betroffenen die Selbstdiagnose EHS zurückgewiesen – doch sind die verbleibenden 32% weit mehr als es beispielsweise die lapidare Aussage der AWMF-Richtlinie »Umweltbezogene Körperbeschwerden« vermuten lässt, nach der »umweltbezogene Beschwerden fast nie auf eine objektivierbare Exposition zurückgeführt werden können« (Henningsen et al. 2002, S. 64).

Auch die Evaluation des Baseler Projekts aus Sicht der Teilnehmer etwa ein halbes Jahr nach der Beratung zeigte gute Erfolge, wenngleich hier bei den notgedrungen kleinen Fallzahlen verlässliche Aussagen schwer möglich sind (vgl. Huss 2005, S. 76ff.; Huss et al. 2005, S. 26). So berichteten 45% (9) der in der Nachbefragung interviewten, subjektiv elektrosensiblen Personen, dass sich ihr Gesundheitszustand nach Umsetzung eines Veränderungsvorschlags mindestens teilweise gebessert hätte. Angesichts der Tatsache, dass Patienten mit »Somatisierungsstörungen« als schwer therapierbar gelten und ein intensives (diagnostisches wie therapeutisches) Eingehen auf die jeweiligen Krankheitsmodelle als kontraindiziert gilt, ein beachtliches Ergebnis. Man kann vermuten, dass möglicherweise auch diejenigen, bei denen das subjektive Krankheitsmodell letztlich vom Therapeutenteam als nicht plausibel bewertet wurde, für die »Erarbeitung von erweiterten Erklärungsmodellen« (Sauer/Eich 2007, S. A51) zugänglicher waren, nachdem sie zuvor ein ernsthaftes Eingehen auf ihre jeweiligen Krankheitsmodelle feststellen konnten.[21]

Von der Wirklichkeit des Möglichen

> »Die Philosophie hat sich in vielen, vielen Textbreiten große Mühe gegeben […], zwischen Wirklichkeit und Möglichkeit einen großen Graben aufzureißen. Und dessen Gehalt klingt ja zunächst ganz plausibel: Wenn etwas wirklich sei, sei es nicht möglich, und wenn etwas möglich sei, sei es nicht wirklich« (Schmidt 1999, S. 21).

Die *Antithese*, die Burghart Schmidt – Wegbegleiter Ernst Blochs, des Philosophen des Möglichen – hier offenbar vorbereitet, gilt auch für den gesellschaftlichen Diskurs: Wenn etwas möglich ist, ist es auch wirklich, und wenn etwas wirklich ist, ist es auch möglich. Der Diskurs um das »Risiko Elektrosmog« zumindest zeigt, dass sich das »bloß Mögliche« nicht aus der Wirklichkeit (post-)moderner Gesellschaften heraushalten lässt. Es entfaltet seine Wirklichkeit schon allein durch die gewaltigen Anstrengungen, die unternommen werden, es zumindest im Schattenreich des bloß Hypothetischen zu bannen, wenn nicht gar es endgültig im Dunkel des Unmöglichen zum Verschwinden zu bringen.

Beim »Risiko Rauchen« ist dies nach jahrzehntelanger Auseinandersetzung gelungen: Die bloße Möglichkeit eines Gesundheitsrisikos durch Tabakrauch wurde zur gesellschaftlichen Wirklichkeit, die Möglichkeit des folgenlosen Tabakgenusses dagegen zu einer ebensolchen Unmöglichkeit. Umfragedaten spiegeln diese Entwicklung wider: Während 1954 erst 40% der US-Amerikaner glaubten, dass Rauchen Lungenkrebs verursacht, sind es heute 90% (Moore 1999). Einen vernünftigen Zweifel an der Wirklichkeit der Gesundheitsrisiken durch das Rauchen kann es heute im diskursiv konstituierten Möglichkeitsraum nicht mehr geben.

Dabei hat die Tabakindustrie, wie wir heute wissen, systematisch alles dazu getan, eben diesen Zweifel am Leben zu halten (vgl. Michaels/Monforton 2005, S. 40). Dazu nutzte sie unter anderem den Umstand, dass wissenschaftliche Forschung nicht nur Wissen, sondern auch Nicht-Wissen und Unsicherheit erzeugt. Sie baute – ganz besonders auch in Deutschland (vgl. Grüning/Gilmore/McKee 2005; Bornhäuser et al. 2006) – ein weit verzweigtes Netz von Wissenschaftlern und wissenschaftlichen Institutionen auf, das von der Tabakindustrie »gefördert« wurde und als »Gegenleistung« vor allem eines produzierte: Zweifel an der Wirklichkeit eines Gesundheitsrisikos Rauchen.

Diese Strategie des Zweifels beschrieb ein

Angehöriger der Tabakindustrie in einem 1969 gehaltenen (internen) Referat folgendermaßen:

> »In thinking over, what we might do to improve the case for cigarettes, I have looked at the problem somewhat like the marketing of a new brand. [...] Our consumer I have defined as the mass public, our product as doubt, our message as truth – well stated, and our competition as the body of anti-cigarette fact that exists in the public mind. [...]
> Doubt is our product since it is the best means to competing with the ›body of facts‹ that exists in the mind of the general public. It is also the means of establishing a controversy. [...] If we are successful in establishing a controversy at the public level, then there is an opportunity to put across the real facts about smoking and health« (Smoking and Health Proposal 1969).

Doch letztlich ließ sich eine Kontroverse dauerhaft nicht aufrechterhalten, sodass sich schließlich auch die Tabakindustrie genötigt sah, die Risiken des Rauchens anzuerkennen.

Vor diesem Hintergrund wundert es nicht, dass Mobilfunkgegner den Diskurs um die Risiken des Rauchens immer wieder als Deutungsrahmen verwenden, um die Legitimität und Plausibilität ihres Standpunktes zu erhöhen: So wie einst die Gefahren des Rauchens heruntergespielt wurden, so werden demnach heute die Gefahren elektromagnetischer Felder verleugnet. Parallelen (allerdings auch Unterschiede) lassen sich leicht finden. Insbesondere gibt es hier wie dort eine mächtige Industrie, die ein erhebliches Interesse daran hat, dass ihr Produkt als weitgehend harmlos wahrgenommen wird. Hier wie dort wird zu diesem Zweck Einfluss auf die wissenschaftliche Forschung genommen. So stellte eine kürzlich veröffentlichte Untersuchung (vgl. Huss et al. 2007) fest, dass wissenschaftliche Studien zu den Gefahren elektromagnetischer Felder, die ausschließlich von der Industrie finanziert wurden, weniger häufig Gesundheitseffekte elektromagnetischer Felder fanden, als Studien, die nicht oder nicht ausschließlich von der Mobilfunkindustrie finanziert wurden. Parallelen finden sich auch bei den Erklärungsmodellen. So hat auch die Tabakindustrie versucht, die psychogene Ätiologie ins Spiel zu bringen: Nicht Tabak mache süchtig, sondern Suchtpersönlichkeiten greifen zur Zigarette; Raucher neigten verstärkt zur Somatisierung psychischer Probleme; auch Herzinfarkte von Rauchern hätten oft psychogenen Ursprung; angebliche gesundheitliche Beeinträchtigungen durch Passivrauchen ließen sich als subjektive Fehlattributionen erklären usw. Jede Parallelität zwischen Zigarettenrauch und elektromagnetischen Feldern scheint aus mobilfunkkritischer Sicht geeignet, das Vertrauen in die Ungefährlichkeit von EMF infrage zu stellen – und sei es, dass man das Suchtpotenzial von Mobiltelefonen herausstellt oder mit Begriffen wie dem »Passiv-Telefonieren« den Deutungsrahmen des Passiv-Rauchens ins Spiel bringt.

Aber auch »die Gegenseite«, die EHS-Skeptiker, bemüht gelegentlich abgeschlossene Risikodiskurse als Deutungsrahmen: So wird die Angst vor Elektrosmog als Fall einer technikhistorischen Gesetzmäßigkeit interpretiert, die darin bestehe, dass neue (Verkehrs- und Kommunikations-)Techniken in ihren Anfangsjahren stets als gesundheitsgefährdend gelten würden (vgl. Bernard 2004, S. 15). Ein halbes Jahrhundert später hätte man dann regelmäßig für diese »skurrilen Ängste der Gründergeneration« nur mehr ein mildes Lächeln übrig. Bernard (2004, S. 15) verweist hier auf die Risikodiskurse um Eisenbahn, Fahrstuhl, Telefon, Radio und Fernsehen.

Doch die Versuche, aktuelle Risikodiskurse als Neuauflagen vergangener Kontroversen zu interpretieren, um auf diese Weise ihren Ausgang vorwegnehmen zu wollen, heben sich letztlich gegenseitig auf. Wenn die Vergegenwärtigung vergangener Risikodiskurse etwas zeigt, dann vor allem dieses: dass wir, unabhängig von dem, was die Zukunft bringt, heute schon lernen müssen, mit der Möglichkeit der Wirklichkeit und der Wirklichkeit der Möglichkeit technologischer Risiken zu leben.

Literatur

Bächtle, C. (2005): Das dünne Eis der »Fakten« – die Naila-Studie in den Medien. Newsletter der Forschungsgemeinschaft Funk e.V., 4/2005, S. 29–36.

Bernard, A. (2004): Strahlung als Metapher. Süddeutsche Zeitung, v. 05.03.2004, S. 15.

Bornhäuser; A.; McCarthy, J. & Glantz, S.A. (2006): Wie die Tabakindustrie in Deutschland durch die Erhaltung wissenschaftlicher sowie politischer Respektabilität Rechtsvorschriften zum Schutz vor Passivrauchen verhinderte. Center for Tobacco Control Research and Education. San Francisco: University of California. Online: http://repositories.cdlib.org/postprints/1809 (Zugriff 17.06.2007).

Büllingen, F.; Hillebrand, A. (2005): Zielgruppenanalyse zur differenzierten Information über Mobilfunk und Gesundheit. (Schriftenreihe Reaktorsicherheit und Strahlenschutz BMU-2005-656.) Berlin (Bundesministerium für Umwelt, Naturschutz und Reaktorsicherheit).

Daynard, R.A.; Bates, C. & Francey, N. (2000): Tobacco litigation worldwide. British Medical Journal 320, 111–113.

Deutscher Bundestag (2005): Elektromagnetische Felder – Forschungsstand und Aufklärung. Antwort der Bundesregierung auf die Kleine Anfrage der Abgeordneten Dr. Peter Paziorek, Helge Braun, Dr. Maria Flachsbarth, weiterer Abgeordneter und der Fraktion der CDU/CSU. Drucksache 15/5291, v. 29.04.2005. Berlin.

Deutscher Bundestag (2006): Zweiter Bericht der Bundesregierung über die Forschungsergebnisse in Bezug auf die Emissionsminderungsmöglichkeiten der gesamten Mobilfunktechnologie und in Bezug auf gesundheitliche Auswirkungen. Drucksache 16/1791, v. 06.06.2006. Berlin.

Diagnose Funk (o.J.): Appelle. Online: http://www.diagnose-funk.ch/politik/appelle/index.html (Zugriff 17.06.2007).

Dialogik (2006): Untersuchung der Kenntnis und Wirkung von Informationsmaßnahmen im Bereich Mobilfunk und Ermittlung weiterer Ansatzpunkte zur Verbesserung der Information verschiedener Bevölkerungsgruppen. (Schriftenreihe Reaktorsicherheit und Strahlenschutz BMU-2006-688.) Berlin (Bundesministerium für Umwelt, Naturschutz und Reaktorsicherheit).

DIMDI (Hg.) (2005): ICD-10. Internationale statistische Klassifikation der Krankheiten und verwandter Gesundheitsprobleme 10. Revision – WHO-Ausgabe. Bd. I: Systematisches Verzeichnis. Version 2006, Stand Oktober 2005. o.O. Online: http://www.dimdi.de/static/de/klassi/diagnosen/icd10/html-amtl2006/fr-icd.htm (Zugriff 17.06.2007).

Drogenbeauftragte der Bundesregierung (2007). Drogen- und Suchtbericht. Mai 2007. Berlin.

Dworschak, M. (2007): Mobilfunk: Der Hamster ist Zeuge. Der Spiegel, v. 30.07.2007, 18/2007, S. 154–159.

Eger, H.; Hagen, K.U.; Lucas, B.; Vogel, P. & Voit, H. (2004): Einfluss der räumlichen Nähe von Mobilfunksendeanlagen auf die Krebsinzidenz. umwelt-medizin-gesellschaft 17, 326–332.

Eltiti, S.; Wallace, D.; Zougkou, K.; Russo, R.; Joseph, S.; Rasor, P. & Fox, E. (2007): Development and evaluation of the electromagnetic hypersensitivity questionnaire. Bioelectromagnetics 28, 137–151.

Frankfurter Allgemeine Zeitung (2006): Keine Krebshäufung durch Handys erkennbar. Frankfurter Allgemeine Zeitung, v. 06.12.2006, Nr. 284, N1.

Glantz, S.A. (2000): The truth about big tobacco in its own words. British Medical Journal 321, 313–314.

Glantz, S.A.; Slade, J.; Bero, L.A.; Hanauer, P. & Barnes, D.E. (1996): The cigarette papers. Berkeley (University of California Press). Online: http://ark.cdlib.org/ark:/13030/ft8489p25j/ (Zugriff 17.06.2007).

Göthe, C.-J.; Molin, C. & Nilsson, C.G. (1995): The environmental somatization syndrome. Psychosomatics 36, 1–11.

Granlund-Lind, R.; Lind, J. (2004): Black on white. Voices and witnesses about electro-hypersensitivity. The Swedish experience. Sala: Mimers Brunn Kunskapsförlaget. Online: http://www.feb.se/feb/black-onwhite-complete-book.pdf (Zugriff 17.06.2007).

Grüning, T.; Gilmore, A.B. & McKee, M. (2005): Tobacco industry influence on science and scientists in Germany. American Journal of Public Health 96, 20–32.

Gucht, V. de; Fischler, B. (2002): Somatization: A critical review of conceptual and methodological issues. Psychosomatics 43, 1–9.

Günther, A. (1997): Technologische Risiken zwischen Wahrnehmung, Konstruktion und Reflexion. Grundpositionen sozialwissenschaftlicher Risikoforschung. In: Stengel, M.; Wüstner, K. (Hg.): Umweltökonomie. München (Vahlen), S. 111–135.

Günther, A. (1998): Vernunft, Moral und Ökologie. Einführung in die Risikoforschung. In: Günther, A.; Haubl, R.; Meyer, P.; Stengel, M. & Wüstner, K.: Sozialwissenschaftliche Ökologie. Eine Einführung. Berlin (Springer), S. 135–217.

Henningsen, P.; Hartkamp, N.; Loew, T.; Sack, M.; Scheidt, C.E. & Rudolf, G. (2002): Somatoforme Störungen. Leitlinien und Quellentexte. Stuttgart (Schattauer).

Hillert, L. (2001): Hypersensitivity to electricity; symptoms, risk factors and therapeutic interventions. Stockholm (Karolinska University Press).

Hillert, L.; Berglind, N.; Arnetz, B.B. & Bellander, T. (2002): Prevalence of self-reported hypersensitivity to electric or magnetic fields in a population-based questionnaire survey. Scandinavian Journal of Work, Environment & Health 8, 33–41.

Hillert, L.; Hedman, B.K.; Söderman, E. & Arnetz, B.B. (1999): Hypersensitivity to electricity: working definition and additional characterization of the syndrome. Journal of Psychosomatic Research 47, 429–438.

Huss, A. (2005): Health complaints related to low-dose environmental exposures: Analysis and evaluation of an interdisciplinary environmental medicine pilot project in the Basel area (Dissertation). Universität Basel. Online: http://pages.unibas.ch/diss/2005/DissB_7171.pdf (Zugriff 17.06.2007).

Huss, A.; Egger, M.; Hug, K.; Huwiler-Müntener, K. & Röösli, M. (2007): Source of funding and results of studies of health effects of mobile phone use: systematic review of experimental studies. Environmental Health Perspectives 115, 1–4.

Huss, A.; Küchenhoff, J.; Bircher, A.; Niederer, M.; Tremp, J.; Waeber, R. & Braun-Fahrländer, C. (2005): Elektromagnetische Felder und Gesundheitsbelastungen. Interdisziplinäre Fallabklärungen im Rahmen eines umweltmedizinischen Beratungsprojektes. Umweltmedizinische Forschung und Praxis 10, 21–28.

Huss, A.; Röösli, M. (2006): Consultations in primary care for symptoms attributed to electromagnetic fields – a survey among general practitioners. BMC Public Health 6/267. Online: http://www.biomedcentral.com/1471-2458/6/ (Zugriff 17.06.2007).

Infas (2006): Ermittlung der Befürchtungen und Ängste der breiten Öffentlichkeit hinsichtlich möglicher Gefahren der hochfrequenten elektromagnetischen Felder des Mobilfunks. Abschlussbericht der Befragung 2006. Bonn (infas, Institut für angewandte Sozialwissenschaft GmbH).

Katalyse (2006): Ergänzende Informationen über Elektrosensible. (Schriftenreihe Reaktorsicherheit und Strahlenschutz BMU-2006-685.) Berlin (Bundesministerium für Umwelt, Naturschutz und Reaktorsicherheit).

Lau, C. (1986): Risikodiskurse: Gesellschaftliche Auseinandersetzungen um die Definition von Risiken. Soziale Welt 3, 418–436.

Leitgeb, N.; Schröttner, J. & Böhm, M. (2005): Does »electromagnetic pollution« cause illness? An inquiry among Austrian general practitioners. Wiener Medizinische Wochenschrift 155 (9–10), 237–241.

Levallois, P.; Neutra, R.; Lee, G. & Hristova, L. (2002): Study of Self-Reported Hypersensitivity to Electromagnetic Fields in California. Environmental Health Perspectives 110, Suppl. 4, 619–623.

Lipowski, Z.J. (1988): Somatization: The concept and its clinical application. American Journal of Psychiatry 145, 1358–1368.

Michaels, D.; Monforton, C. (2005): Manufacturing uncertainty: contested science and the protection of the public's health and environment. American Journal of Public Health 95, Suppl. 1, 39–48.

Moore, D.W. (1999): Nine of ten Americans view smoking as harmful. The Gallup Organization, v. 07.10.1999. Online: http://www.galluppoll.com/content/?ci=3553 (Zugriff 17.06.2007).

Müller, C.H. (2000): Projekt NEMESIS – Niederfrequente elektrische und magnetische Felder und Elektrosensibilität in der Schweiz. Zürich (Eidgenössische Technische Hochschule).

Nordström, G. (2004): The invisible disease. The dangers of environmental illnesses caused by electromagnetic fields and chemical emissions. Hants (O Books).

Röösli, M.; Huss, A. & Schreier, N. (2005): Repräsentative Befragung zu Sorgen und gesundheitlichen Beschwerden im Zusammenhang mit elektromagnetischen Feldern in der Schweiz. Universität Bern, Institut für Sozial- und Präventivmedizin.

Rubin, G.J.; Jayati, D.M. & Wessely, S. (2005): Electromagnetic hypersensitivity: A systematic review of provocation studies. Psychosomatic Medicine 67, 224–232.

Rückemann, R. (2002): Informationen für Elektrosensible. Online: http://www.risiko-elektrosmog.de/Elektrosensibilitaet/ES_Info.htm (Zugriff 17.06.2007).

Sauer, N.; Eich, W. (2007): Somatoforme Störungen und Funktionsstörungen. Deutsches Ärzteblatt 104 (1–2), A45–A53.

Schmidt, B. (1999): Über Wirklichkeit des Möglichen in der Utopie. Problemkreise der Angewandten Kulturwissenschaft 3 (2), 21–26.

Schreier, N.; Huss, A. & Röösli, M. (2006): The prevalence of symptoms attributed to electromagnetic field exposure: a cross-sectional representative survey in Switzerland. Sozial- und Präventivmedizin 51, 202–209.

Seitz, H.; Stinner, D. & Eikmann, T. (o.J.): Befindlichkeitsstörungen. (Gutachten im Auftrag der Programmgruppe Mensch, Umwelt, Technik des Forschungszentrums Jülich). Gießen. Online: http://www.emf-risiko.de/projekte/pdf/gutachten_6.pdf (Zugriff 17.06.2007).

Siegrist, M.; Earle, T.; Gutscher, H. & Keller, C. (2005): Perception of mobile phone and base station risks. Risk Analysis 25, 1253–1264.

Smoking and Health Proposal (1969): Brown & Williamson Document No. 332501. Online: http://legacy.library.ucsf.edu/tid/ogy93f00 (Zugriff 17.06.2007).

The News & Observer (1959): Strong rebuttal to cancer scare. The News & Observer, v. 11.07.1959. Online: http://legacy.library.ucsf.edu/tid/tnn34f00 (Zugriff 17.06.2007).

WHO (2005): Elektromagnetische Felder und öffentliche Gesundheit – Elektromagnetische Hypersensitivität (Elektrosensibilität). (Fact sheet No. 296.) World Health Organization.

Wiedemann, P. (o.J.): Risikobewertung des Mobilfunks: Vom Gegengutachten zum Dialog. Jülich: Forschungszentrum Jülich. Programmgruppe Mensch, Umwelt, Technik. Online: http://www.emf-risiko.de/pdf/preprints/emf-kurth1.pdf (Zugriff 17.06.2007).

Wiedemann, P.; Schütz, H. & Spangenberg, A. (2005): Bewertung der wissenschaftlichen Literatur zu den Risikopotenzialen von hochfrequenten elektromagnetischen Feldern des Mobilfunks. Teil 1: Darstellung und Diskussion der Themenfelder. Jülich: Forschungszentrum Jülich. Programmgruppe Mensch, Umwelt, Technik. Online: http://www.emf-risiko.de/projekte/pdf/risikodialog.pdf (Zugriff 17.06.2007).

Wiedemann, P.; Schütz, H. & Thalmann, A.T. (2002): Risikobewertung im wissenschaftlichen Dialog. Forschungszentrum Jülich. Programmgruppe Mensch, Umwelt, Technik. Online: http://www.emf-risiko.de/pdf/risikodialog_endbericht.pdf (Zugriff 17.06.2007).

Anmerkungen

1 Das gilt zumindest für US-amerikanische Medien, für die die Berichterstattung besser dokumentiert ist, nicht zuletzt durch die Archive der sogenannten »Tabakindustriedokumente« (vgl. z.B. die UCSF Legacy Tobacco Library, www.legacy.library.ucsf.edu, sowie die Tobacco Documents Online, www.tobaccodocumentsonline.org). Natürlich gab es auch zahlreiche Berichte, in denen ein Zusammenhang von Rauchen und Lungenkrebs konstatiert wurde. Die Frage war, kurz gesagt, Gegenstand einer öffentlichen Debatte.

2 Auswahl aus den gemäß Tabakprodukt-Verordnung (TabProdV) gesetzlich vorgeschriebenen Warnhinweisen auf Zigarettenpackungen und anderen Packungen von Tabakerzeugnissen, die zum Rauchen bestimmt sind.

3 Natürlich wird auch heute noch vereinzelt die Gefährlichkeit des Passivrauchens angezweifelt und bestritten, dass ein Zusammenhang zwischen Passivrauchen und Erkrankung wissenschaftlich nachgewiesen werden konnte. Aber die öffentliche Resonanz für diese Position scheint gering. Dieser Umstand sollte aber nicht darüber hinwegtäuschen, dass beispielsweise Zahlen über Todesfälle durch Passivrauchen mit einer erheblichen Unsicherheit belastet sein dürften, was schon daraus ersichtlich ist, dass noch vor wenigen Jahren deutlich niedrigere Zahlen genannt wurden. Noch erheblich randständiger sind gegenwärtig sicherlich diejenigen, die nach wie vor einen Zusammenhang zwischen (aktivem) Rauchen und Lungenkrebs oder anderen Erkrankungen bestreiten, wie etwa die Anhänger der sog. »(Germanischen) Neuen Medizin«.

4 Der Ausdruck »elektromagnetische Felder« (EMF) umfasst in diesem Aufsatz sowohl niederfrequente elektrische und magnetische Felder (z.B. im Bereich von Hochspannungsleitungen oder Haushaltsgeräten) als auch hochfrequente elektromagnetische Felder (z.B. beim Mobilfunk). In dieser umfassenden Bedeutung wird auch der Ausdruck »Elektrosmog« im Allgemeinen verwendet. In anderen Kontexten, insbesondere wenn speziell die Risiken des Mobilfunks zur Debatte stehen, ist von »elektromagnetischen Feldern« auch in einem *engeren Sinne* die Rede. In diesem engeren Sinne bezieht sich der Ausdruck nur auf die hochfrequenten elektromagnetischen Felder.

5 Die im Folgenden referierten Umfragen werden hier durch das Kürzel des jeweils mit der Durchführung beauftragten Meinungsforschungsinstituts bezeichnet.

6 So fanden Röösli, Huss und Schreier (2005) für die Schweiz, dass 5% der Befragten angaben jetzt oder früher einmal wegen »Elektrosmog« gesundheitliche Beeinträchtigungen erlitten zu haben (vgl. auch Schreier, Huss, Röösli 2006). In zwei etwas älteren Studien wurde im Bereich Stockholm (Schweden) für 1997 ein entsprechender Anteil von 1,5% (vgl. Hillert et al. 2002) und in Kalifornien (USA) von 3% (vgl. Levallois et al. 2002) ermittelt. Im Einzelnen ist kaum zu beurteilen, inwieweit sich in den unterschiedlichen Zahlen methodische, zeitliche oder regionale Unterschiede widerspiegeln.

7 Meistens beschränkt sich diese »psychologische Diagnose« auf eine einfache Frage. Eltiti et al. (2007) haben dagegen einen eigenen Fragebogen zur Feststellung von wahrgenommener Elektrosensibilität entwickelt.

8 Genau genommen gibt es noch eine ganze Reihe weiterer Lesarten: So wird gelegentlich zwischen Elektrosensibilität und Elektrosensitivität differenziert, um zwischen einer *bloßen Wahrnehmung* (dem »Spüren«) von elektromagnetischen Feldern ohne Krankheitswert und einer Reaktion auf EMF mit Krankheitssymptomen zu unterscheiden (vgl. Müller 2000, S. 6). Relativ häufig wird »Elektrosensibilität« auch an eine bestimmte Symptomatik, nämlich an *unspezifische Befindlichkeitsstörungen* (Müdigkeit, Schwindel, Kopfschmerzen etc.) gekoppelt (vgl. WHO 2005). Demnach wäre eine EMF zugeschriebene Krebserkrankung keine Form von Elektrosensibilität. Und schließlich wird der Begriff manchmal auf Personen eingeschränkt, die eine gegenüber dem Durchschnitt *erhöhte* Sensibilität (*Hyper*-Sensibilität) haben, durch EMF zu erkranken (Vulnerabilität) bzw. EMF wahrzunehmen (vgl. Wiedemann/Schütz/Spangenberg 2005, S. 48). Demgegenüber unterscheiden wir hier nicht, ob eine Person durch eine besonders hohe EMF-Belastung der Umwelt oder eine besonders niedrige Belastbarkeit (hohe Sensibilität) der Person erkrankt.

9 Die folgende Diskussion setzt stillschweigend immer die Einschränkung auf elektromagnetische Felder *geringer Intensität* voraus. Dass starke elektromagnetische Felder zu einer Gesundheitsschädigung führen können, gilt als unstrittig (vgl. Wiedemann o.J., S. 1).

10 Als weiteren Akteur kann man die Massenmedien betrachten (vgl. Dialogik 2006). Da diese aber innerhalb der Risikodebatte eine etwas andere systemati-

sche Position einnehmen, als die anderen genannten Akteure, sollen die Massenmedien an dieser Stelle ausgeklammert bleiben.

11 Volumen 17 Mio. Euro, Laufzeit 2002–2007 (vgl. Deutscher Bundestag 2006).

12 Zu Einzelheiten dieser Studie vgl. Wiedemann et al. (2002). Hier werden noch einige Einflüsse diskutiert (unterschiedlicher Zeitpunkt der Fertigstellung, unterschiedliche Auffassung von der Aufgabenstellung), die mit dazu beigetragen haben könnten, dass es eine so geringe Übereinstimmung in der Datenbasis der vier Gutachten gab. Da es solche Unterschiede in den Rahmenbedingungen aber auch bei Gutachten unter Realbedingungen gibt, ändert dies nichts an dem grundsätzlichen Befund hoher Selektivität.

13 Genauer gesagt wurde eine »Computer-Monitor Dermatitis« diagnostiziert, was aber praktisch einer EHS gleich kam. Hautreaktionen auf die elektromagnetischen Felder von Computermonitoren galten besonders in Schweden als *die* typische Erscheinungsform von EHS.

14 Im Wortlaut: »extremely degrading and condescending« (Brief 156; Granlund-Lind/Lind 2004, S. 90).

15 Das Geschlecht der anonymen Auskunftspersonen ist unbekannt und wird hier willkürlich festgelegt.

16 Durchführung und Auswertung dieser Interviews folgten dem Konzept der »psychologischen Morphologie« (Salber) und bleiben weitgehend intransparent. Die Studie ermöglicht daher letztlich nur eine sehr begrenzte Einsicht in die Lebenswirklichkeit der Betroffenen.

17 Ob das daran liegt, dass der Begriff wenig »identitätsstiftend« ist, wie im Forschungsbericht (Katalyse 2006, S. 59) vermutet oder vielleicht auch eine Stigmatisierung befürchtet wird (negative Identität), muss hier offen bleiben.

18 Eine weitere Bezeichnung mit ähnlicher Bedeutung ist die der »idiopathischen Umwelt-Unverträglichkeit« (idiopathic environmental intolerances, IEI), wobei hier die Frage der psychogenen oder organischen Verursachung offen bleibt (vgl. Hillert 2001, S. 3ff.).

19 Ein Ausschluss wäre höchstens denkbar, wenn *jegliche* EMF Exposition ausgeschlossen werden könnte. Bei der Allgegenwart elektromagnetischer Felder in unserer Umwelt ist dies aber praktisch unmöglich. Um zu prüfen, ob zumindest die Stärke der Beschwerden mit der Stärke der EMF-Exposition zusammenhängt, wäre eine zuverlässige Personendosimetrie erforderlich, die aber in der Praxis auch nicht zur Verfügung steht (vgl. Seitz/Stinner/Eikmann o.J., S. F–8, Wiedemann/Schütz/Spangenberg 2005, S. 52). Es bleiben Indizien, wie die, dass die Symptomstärke mehr mit den subjektiven Meinungen über Expositionsstärken zusammenzuhängen scheinen, als mit tatsächlichen Expositionsstärken.

20 Zwickmühle: Egal, was man tut, man schadet sich in jedem Fall.

21 Allerdings ist in dieser Gruppe der Anteil von Personen, deren Gesundheitszustand sich verbessert hat, geringer als in der Gruppe, deren Krankheitsmodell von den Therapeuten als plausibel eingeschätzt wurde (vgl. Huss 2005, S. 77).

Wenn Leistungsträger schwach werden. Chronische Müdigkeit – Symptom oder Krankheit?

Rolf Haubl

1934 bricht unter dem Klinikpersonal des Allgemeinen Krankenhauses von Los Angeles eine Epidemie aus, die durch extreme Müdigkeit, verbunden mit Muskelschwäche und Gliederschmerzen, imponiert. Die Symptome sind denen einer Poliomyelitis ähnlich. Im Liquor cerebrospinalis der Leidenden finden sich jedoch keine auffälligen Veränderungen. Auch kommt es zu keinen bleibenden Lähmungen oder gar Todesfällen, wie sie bei einer Poliomyelitis-Epidemie zu erwarten gewesen wären. Deshalb einigt man sich auf die Diagnose einer atypischen Poliomyelitis, die als »epidemische« und später dann als »postinfektiöse Neuromyasthenie« bezeichnet wird (Wessely 1994, S. 20ff.). Diese semantische Strategie hält an einer organischen Verursachung der Symptome fest, obwohl eine solche nicht nachweisbar ist.

Vergleichbares geschieht 1995 am Royal Free Hospital in London. Auch dort kommt es unter dem Klinikpersonal zu einer Erschöpfungsepidemie. Das Personal klagt über eine extreme Müdigkeit, die mit Muskelschmerzen und geschwollenen Lymphknoten im Hals-Nacken-Bereich einhergehen. Wiederum wird eine Infektion vermutet; wiederum lässt sie sich nicht nachweisen. Wiederum schreibt die gewählte Bezeichnung die Vorstellung eines pathologischen Organbefundes fest: »Encephalomyelitis myalgica benigna« bzw. »Myalgische Encephalomyelitis«.

Die Suche nach einem passenden Erreger erhält neuen Aufwind, als 1964 der Erreger der infektiösen Mononukleose identifiziert wird. Dass der nach seinen Entdeckern »Epstein-Barr-Virus« genannte Erreger auch die bis dato rätselhaften Epidemien verursacht haben könnte, beruht allerdings auf einem Analogieschluss: Da ein Leitsymptom der infektiösen Mononukleose extreme Müdigkeit ist, wird geschlossen, dass ähnliche Zustände ähnlich verursacht seien. Freilich sind Analogieschlüsse nicht zwangsläufig kausal relevant, da dasselbe Symptom unterschiedlich verursacht sein kann. Zweifel scheinen aber unbegründet, als 1984 in Lake Tahoe eine Erschöpfungsepidemie ausbricht und man im Serum der Leidenden Antikörper des Epstein-Barr-Virus findet. Aber auch diese Beweisführung kann nicht überzeugen, da solche Antikörper bei der Mehrzahl der Bevölkerung nachzuweisen sind.

Bis heute lassen sich Zweifel an einer organischen Verursachung nicht schlüssig ausräumen. Um haltlosen Vorstellungen keinen Vorschub zu leisten, beschließt die US-amerikanische Gesundheitsbehörde eine unvoreingenommene Namensgebung: »Chronic-Fatigue-Syndrom (CFS)«. Damit wird chronische Müdigkeit, das Leitsymptom des Syndroms, Namen gebend, ohne eine bestimmte, schon gar keine organpathologische Ursachenvermutung vorzunehmen. Wer gedacht hat, dieser Beschluss würde zu einer Beruhigung der Kontroverse führen, die längst nicht nur den medizinischen Fachdiskurs, sondern eine breitere Öffentlichkeit beschäftigt, wird eines Besseren belehrt: Während die Schulmedizin die Namensgebung als Versachlichung begrüßt, halten sie andere, unter ihnen Patientenorganisationen ebenso wie Alternativmediziner, für eine Verharmlosung, weshalb sie CFS mit dem Zusatz ME (Myalgische Encephalomyelitis) versehen (CFS / ME).

Operationalisierung des CFS

Mit der Einführung des neuen Namens gehen innerhalb der Medizin Bemühungen einher, eine operationale Definition des Syndroms zu formulieren, die seine Diagnose erleichtert und präzisere Forschungen erlaubt. Bei der Diagnose handelt es sich um eine Ausschlussdiagnose: Nur wenn alle bekannten Erkrankungen, die zu ähnlichen Symptomen führen, ausgeschlossen sind, wird CFS diagnostiziert. Zu diesen Krankheiten gehören auch psychiatrische Erkrankungen wie Angststörungen und Depressionen.

Die aktuelle Definition des CFS (Fukuda et al. 1994) verlangt die Feststellung

- einer klinisch evaluierbaren, über zumindest sechs Monate bestehenden ungeklärten, persistierenden oder rezidivierenden chronischen Müdigkeit,
- mit zeitlich genau bestimmbarem Beginn,
- die sich durch Ruhe nicht bessert,
- zu einer gravierenden (mehr als 50% betragenden) Reduktion des früheren Aktivitätsniveaus in allen Lebensbereichen führt.

Hinzukommen müssen eine Reihe von Symptomen, die alle für mindestens sechs aufeinanderfolgende Krankheitsmonate persistierend oder rezidivierend nebeneinander bestanden haben, aber nicht vor Eintreten des Erschöpfungszustandes aufgetreten sind:

- selbst berichtete Einschränkungen des Kurzzeitgedächtnisses oder der Konzentration,
- Halsschmerzen,
- Empfindliche Hals- und Achsellymphknoten,
- Muskelschmerzen,
- Schmerzen mehrerer Gelenke ohne Schwellung und Rötung,
- Zustandsverschlechterung für mehr als einen Tag nach Anstrengungen.

Genau genommen ließe sich diese Symptomliste nahezu beliebig verlängern, da Menschen, die an einem CFS leiden, eine kaum eingrenzbare Vielzahl unterschiedlicher Symptome beklagen.

Was seine Anerkennung als nosologisches Konzept betrifft, so hat das CFS trotz entsprechender Lobby-Arbeit bislang keine Aufnahme in die derzeit gebräuchlichen Versionen der ICD oder des DSM gefunden. Damit gilt das Syndrom nicht als krankheitswertig, mit der Konsequenz, dass die Leidenden nicht das Recht haben, die sozialen Entlastungen für sich zu beanspruchen, welche die Krankenrolle bietet (Parsons 1964).

Einen Ausweg eröffnet der ICD-10, der es erlaubt, das Syndrom unter F 480 zu verschlüsseln. Und zwar als Neurasthenie (Sack/Henningsen 1998). Genau diese Assoziation versuchen die Protagonisten des CFS aber unbedingt zu vermeiden. Das trifft gleichermaßen auf seine Einordnung unter die »somatoformen Störungen« (Kapfhammer 2001, S. 59) zu, weil dadurch die Symptome als Resultat einer Somatisierung (Kirmayer/Robbins 1991) erscheinen, was eine organpathologische Verursachung in Zweifel zieht.

CFS und Neurasthenie

Warum die CFS-Lobby eine Assoziation von CFS und Neurasthenie unbedingt zu vermeiden sucht, erhellt sich aus der Geschichte des Neurastheniebegriffs. Diesen Begriff hat George Miller Beard im 19. Jahrhundert in den medizinischen Diskurs eingeführt und überaus populär gemacht. Seine Monografie »Die Nervenschwäche (Neurasthenie). Ihre Symptome, Natur, Folgezustände und Behandlung« (Beard [1880] 1881) ist schnell ein Bestseller geworden – und das vor allem, weil sein Konzept eine Verbindung zwischen einer weit verbreiteten Laienvorstellung und einer Zivilisationskritik hergestellt hat: Es sei die Hektik des modernen US-amerikanischen Lebens, die das Nervengewebe und damit die Nervenkraft der Menschen zersetze. Infolgedessen hätten sie buchstäblich »schwache Nerven«, was sich in einer leichten »Reizbarkeit« manifestiere, die sie erschöpfe.

In dem metaphorischen Feld, welches das Neurastheniekonzept eröffnet, lässt sich die beschriebene Reizbarkeit nicht nur als Übersensibilität, sondern auch als Aggressivität verstehen: als eine zwischen Verstörung und Empörung schwankende somatisierte Reaktion auf den forcierten Gesellschaftswandel, der Ende des 19. Jahnhunderts stattfindet (Abbey/Garfinkel 1991). Die Deutung gewinnt an Plausibilität, wenn man die damalige soziale Verteilung der

Diagnose bedenkt: Es sind vor allem Angehörige der (bürgerlichen) Mittelschicht, die alle Symptome der Neurasthenie zeigen – und das zu einem historischen Zeitpunkt, als die Mittelschicht – gerade auch in Deutschland – in Anbetracht der aufkommenden »Massengesellschaft« um ihre Privilegien fürchten muss. Interessanterweise ist die bevorzugte Behandlung dann auch eine gewesen, die sich nur Privilegierte leisten konnten: Ruhekuren, die oft Monate oder sogar Jahre dauerten (Shorter 1999, S. 197ff.).

Bis in die 1920er Jahre war Neurasthenie eine häufig gebrauchte Diagnose, die allerdings mit zunehmendem Gebrauch immer unschärfer geworden ist, weil sie immer mehr Symptome einbezogen hat. Für ihren Niedergang lassen sich drei Faktoren nennen: Erstens erwies die neurophysiologische und -pathologische Forschung die neurologische Unhaltbarkeit des Konzepts der »Nervenkraft«. Zweitens wechselte dadurch die Diagnose aus der Neurologie in die Psychiatrie. Aus einer funktionellen Nervenkrankheit wurde eine psychisch verursachte seelische Störung, in der Diktion der Psychoanalyse: das symptomatische Resultat eines neurotisch verarbeiteten Konflikts. Drittens breiteten sich die Symptome zunehmend auch in der Unterschicht aus.

Damit hängt der Niedergang der Neurasthenie-Diagnose über eine wissenschaftliche Delegitimierung der Laienvorstellungen hinaus zu einem nicht unerheblichen Maße mit einem Verlust des Distinktionsgewinns zusammen, den sie für »erkrankte« Mittelschichtangehörige bereitgehalten hat. Mehr noch: Durch die Betonung einer Psychopathogenese wurde der Krankheitsgewinn erheblich geschmälert: Plötzlich sahen sich Neurastheniker mit der Stigmatisierung konfrontiert, entweder eine »echte« Krankheit zu simulieren, sie sich »nur« einzubilden oder tatsächlich »verrückt« zu sein. So gesehen ist es kein Wunder, wenn die Diagnose an Attraktivität verliert.

Freilich erfolgt eine solche Umwertung nicht über Nacht. Bis in die 1960er Jahre hinein lassen sich deshalb Versuche finden, das Neurasthenie-Konzept zu revitalisieren. Dann scheinen es Medizin und Psychiatrie aufgegeben zu haben, zumindest im Westen, denn in Osteuropa und in Asien erfreut es sich bis heute großer Beliebtheit (Starcevic 1999; Kleinman 1982). Seit den 1980ern aber kehrt es als CFS auch im Westen wieder (Greenberg 1990).

Epidemiologie

Legt man die Übersichtsarbeit von Prins et al. (2006) zugrunde, so lassen sich einige epidemiologische Befunde resümieren. Dabei werden nur Untersuchungen berücksichtigt, die sich nach der Konsensusdefinition des CFS richten, weil andernfalls die Heterogenität zu groß ist.

- Die geschätzte Bevölkerungsprävalenz liegt um ein halbes Prozent.
- Bei den meisten Betroffenen tritt das Syndrom erstmals im Alter zwischen 29 und 35 Jahren auf.
- Frauen machen drei Viertel der Betroffenen aus.
- Angehörige niederer sozialer Schichten sind häufiger und mit einem größeren Schweregrad betroffen.
- Gleiches gilt für Angehörige ethnischer Randgruppen.
- Die Leidensdauer liegt zwischen 3 und 9 Jahren.
- Bestenfalls ein Drittel der Betroffenen erholt sich ohne Behandlung.
- Die Chancen für eine spontane Erholung und für einen schnellen Behandlungserfolg sinken, wenn eine Co-Morbidität mit psychiatrischen Störungen vorliegt.

Obgleich das Syndrom zunächst bei Erwachsenen beobachtet worden ist, kommt es auch bei Kindern und Jugendlichen vor, allerdings seltener (Jordan et al. 1998; DiGallo 2002).

Somatisierung als Abwehr

In vielen Leidensgeschichten interpunktieren die Betroffenen den Krankheitsverlauf auf eine bestimmte Weise: Am Anfang steht eine Infektion (Salit 1997; de Becker et al. 2002) – und zwar nicht nur die Infektion mit dem Epstein-Barr-Virus, mit dem der gesamte Diskurs beginnt. Es reicht eine Grippe, von der sich die Betroffenen ihrer Wahrnehmung nach nicht mehr erholen. Funktionale Äquivalente sind Operationen oder Unfälle. Vor allem Betroffene mit einem lebensgeschichtlich entwickelten Somatisierungsstil bevorzugen entsprechende Zuschreibungen. Dabei blenden sie hartnäckig aus, dass bereits ihre Infektion der somatische Niederschlag einer psychosozial belastenden Lebenssituation gewesen sein kann: So ist beispielsweise belegt, dass das Risiko einer Infektion der Rachenwege mit dem Ausmaß der Stressbelastung steigt (Cohen et al. 1991). Tatsächlich erweist sich das Ausmaß der psychosozialen Belastungen vor einer nachgewiesenen Infektion als stärkster Prädiktor für eine anhaltende Erschöpfung nach der Infektion (Wessely et al. 1995; White et al. 1995; Holtopf et al. 1996).

Man gewinnt den Eindruck, dass die Zuschreibung auf eine Infektion den vorbewussten Zweck erfüllt, die Aufmerksamkeit von einer möglichen psychosozialen Genese des Leidens abzulenken. Betroffene, die diese Abwehr aufrechterhalten, sind nachweislich behandlungsresistenter (Sharpe et al. 1992; Clark et al. 1995). Vermutlich ist dabei eine »somatosensorische Amplifikation« (Barsky 1979, 1992) am Werk: Die Betroffenen fixieren ihre Aufmerksamkeit auf subtilste körperliche Anzeichen, die infolge dieser Aufmerksamkeitsfixierung dramatisiert und dann als Beweis einer organischen Dysfunktion interpretiert werden – als Dysfunktion deshalb, weil die Betroffenen auf dem Hintergrund einer habitualisierten Besorgnis reagieren und deshalb immer schon eine Bestätigung der Sorgen erwarten, die sie sich zeitlebens um ihre Gesundheit machen (Pennebaker/Watson 1991).

Die anhaltende Erschöpfung, die sie erleben, ist echt. Deshalb verteidigen sich die Betroffenen zu Recht gegen den Vorwurf, sie würden simulieren. Sie haben keine willentliche Kontrolle über ihre Symptome. Was sie allerdings verkennen, ist ihr eigener Beitrag: Sie fühlen sich erschöpft, ohne zu realisieren, dass sie sich selbst erschöpfen und diesen Zustand beständig reproduzieren. Dafür spricht auch die Beobachtung, dass die Betroffenen über gravierende funktionale Beeinträchtigungen klagen, dabei aber faktisch weniger beeinträchtig sind, als sie es selbst erleben: Sie klagen über Schlaflosigkeit, schlafen aber länger und intensiver, als sie glauben (Watson et al. 2004); desgleichen meinen sie, in ihrer Konzentration und Gedächtnisleistung weniger leistungsfähig zu sein, als sie es sind (Metzger/Denney 2002). Es ist, als würden sie sich selbst daran hindern, Anzeichen von Realitätstüchtigkeit wahrzunehmen.

Diskurspolitische Unterscheidung von CFS und Depression

Phänomenologisch sind CFS und Depression oft nicht leicht zu unterscheiden. In der Tat ist wiederholt die Frage gestellt worden, ob es sich beim CFS nicht um eine »somatisierte Depression« (Lane et al. 1991) handelt, sodass sich eine eigenständige Diagnosekategorie erübrigt. Einige Untersuchungen ergeben einen großen Überschneidungsbereich (Wessely et al. 1998); andere finden Differenzen und verweisen darauf, dass Menschen, die als CFS diagnostiziert worden sind, nicht auf Antidepressiva ansprechen (Vercoulen et al. 1996). Vermutlich hängt der Ausgang eines Vergleiches von den verglichenen Schweregraden ab: Dass ein CFS einer Major Depression gleicht, dürfte eher unwahrscheinlich sein (Powell et al. 1990).

In diskurspolitischer Perspektive bleibt der Vergleich aber relevant. So kann man in »Harper's & Queen«, einem populären britischen Magazin lesen: »Personen, die an Chronischer Müdigkeit leiden, sind hoch leistungsmotiviert. Sie haben zuviel Willensstärke, während Depressive so gut wie keine haben« (zit.n. Wessely 2001, S. 3). Liest man diese Gegenüberstellung vor dem Hintergrund einer Gesellschaft, die Leistungsmotivation zu ihren Kardinaltugenden zählt, dann erscheinen Menschen, die an einem CFS leiden, als tugendhafte Gesellschaftsmitglieder, die Anspruch auf Verständnis und damit auch auf Entlastung durch die Krankenrolle haben. Dagegen werden depressive Menschen als leistungsunwillig stigmatisiert und suggeriert, sie verdienten die Krankenrolle gar nicht. So gesehen könnte die Lobbyarbeit für eine Anerkennung des CFS als eigenständige nosologische Einheit der Verteidigung eines gesellschaftlichen Wertes dienen.

Leistungsethos in der Krise

In seinem Aufsatz »Die Krankheiten der Gesellschaft und die psychosomatische Medizin« hat Alexander Mitscherlich ([1966] 1983, S. 443f.) von einer Medizin, die wirklich »Sozialmedizin« ist, gefordert, sie solle »die krankheitserregenden Lebensbedingungen der Gesellschaft zu erkennen versuchen«, um der Gesellschaft zu ermöglichen, »etwas über sich selbst zu erfahren, und zwar gerade das, wofür sie sonst kein Wahrnehmungsorgan besitzt, was sie aus ihrer gegenwärtigen Bewusstseinslage noch nicht zu überschauen und also auch noch nicht zu korrigieren vermag«: zum Beispiel, »dass die exzessiven Ritualisierungen von Leistung in der Leistungsgesellschaft mit neuen Formen der Lebensgefährdung einhergehen« (Mitscherlich 1983, S. 442). Einen vergleichbaren Ansatz verfolgt Arthur Kleinman (1986; Kleinman/Becker 1998) mit der »Soziosomatik«, die von der Grundannahme ausgeht, dass sich unerträgliche gesellschaftliche Zumutungen in Form von körperlichen Symptomen niederschlagen können, die sich als entstellte Auflehnung gegen diese Zumutungen verstehen lassen.

Wie heute allgemein üblich, gilt auch das CFS als multifaktoriell – biopsychosozial – verursacht. Ohne eine entsprechende Ergänzungsreihe zu bestreiten, sollen hier mögliche soziosomatische Implikationen der Diagnose fokussiert werden. Was weiß die Forschung über die Lebensführung von Menschen, die an einem CFS leiden?

Unter ihnen zeichnet sich eine Gruppe ab, die in Identifikation mit unerbittlichen elterlichen Leistungserwartungen höchste Leistungsanforderungen an sich selbst stellen. Die Einlösung dieser Anforderungen kann, wenn überhaupt, nur unter Aufbietung aller »Kräfte« gelingen. Reichen ihre »Kräfte« nicht aus, erleben sie dies als Schwäche, die sie sich verbieten. Sie ruhen sich nicht aus und klagen auch nicht, überfordert zu sein – aus Angst, Anerkennung zu verlieren, da sie von Kindheit an die Erfahrung gemacht haben, in solchen Situationen mit Beschämungen und/oder Schuldzuweisungen bestraft worden zu sein (Surawy et al. 1995). Um diese negativen Gefühle nicht (wieder) erleben zu müssen, beantworten sie jede Schwäche mit einer neuerlichen Mobilisierung letzter Reserven und zwar solange, bis ein kritisches Lebensereignis eintritt, das nicht mehr auf diese Weise zu bewältigen ist: Dementsprechend zeigen Untersuchungen, dass es oftmals gestiegene berufliche Belastungen und gefährdete soziale, vor allem intime Beziehungen sind, die hinter der Somatisierung zum Vorschein kommen (Theorell et al. 1999; Hatcher/House 2003).

Betrachtet man in dieser Perspektive die Selbstaussagen von Menschen, die an CFS leiden, so finden sich etliche darunter, für die gilt, was einer von ihnen über seine prämorbide Lebensführung in die Metapher fasst: »Ich habe die Kerze an beiden Enden gleichzeitig entflammt« (zit. n. Ware 1999, S. 321). Oder in den Worten eines anderen: »In meinem Leben bin ich immer mit 90 Meilen in der Stunde unterwegs gewesen. Nun bin ich [durch CFS] gezwungen worden abzustoppen und statt fünf Sachen gleichzeitig nur noch eine zu machen« (zit. n. Ware 1999, S. 308).

Menschen, die derart beschleunigt leben, sind nicht nur Yuppies, weshalb die diffamierende Bezeichnung von CFS als »Yuppie-Grippe« (Aronowitz 1992) sozial zu kurz greift. Seit den späten 1970ern in den USA und mit der üblichen Verspätung in Deutschland seit den späten 1980ern nimmt der Leistungsdruck für breitere Bevölkerungsschichten zu, weil es unter den Bedingungen verschärfter ökonomischer Verteilungskämpfe immer »Kräfte« raubender wird, sozial aufzusteigen. Aufstiegsorientierung schlägt sogar in Abstiegsangst um. Besonders betroffen sind Menschen, die ihr Selbstwertgefühl aus ihrem Arbeitsvermögen beziehen. Unter Menschen, die an CFS leiden, gibt es davon anscheinend viele: »Ich bin jemand, der sich sehr über das definiert, was er tut. Und ich fühle, wenn ich nicht arbeiten könnte, würde das das Schlimmste sein, was mir passieren könnte. Ich fühle, dass ich völlig daneben wäre, wenn ich nicht arbeiten könnte« (zit. n. Ware 1998, S. 397).

Deshalb schränken solche Menschen, wenn sie ein CFS entwickeln, auch nicht ihre Arbeit ein, sondern ihr übriges Leben, um »Kräfte« für die Arbeit zu sparen: »Zur Arbeit, ins Bett. Zur Arbeit, ins Bett. Ich hatte kein Leben« (zit. n. Ware 1998, S. 397). Trotz dieser Ich-Einschränkung versuchen sie, unbedingt eine sozial erwünschte Fassade zu wahren: »Den Eindruck, von dem ich wollte, das ihn andere von mir hatten, war der, dass ich kompetent bin, nicht, dass ich mich nicht wohl fühle. Ich wollte nicht, dass das bekannt wird, weil ich fühlte, dass es mein Geschäft ungünstig beeinflussen würde. Es war wichtig, dass andere Leute die Meinung von mir hatten, dass ich eine gesunde Person und keine ungesunde Person bin. Denn niemand will dich, wenn du nicht gesund bist« (zit. n. Ware 1998, S. 398).

Besonders auffällig ist das instrumentelle Verhältnis, das solche Menschen zu sich selbst haben, wie es in Beschreibungen zum Ausdruck kommt, in denen sie von ihrem Körper sprechen, als sei er nicht sie selbst: »Dein Körper benötigt Ruhe, aber du brauchst Antrieb und du musst irgendetwas tun, was dich auf Touren bringt ...« (Edwards et al. 2007, S. 208). »Wenn du dich nicht gesund fühlst, wenn dein Körper nicht richtig arbeitet, untergräbt das das Vertrauen in deinen Körper, von dem du gar nicht gewusst hast, dass es da war« (zit. n. Ware 1999, S. 312). Sogar das Ziel einer gesünderen Lebensführung wird noch aus derselben Distanz formuliert: »lernen, was dir dein Körper sagt« (Edwards et al. 2007, S. 208).

Änderungen der Lebensführung erweisen sich dann auch als schwierig. Nicht selten sind es gerade Angehörige, die den Krankheitswert der Symptome bezweifeln, womit sie den Symptomträger nicht aus seinen Leistungsverpflichtungen gegenüber der Familie entlassen. Dieses Interaktionsmuster könnte eine geschlechtsspezifische Zuspitzung haben (Asbring/Närvänen 2002): Gerade die Statusaspiration von aufstiegsorientierten Familien aus niederen sozialen Schichten hängt davon ab, dass Frauen eine Dreifachbelastung von Erwerbsarbeit, Hausarbeit und Erziehungsarbeit klaglos auf sich nehmen. Würden sie krank, wäre das Familienprojekt gefährdet. Indem ihnen ihre Angehörigen – gelegentlich mit ärztlicher Komplizenschaft – die Krankenrolle verweigern, werden sie an den Raubbau gefesselt, den sie mit ihren »Kräften« betreiben. Hinzukommen kann die – begründete, weil im Vergleich mit Männern wahrscheinlichere – Angst vor einer psychopathologischen Diagnose, die Frauen veranlasst, ihr Krankheitsgefühl so lange wie möglich zu bekämpfen.

Die Sprache der Symptome

Dem sozialkonstruktivistischen Standpunkt von Edward Shorter (1994) folgend, suchen Menschen, die leiden, für ihr Leiden nach einem Ausdruck, der von ihren Mitmenschen als Leiden erkannt und anerkannt wird, sodass diese bereit sind, ihnen bei der Bewältigung ihres Leidens zu helfen. Damit haben Leidende ein Kommunikationsproblem: Es kann sein, dass sie ihrem Leiden einen Ausdruck geben, der von ihren Mitmenschen nicht als Leiden erkannt und anerkannt wird, weshalb sie dann auch keine, zumindest keine angemessene Hilfe erhalten. Dieses Kommunikationsproblem trifft für alle sozialen Beziehungen zu, verschärft sich aber mit der gesellschaftlichen Ausdifferenzierung eines Gesundheitssystems, in dem Ärzte den Auftrag haben, das Leiden, das ihnen Gesellschaftsmitglieder kommunizieren, einer Expertenprüfung zu unterziehen. Folglich wird die Arzt-Patient-Kommunikation zu einer Schlüsselstelle für die Verteilung legitimer Entlastungschancen gegenüber gesellschaftlichen Zumutungen.

Gesellschaftsmitglieder kommunizieren ihr Leiden sowohl in ihrer Lebenswelt als auch im Gesundheitssystem durch einen Rückgriff auf einen Symptomvorrat, den sie im Verlauf ihrer Sozialisation habitualisiert haben. Dabei kann es zwischen Lebenswelt und Gesundheitssystem durchaus Unterschiede geben, was erkannt und anerkannt wird. Leidende Gesellschaftsmitglieder »wählen« eine bestimmte Symptomsprache, die den Kommunikationsbedingungen des jeweiligen sozialen Kontextes mehr oder weniger gut angepasst ist. Der Symptomvorrat, den sie dabei nutzen, unterliegt einem soziokulturellen Wandel, wodurch leidende Gesellschaftsmitglieder im Laufe der Zeit genötigt werden, ihre Symptomproduktion zu ändern.

Die abendländische Gesellschaft hält seit dem Mittelalter einen Vorrat bestimmter sensorischer, motorischer und vegetativer Symptome bereit, der einerseits relativ konstant ist, in dem es andererseits aber epochenspezifische Leitsymptome gibt. So gehören Erschöpfungszustände einerseits zum konstanten Bestand, andererseits steigt chronische Müdigkeit seit dem ausgehenden 20. Jahrhundert zu einem Leitsymptom auf. Dessen Attraktivität besteht in der unmittelbaren Evidenz, die es für Mitglieder einer Gesellschaft hat, von denen stetige Leistungssteigerungen und ständige Leistungsbereitschaft erwartet werden.

Mit einem CFS beanspruchen Leidende für ihren Erschöpfungszustand einen Krankheitswert. Dieser Anspruch impliziert zwei verschiedene soziokulturelle Vorstellungen. Die erste besagt: Nur Leiden mit einem organpathologischen Befund sind Krankheiten. Und nur Kranke erhalten vorübergehend – oder im Falle chronischer Krankheiten: dauerhaft – die vorgesehenen rollenspezifischen Entlastungen. Die zweite besagt: Auch Leiden mit einem psychopathologischen Befund sind Krankheiten und verdienen Entlastung, diese geht aber mit der Gefahr eines Verlustes persönlicher Reputation einher, weil psychische Krankheiten sich nicht gleichermaßen versachlichen lassen, sondern dem Verdacht eines »moralischen Fehlverhaltens« oder zumindest der »Eigenverantwortung« ausgesetzt bleiben. Solange somit das Stigmatisierungspotenzial bei psychopathologischen Befunden größer ist als das bei organpathologischen Befunden, liegt es nahe, dass Gesellschaftsmitglieder somatische Symptome produzieren, um ihr Leiden auszudrücken.

Im Kampf um die richtige Diagnose

Untersuchungen zur Arzt-Patient-Kommunikation bei Menschen, die an CFS leiden (Hydén/Sachs 1998), zeigen, dass nicht wenige der Patienten über eine schlechte medizinische Behandlung klagen (Daele/Wessely 2001). Dabei sind mindestens vier Konstellationen zu unterscheiden: In der ersten Konstellation spricht der Arzt lange Zeit keine Diagnose aus, weil er für die kommunizierten Symptome keine passende Diagnose findet. Anders gewendet: Der Patient findet trotz persistierender Symptome lange Zeit keinen Arzt, der ihm überhaupt eine Diagnose stellt. In der zweiten Konstellation erhält er – oft nach Jahren – von einem Arzt eine Diagnose. Weil sie aber (nur) gestellt wird, damit für den Patienten die quälende Unsicherheit und für den Arzt die latent aggressive Bezweifelung seiner diagnostischen Kompetenz endet, ist sie »falsch«, wobei der Patient sie annimmt, wenn es ein organpathologischer, nicht aber, wenn es ein psychopathologischer Befund ist. In der dritten Konstellation stellt ein Arzt die Diagnose CFS, die er entweder organpathologisch oder psychopathologisch interpretiert, was eine Variante der zweiten Konstellation ergibt. Schließlich stellt er in der vierten Konstellation die Diagnose CFS und unterrichtet den Patienten darüber, dass es sich dabei um eine bislang wenig erforschte und offiziell nicht anerkannte Krankheit unklarer Genese handelt.

Die ärztliche Aufklärung gestaltet sich heikel (Prins et al. 2000). Denn manche Patienten reagieren auf den leisesten Zweifel an einer organpathologischen Verursachung des CFS mit einer Intensivierung ihrer somatischen Symptome, so als wollten sie nachdrücklich betonen, dass es keinen Zweifel an einer solchen Verursachung geben könne (Clarke/James 2003). Anscheinend enden solche Patienten erschreckend oft früh berentet im Rollstuhl.

Vor einer besonderen Herausforderung steht ein Arzt, wenn Patienten mit einem »fixierten Krankheitskonzept« in die Praxis kommen, entschlossen, »sich, was ihre Beschwerden betrifft, hartnäckig auf eine bestimmte Diagnose zu versteifen und von der eigenen Überzeugung trotz anders lautender ärztlicher Versicherung nicht abzugehen« (Shorter 1994, S. 501). Wird ihre Hartnäckigkeit noch durch eine forcierte Verbreitung des Wissens um die Möglichkeit dieser Diagnose in der Gesellschaft gestützt (Stanley et al. 2002), entsteht ein massiver Widerstand, der mit jedem gescheiterten Aufklärungsversuch des Arztes stärker wird. Solche Fixierungen haben in der modernen Gesellschaft zugenommen, unter anderem deshalb, weil die Autorität des Arztes zunehmend relativiert wird. Dazu trägt die Vorstellung, Patienten seien Kunden medizinischer Dienstleistungen, ebenso bei wie die alternativmedizinische Kritik an der Schulmedizin, der expandierende Markt von Anbietern mehr oder weniger spekulativer »Heilmethoden«, die als Geheimtipps gehandelt werden, sowie die Massenmedien, die mittels Infotainment breitenwirksam über die aktuellen Befindlichkeiten in der Bevölkerung informieren. Eine Folge der dadurch relativierten Autorität des Arztes ist es, dass Leidende sich zu Selbstdiagnosen berufen fühlen, für die sie gesellschaftlich kursierende Deutungsmuster übernehmen, mit denen sie ihre Ärzte konfrontieren.

Die Geschichte des CFS lässt sich als Entwicklungsgeschichte eines solchen Deutungsmusters rekonstruieren, dessen sukzessive Konsolidierung es Gesellschaftsmitgliedern ermöglicht, ihr Leiden auf eine bestimmte anschlussfähige Weise zu erzählen. Anschlussfähigkeit besteht zunächst einmal an alle Leidenden, die Ähnliches erzählen. Es entsteht eine virtuelle Gemeinschaft, die sich unter dem Namen, den das Leid – nach langen Kontroversen – erhält, versammelt. Indem ein Leidender sein Leiden auf anschlussfähige Weise erzählt, kann er sich in diese Gemeinschaft aufgenommen fühlen. Fortan leidet er nicht mehr alleine. Um die Definitionsmacht der Gemeinschaft zu erhöhen, wird sie nach potenten Unterstützern suchen: unter Prominenten, unter Journalisten, in der Ärzteschaft und vor allem bei Wissenschaftlern. So ist in den letzten 15 Jahren die Anzahl der Untersuchungen des CFS – seit 1995 in einer eigens dafür gegründeten Zeitschrift – rasant gestiegen, ohne dass sich eine endgültige Klärung ergeben hätte. Sein dadurch gleichfalls gestiegener Aufmerksamkeitswert begünstigt dennoch, dass die Schwelle sinkt, die Diagnose zu gebrauchen. Gerade, dass ihr bislang eine offizielle Anerkennung als Krankheit verwehrt geblieben ist, hält eine narzisstische Gratifikation bereit: für eine »Wahrheit« einzutreten, für die bislang nur wenige einzutreten wagen. Menschen, die an CFS leiden, können auf diese Weise dem Selbstwerteinbruch, der ihnen durch ihre Symptome droht, durch eine kämpferische Haltung für die Durchsetzung der Diagnose begegnen.

Hinterrücks

In Anbetracht der vergleichsweise geringen Prävalenz in der Bevölkerung, die für das CFS geschätzt wird, muss die anhaltende Kontroverse verwundern, die um seine Interpretation entbrannt ist. Fokussiert man die hier akzentuierte Gruppe von leistungsbereiten Menschen, die nur eine von verschiedenen Untergruppen sein mag, so lässt sich die gesellschaftliche Relevanz dieser Kontroverse begreiflich machen. Betroffen sind Menschen, die das Ideal der Leistungsgesellschaft verkörpern und bei Überforderungen anfangen, darunter zu leiden, dass sie es verkörpern. Ihr Kampf um die Anerkennung des CFS als organpathologische Krankheit erscheint in dieser Perspektive (vergleichbar dem Kampf um ADHS: Haubl 2006) als eine Stabilisierung der Leistungsgesellschaft. Statt die gesellschaftlichen Zumutungen zu problematisieren, die auf eine Normalisierung von Überforderungen hinauslaufen, zielen die Gesellschaftsmitglieder, die mitzuhalten suchen, es aber nicht länger können, vorbewusst darauf ab, mit der Krankenrolle »belohnt« zu werden. Es ist keine Frage, dass sie tatsächlich leiden und durch ihre Symptome widerwillig eine mehr oder weniger gravierende Veränderung ihres Lebens hinnehmen müssen, die bezeichnenderweise nicht selten in die Arbeitsunfähigkeit führt. Indem sie die Rolle eines organisch Kranken für sich erkämpfen, erhalten sie einen legitimen Grund für eine Auszeit oder einen Ausstieg. Solange sie dabei Ausnahmen bleiben, kostet dies die Leistungsgesellschaft weniger, als wenn sie den von ihr geförderten Sozialcharakter infrage stellen müsste.

Literatur

Abbey, S.E.; Garfinkel, P.E. (1991): Neurasthenia and chronic fatigue syndrome: The role of culture in the making of a diagnosis. American Journal of Psychiatry 148, 1638–1646.

Aronowitz, R. (1992): From myalgic encephalitis to yuppie flu: A history of chronic fatique syndrome. In: Rosenberg, D.E.; Golden, J. (Hg.): Framing Disease: Studies in Cultural History. New Brunswick, N. J. (Rutgers University Press), S. 155–181.

Asbring, P.; Närvänen, A.L. (2002): Women's experiences of stigma in relation to chronic fatigue syndrome and fybromyalgia. Qualitative Health Research 12, 148–160.

Barsky, A.J. (1979): Patients who amplify bodily sensation. Annals of Internal Medicine 91, 63–70.

Barsky, A.J. (1992): Amplification, somatization, and the somatoform disorders. Psychosomatics 33, 28–34.

Beard, G.M. (1881): Die Nervenschwäche (Neurasthenie). Ihre Symptome, Natur, Folgezustände und Behandlung. Leipzig (Vogel).

Clark, M.R.; Katon, W. & Russo, J. (1995): Chronic fatigue: risk factors for symptome persistence in a 2 ½ year follow-up study. American Journal of Medicine 98, 187–195.

Clarke, J.N.; James, S. (2003): The radicalized self: the impact on the self of the contested nature of the diagnosis of chronic fatigue syndrome. Social Science and Medicine 57, 1387–1395.

Cohen, S.; Tyrell, D.A. & Smith, A.P. (1991): Psychological stress and susceptibility to the common cold. New English Journal of Medicine 325, 606–612.

Deale, A.; Wessely, S. (2001): Patient's perception of medical care in chronic fatigue syndrome. Social Science and Medicine 52, 1859–1864.

de Becker, P.; McGregor, N. & de Meirleir, K. (2002): Possible triggers and mode of onset of chronic fatigue syndrome. Journal of Chronic Fatique Syndrome 10, 3–18.

DiGallo, A. (2002): Symptom oder Krankheit? Der erschöpfende Weg eines Jugendlichen mit chronischer Müdigkeit. Zeitschrift für Kinder- und Jugendpsychiatrie und Psychotherapie 30 (2), 135–140.

Edwards, C.; Thompson, A.R. & Blair, A. (2007): An »overwhelming illness«. Women's experience of learning to live with chronic fatigue syndrome/myalgic encephalomyelitis. Journal of Health Psychology 12 (2), 203–214.

Fukuda, K.; Straus, S.E.; Hickie, I. & Sharpe, M.C. (1994): The chronic fatigue syndrom: A comprehensive approach to it's definition and study. Annals of Internal Medicine 121, 953–959.

Greenberg, D.B. (1990): Neurasthenia in the 1980's: chronic mononucleosis, chronic fatique syndrome, and anxiety and depressive disorders. Psychosomatics 31, 129–137.

Hatcher, S.; House, A. (2003): Life events, difficulties and dilemmas in the onset of chronic fatique syndrome: a case-control study. Psychological Medicine 33, 1185–1192.

Haubl, R. (2007): Krankheiten, die Karriere machen. In: Warrlich, Ch.; Reinke, E. (Hg.): Auf der Suche. Psychoanalytische Betrachtungen zum AD(H)S. Gießen (Psychosozial-Verlag), S. 159–186.

Hotopf, M.; Noah, N. & Wessely, S. (1996): Chronic fatigue and minor psychiatric morbidity after viral meningitis: a controlled study. Journal for Neurology, Neurosurgery and Psychiatry 60, 504–509.

Hydén, L. Ch.; Sachs, L. (1998): Suffering, hope and diagnosis: on the negotiation of chronic fatigue syndrome. Health 2 (2), 175–193.

Jordan, K.M.; Landis, D.A.; Downey, M.C.; Osterman, S.L.; Thurm, A.E. & Jason, L.A. (1998): Chronic fatigue syndrome in children and adolescents: A review. Journal of Adolescent Health 22, 4–18.

Kapfhammer, H.P. (2001): Somatisierung – somatoforme Störungen – Ätiopathologische Modelle. Fortschritte in Neurologie und Psychiatrie 69, 58–77.

Kirmayer, L.J.; Robbins, J.M. (Hg.): Current Concepts of Somatization: Research and Clinical Perspectives. Washington (American Psychiatric Press).

Kleinman, A. (1982): Neurasthenia and depression: A study of somatization and culture in China. Culture, Medicine and Psychiatry 6, 117–190.

Kleinman, A. (1986): Social Origins of Distress and Disease. New Haven (Yale University Press).

Kleinman, A.; Becker, A. (1998): »Sociosomatics«: The contributions of anthropology to psychosomatic medicine. Psychosomatic Medicine 60 (4), 389–393.

Lane, T.J.; Manu, P. & Matthews, D.A. (1991): Depression and Somatization in chronic fatigue syndrome. The American Journal of Medicine 91, 335–344.

Metzger, F.A.; Denney, D.R. (2004): Perception of cognitive performance in patients with chronic fatigue syndrome. Annals of Behaviour Medicine 24, 106–112.

Mitscherlich, A. (1983): Die Krankheiten der Gesellschaft und die psychosomatische Medizin. In: Mitscherlich, A.: Gesammelte Schriften II: Psychosomatik 2. Frankfurt am Main (Suhrkamp), S. 425–445.

Parsons, T. (1964): Definition von Gesundheit und Krankheit im Lichte der Wertbegriffe und der sozialen Struktur Amerikas. In: Mitscherlich, A. (Hg.): Der Kranke in der modernen Gesellschaft. Köln (Kiepenheuer und Witsch), S. 57–87.

Pennebaker, J.S.; Wateson, D. (1991): The psychology of somatic symptoms. In: Robbins, J.M. (Hg.): Current Concepts of Somatizations: Research and Clinical Perspectives. Washington, DC (American Psychiatric Press), S. 21–35.

Powell, R.; Dolan, R. & Wessely, S. (1990): Attributions and self-esteem in depression and chronic fatigue syndrome. Journal of Psychosomatic Research 34, 665–673.

Prins, J.B.; Bleijenberg, G.; Klein-Rouweler, E.; van Weel, C. & van der Meer, J.W.M (2000): Doctor-patient relationship in primary care of chronic fatigue syndrome: perspectives of the doctor and the patient. Journal of Chronic Fatigue Syndrome 7, 3–15.

Prins, J.B.; van der Meer, J.W.M & Bleijenberg, G. (2006): Chronic fatigue syndrome. Lancet 367, 346–355.

Sack, M.; Henningsen, P. (1998): Neurastenie und Chronic Fatigue Syndrom – eine Übersicht zur empirischen Literatur. Zeitschrift für Psychosomatische Medizin 44, 319–337.

Sharpe, M.; Hawton, K. & Seagroatt, V. (1992): Follow-up of patients presenting with fatique to an infectious disease clinic. British Medical Journal 305, 147–152.

Shorter, E. (1994): Moderne Leiden. Zur Geschichte der psychosomatischen Krankheiten. Hamburg (Rowohlt).

Shorter, E. (1999): Geschichte der Psychiatrie. Berlin (Alexander Fest).

Stanley, I.; Salmon, P. & Peters, S. (2002): Doctors and social epidemic: the problem of persistent unexplained physical symptoms, including chronic fatigue. British Journal of General Practice 52, 355–356.

Starcevic, V. (1999): Neurasthenia: Cross-cultural and conceptual issues in relation to chronic fatigue syndrom. General Hospital Psychiatry 21, 249–255.

Surawy, C.; Hackman, A.; Hawton, K. & Sharpe, M. (1995): Chronic fatigue syndrome: a cognitive approach. Behaviour Research and Therapy 33, 535–544.

Theorell, T.; Blomkvist, V.; Lindh, G. & Evengard, B. (1999): Critical life events, infections, and symptoms during the year preceding chronic fatigue syndrome (CFS): an examination of CFS patients and subjects with a non-specific life crisis. Psychosomatic Medicine 61, 304–310.

Vercoulen, J.H.MM.; Swanink, C.M.A & Zitman, F.G. (1996): A randomised, double-blind, placebo-controlled study of fluoxetine in chronic fatigue syndrome. Lancet 347, 858–861.

Watson, N.F.; Jacobsen, C.; Goldberg, J.; Kapur, V. & Buchwald, D. (2004): Subjective and objective sleepiness in monozygotic twins discordant for chronic fatique syndrome. Sleep 27, 973–977.

Ware, N.C. (1998): Sociosomatics and illness course in chronic fatigue syndrome. Psychosomatic Medicine 60, 394–401.

Ware, N.C. (1999): Toward a model of social course in chronic illness: The example of chronic fatigue syndrome. Culture, Medicine and Psychiatry 23, 303–331.

Wessely, S. (1994): The history of Chronic-Fatigue-Syndrom. In: Straus, S. (Hg.): Chronic-Fatigue-Syndrom. New York (Mark Decker), S. 3–44.

Wessely, S. (2001): Somatization of depression. Online im Internet: URL: http://www.depression.org.uk.

Wessely, S.; Hirsch, S.; Pawlikowska, T.; Wallace, P. & Wright, D.J. (1995): Postinfectious fatique: prospective cohort study in primary care. Lancet 345, 1333–1338.

White, P.D.; Thomas, J.M.; Amess, J.; Grover, S.A.; Kangro, H.O. & Clare, A.W. (1995): The existence of a fatique syndrome after glandular fever. Psychological Medicine 25, 907–916.

»Fit for Fun« – Sexuelle Funktionsstörungen in der Spaßgesellschaft

Ilka Quindeau

Die Entwicklung von Viagra® scheint das männliche Sexualleben zu revolutionieren. Der Traum unbegrenzter Erektionsfähigkeit stellt seit Kurzem dank der Entdeckung des Wirkstoffs Sildenafil, der ursprünglich zur Erweiterung der Herzkranzgefäße gedacht war, keine unerreichbare Wunschfantasie mehr dar, sondern lässt sich nun weitgehend realisieren. Doch so umwälzend diese Entwicklung vielen auch erscheinen mag, die Medikalisierung der Sexualität ist keineswegs ein neues Phänomen, sie nimmt vielmehr – wie das Sexuelle selbst – stets neue Formen an. Was dabei als Symptom oder Störung erscheint, wirft somit auch ein interessantes Licht auf gesellschaftliche Einschätzungen und Bewertungen von Sexualität, auf vorherrschende Moralvorstellungen und Konzepte vom »guten Leben«. Bereits Ende der 1980er Jahre beklagte Eberhard Schorsch (1988), dass sich seit zwei Jahrzehnten die Sexualmedizin als neuer Schwerpunkt der Sexualwissenschaft herausgebildet habe und mit der Medikalisierung eine Orientierung am naturwissenschaftlichen, objektivierenden Denken einhergegangen sei. Diese Entwicklung setzte zeitgleich mit der Enttraditionalisierung und Pluralisierung sexueller Lebensformen ein, die sexuelle Orientierungen und Präferenzen, Beziehungs- und Familienformen ebenso umfasst wie Konzepte von Männlichkeit und Weiblichkeit. Im Zuge der Studenten-, Frauen- und Homosexuellenbewegung wurden damit nicht nur solch grundlegende Veränderungen in Gang gebracht, die üblicherweise und nichtsdestoweniger mythologisierend als »sexuelle Revolution« bezeichnet werden, sondern möglicherweise gleichsam als deren Kehrseite auch die zunehmende Medikalisierung.

Ein kurzer Blick auf die historische Veränderung der gesellschaftlichen Regulierungsinstanzen im Hinblick auf die Sexualität soll diesen Übergang von der Sexualwissenschaft zur Sexualmedizin in einen umfassenderen Zusammenhang einbetten. Während Jahrhunderte lang die traditionellen Institutionen Kirche und Staat die Sexualmoral bestimmten, wurden sie nach dem Zweiten Weltkrieg abgelöst durch die Medizin und das Ideal der Gesundheit wurde zur wesentlichen Regulierungsinstanz der Sexualität. Schorsch (1988) zeichnet nach, dass auch die frühe Sexualwissenschaft am Anfang des 20. Jahrhunderts die geltende Sexualmoral nicht hinterfragte, sondern sie vielmehr durch die Konzeptualisierung von sexuellen »Abirrungen« befestigte. In eine ähnliche Richtung ging auch die frühe Homosexualitätsforschung mit ihren Bemühungen, die Homosexualität als »natürlich« auszuweisen. Als Versuch, sie mithilfe einer biologischen Argumentation von gesellschaftlicher Diskriminierung zu befreien, stellt sie die traditionelle Moral ebenfalls nicht infrage. Mit der Verlagerung des Schwerpunkts der Sexualwissenschaften in die USA nach dem Zweiten Weltkrieg wurde die phänomenologische Ausrichtung durch ein positivistisches Vorgehen ersetzt. Mit Kinseys Untersuchungen (Kinsey et al. 1963) beginnt das Zeitalter des Zählens und Messens in der Sexualwissenschaft, das konkrete Verhalten wird der herrschenden Moral entgegengestellt. Die Studien von Masters und Johnson (1966) machen die Sexualität schließlich zum Gegenstand der Körpermedizin, indem sie sich ausschließlich für die physiologischen Aspekte der Sexualität interessieren. Gesundheit wird dabei zunehmend zur regulierenden Idee der Sexualität; über Schorsch (1988) hinausgehend könnte man auch sagen, zum neuen normativen Maßstab. Eine andere Richtung nimmt etwa zeitgleich die soziologische, gesellschaftskritische Sexualwissenschaft ein, die an die kritischen Traditionen der Vorkriegszeit wieder anknüpft und sich mit den Moralvorstellungen auseinandersetzt, nichtsdestoweniger aber auch einer moralischen Sichtweise verhaftet bleibt, indem sie etwa Befreiung zum Maßstab des Sexuallebens macht. Mit dem sog. Liberalisierungsprozess der Sexualität seit dem Ende der 1960er Jahre verloren traditionelle moralische Diktate an Bedeutung, und wurden ersetzt durch den Anspruch auf ein uneingeschränktes Sexualleben, auf das jeder Mensch ein Recht habe. Der Entmoralisierung der Sexualität folgte somit eine neue normative Aufladung.

Mit dem Rückgang der emanzipatorischen Ideale in den 1980er Jahren wurde das Sexuelle schließlich flächendeckend am Maßstab der Gesundheit gemessen. Es wurde damit tendenziell entmystifiziert, versprach zwar nicht länger Befreiung, wurde aber im Gegenzug auch nicht länger dämonisiert. Das Sexuelle verlor an Bedrohlichkeit, es war keine unheimliche, schwer kontrollierbare Kraft mehr, die eingedämmt werden musste. Zwar kam durch AIDS das Bedrohliche der Sexualität vorübergehend wieder zurück; was jedoch – nur scheinbar paradox – mithilfe von gesundheitsbewusstem, »safer« Sex den neuen Imperativ nur weiter befestigte. So musste, wer gesund bleiben oder werden wollte, ausreichend »guten« Sex haben, wobei die Gütekriterien zumeist den positivistischen und körpermedizinischen Studien entlehnt waren wie etwa Häufigkeit des Geschlechtsverkehrs, Art und Anzahl der Orgasmen o.ä.

Der Wandel der Sexualmoral schlägt sich auch in einem Bedeutungswandel der Institution der Ehe nieder: Einerseits verliert sie ihr Monopol, Beziehungen und Familie zu definieren und zu legitimieren; andererseits bleibt sie weiterhin eine zentrale gesellschaftliche Institution. Das Vertrauen in die Ehe scheint nach wie vor ungebrochen, worauf zum einen die hohen Wiederverheiratungsquoten verweisen, aber auch die gleichgeschlechtlichen Lebenspartnerschaften, die nach dem Vorbild der Ehe legitimiert werden. Der ehelichen Beziehung stellt Giddens (1994) eine neue Beziehungsform zur Seite, die sog. reine, »pure« Beziehung: Eine Liebesbeziehung erfülle kaum noch Versorgungs- und Reproduktionsfunktionen, sie benötige zu ihrer Legitimation nicht länger die Institution der Ehe, sondern werde lediglich um ihrer selbst willen eingegangen. Während diese Beziehungsform bei gleichgeschlechtlichen Paaren deutlicher hervortritt, tendieren zunehmend auch heterosexuelle Paare in diese Richtung. Eine Beziehung existiert so lange, wie sich beide wohlfühlen; die permanente Instabilität gehört zu ihren Kennzeichen, Dauerhaftigkeit um der Dauer willen würde ihre Idealvorstellungen konterkarieren. Reiche (2004) bezeichnet diese Beziehungsform griffig als »serielle Monogamie«. Sexuelle Aktivitäten haben in diesen Beziehungen vor allem die Funktion, Intimität herzustellen, den Wünschen nach Nähe, Geborgenheit und Zuneigung Ausdruck zu geben.

Nach wie vor finden sexuelle Aktivitäten überwiegend in festen Partnerschaften statt. Eine empirische Studie über Beziehungsbiografien erbrachte dabei bemerkenswerte Kontinuitäten zwischen verschiedenen Altersgruppen. Befragt wurden Angehörige der Altersgruppen von 30-, 45- und 60-Jährigen beiderlei Geschlechts in Hamburg und Leipzig: Etwa 95% aller Geschlechtsverkehre erfolgen danach in festen Beziehungen und zwar bemerkenswerterweise unabhängig von Geschlecht, Alter und Wohnort; etwa 1% findet in Außenbeziehungen statt und nur 5% bei Singles, obwohl sie 25% der Befragten ausmachen (vgl. Schmidt 2004, 2005).

Als Kehrseite dieses intimitätsstiftenden Aspekts von Sexualität lässt sich die Verschiebung der Sphären von Privatheit und Öffentlichkeit konstatieren, die mit ihrer Kommerzialisierung einhergeht. Die Omnipräsenz des Sexuellen in der Alltagswelt in verschiedensten Medien – in der Werbung, im Fernsehen ebenso wie im Kino und im Internet – führt zu einer Dauererregung, die die Einzelnen zugleich abstumpfen lässt. Welche Folgen dies für das sexuelle Erleben, die Wünsche und Fantasien hat, lässt sich im Einzelnen kaum absehen.

Der sexuellen Revolution Ende der 1960er Jahre, die man nach den Umwälzungen, die um 1910 herum erfolgten, als zweite sexuelle Revolution bezeichnen könnte, lässt Sigusch (2001) eine dritte Revolution in den 80er und

90er Jahren des letzten Jahrhunderts folgen. Deren Veränderungen verliefen weit subtiler und unbemerkter als die vorhergehenden; sie bestünden darin, dass die alte Sexualität auseinandergelegt und wieder neu zusammengesetzt wird. Während Sigusch diese letzte Umwälzung in einem soziologischen Sinne als »neosexuelle Revolution« bezeichnet und von »neosexuell« bzw. »Neosexualitäten« spricht, scheint es mir sinnvoller, diese Begrifflichkeiten der Verwendungsweise vorzubehalten, die Joyce Mc Dougall (1988) bereits früher vorgesehen hat: Sie dienten ihr in der Auseinandersetzung mit dem problematischen Begriff der »Perversion« zur Beschreibung sexueller Inventionen, die eine wesentliche Funktion in der Verarbeitung psychischer Konflikte und Traumatisierungen besitzen. Nichtsdestoweniger thematisiert Sigusch bedeutsame Entwicklungen, die sowohl für die Theoriebildung als auch für die klinisch-therapeutische Praxis relevant sind. In diesem Zusammenhang ist darauf hinzuweisen, dass diese kulturellen Veränderungen selbstverständlich nicht alle Individuen gleichzeitig betreffen; das sexuelle Verhalten und Erleben differiert von Generation zu Generation beträchtlich. »Generationen« sind hier allerdings nicht im üblichen, soziologischen Sinne gemeint; die Generationsgrenzen folgen in diesem Bereich einer anderen Logik, die noch genauer spezifiziert werden müsste. Unterschieden werden in diesem Modell drei Strukturschichten der allgemeinen Sexualform, die grob den »Generationen« zugeordnet werden können:

1. die Schicht, welche die erste sexuelle Revolution kennzeichnet;
2. die Schicht, welche die zweite oder sozialliberale Revolution kennzeichnet;
3. die Schicht, die durch die Neosexualitäten charakterisiert wird.

Die Einzelnen lassen sich nicht in jedem Fall umstandslos diesen Schichten zuordnen, sondern können auch von mehreren Strukturschichten in verschiedener Weise beeinflusst sein. So kann eine Frau, die in ihren Vorstellungen und in ihrem Verhalten und Erleben von der zweiten sexuellen Revolution geprägt wurde, zugleich etwa auch die selbstbezüglichen »thrills« der Neosexualitäten genießen. Und ein junger Mann, der zur Zeit der dritten Strukturschicht sozialisiert wurde, kann durchaus die gleichen Ängste ausbilden wie zur Zeit der ersten Strukturschicht und trotz aller kulturellen Liberalisierung bspw. Schuldgefühle wegen seiner Masturbation empfinden. Diese gleichzeitige Ungleichzeitigkeit verursacht häufig nicht nur psychische, sondern auch soziale oder Beziehungskonflikte.

Als wesentliche Veränderung der letzten Jahre erscheint der oft konstatierte Bedeutungsverlust der Sexualität. So wird die hohe symbolische Bedeutung, die der Sexualität im Zuge der zweiten sexuellen Revolution zukam, gegenwärtig wieder deutlich zurückgenommen; Sexualität dient nicht mehr als Verheißung oder Glücksversprechen, mit dem ganze Gesellschaften befreit werden könnten. Sie scheint inzwischen weniger aufgeladen, selbstverständlicher, entspannter geworden zu sein. Daneben besteht allerdings die Tendenz, die neuen Sexualitätsformen nach der positiven Mystifizierung Ende der 1960er Jahre als Mittel zu Befreiung, Rausch, Ekstase negativ zu mystifizieren und mit Unfreiheit, Gewalt, Missbrauch, Krankheit und Ungleichheit der Geschlechter zu konnotieren.

Die Transformationen des Sexuellen, welche die »dritte Revolution« ausmachen, charakterisiert Sigusch (2001) anhand von drei Prozessen: Dissoziation der sexuellen Sphäre, Dispersion der sexuellen Fragmente, Diversifikation der Beziehungsformen. Unabhängig davon, ob man den Begriff der Revolution in diesem Zusammenhang für angemessen hält, werden insbesondere mit dem Begriff der Dissoziation wesentliche Veränderungen des Sexuellen beschrieben, denen unmittelbare Bedeutung für die Einzelnen – für sexuelle Praktiken ebenso wie für deren Wünsche und Fantasien – zukommt und die für das Verständnis der gegenwärtigen sexuellen »Funktionsstörungen« von großer Bedeutung sind.

Dissoziationen des Sexuellen

Die zentrale Dissoziation der sexuellen Sphäre erfolgte von der Sphäre der Reproduktion. Dies umfasst einen jahrzehntelangen Prozess, der

Ende der 1960er Jahre zu dem Konstrukt einer scheinbar »reinen«, puren Sexualität führte, die nicht mehr von der Fortpflanzungsfunktion überlagert wird. Diese Trennung setzt sich über vielerlei technologische Innovationen bis in die Gegenwart hinein fort. So werden die Vorgänge der Reproduktion, einschließlich der frühen Embryonalentwicklung, zunehmend aus dem weiblichen Körper hinausverlagert. Die Technik des Klonens ermöglicht erstmalig auch ungeschlechtliche Fortpflanzung; die reproduktive Sphäre wird damit auch von der geschlechtlichen geschieden. Nur scheinbar paradox geht die Trennung von Sexualität und Reproduktion einher mit einer weiteren Dissoziation: Die Dissoziation der sexuellen von der geschlechtlichen Sphäre führte in den 1970er Jahren zur Formulierung einer »eigenständigen« weiblichen – und damit auch männlichen – Sexualität. In diesem Prozess wurde der Sexualität explizit ein Geschlecht gegeben, das es zweifellos durch die implizite androzentrische Ausrichtung schon immer besaß; nun aber wird von einer geschlechtsgetrennten Sexualität ausgegangen und eine Trennung in weibliche und männliche Sexualität vorgenommen. Das Sexuelle steht von nun an unter dem Zeichen der Geschlechterdifferenz und den damit notwendig verbundenen Hierarchisierungen und Konflikten. Paradox erscheint diese Dissoziation in »männliche« und »weibliche Sexualität«, weil sie gerade zu dem Zeitpunkt installiert wird, in dem das Geschlecht im Hinblick auf die Reproduktion an Bedeutung verliert. Plausibel wird diese Paradoxie jedoch, weil sie die kulturelle Zweigeschlechtlichkeit festigt und damit ihre gesellschaftliche Ordnungsfunktion unterstützt.

Die Dissoziationen des Geschlechtlichen finden einen weiteren Ausdruck in einer früheren, bis heute gültigen sexualwissenschaftlichen Unterscheidung, die auch dem aktuellen Gender-Diskurs zugrunde liegt. Die Intersexualismusforscher Money und Kyrle unterschieden damals »sex« (Körpergeschlecht) von »gender role« (Geschlechtsrolle) und »gender identity« (Geschlechtsidentität) (vgl. Reiche 1997) – Dimensionen des Geschlechtlichen bzw. Sexuellen, die bis dahin fraglos zusammenfielen. Während gesellschaftliche Verhaltenserwartungen kaum mehr an das Körpergeschlecht gebunden scheinen, diese Dissoziation also in das Alltagsverständnis übergegangen ist, erscheint das Auseinanderfallen von Körpergeschlecht und Geschlechtsidentität zumeist weit weniger selbstverständlich. Das Recht und die Diagnostik sind allerdings dem Alltagsverstand voraus. So ist es mittlerweile rechtlich möglich, dass ein ehemaliger *Bio-Mann* als *Neo-Frau* eine ehemalige Frau, die Mann geworden ist, heiraten kann. Und der Transsexualismus gilt nach dem gängigen ICD-10-Diagnosemanual der Weltgesundheitsorganisation als Krankheit. Am Transsexualismus zeigt sich der historische Wandel gesellschaftlicher Krankheitsvorstellungen in eklatanter Weise: Während gegenwärtig die operative Geschlechtsumwandlung als optimale Behandlungsmethode betrachtet wird, welche die PatientInnen von ihrem Leiden, mit dem »falschen« Geschlecht geboren worden zu sein, befreit, wurde vor rund 40 Jahren in einer groß angelegten Studie über Transsexualismus in den USA die Geschlechtsumwandlung im Hinblick auf ihre psychische Funktion einem gut funktionierenden Wahnsystem gleichgesetzt: »In gewisser Weise kann das klinische Bild als umschriebenes, gut organisiertes Wahnsystem angesehen werden, das insofern seinen Zweck erfüllt, als es dem Patienten ermöglichte, ein glückliches Leben als Frau zu führen« (Greenson 1964, 147).

Mit der Aufnahme des Transsexualismus in das ICD-10 werden die Dissoziationen von Körpergeschlecht und psychischem Geschlecht festgeschrieben und erhalten gesellschaftliche Anerkennung. Interessant an all diesen Prozessen ist, dass die Geschlechterdifferenz im selben Zug an Bedeutung verliert und gefestigt wird. Nirgends wird die Bedeutung des Geschlechts sinnfälliger als beim Transsexualismus, der allerdings zugleich deutlich macht, dass Anatomie kein Schicksal ist, sondern operativ verändert werden kann.

Während die Transsexuellen die kulturelle Zweigeschlechtlichkeit mit all ihrem körperlichen und psychischen Leiden stützen, wird sie von anderen Gruppierungen wie den Intersexuellen massiv infrage gestellt. Diese Gruppe von Menschen mit männlichem und weiblichem

Körpergeschlecht, früher als »Hermaphroditen« bezeichnet, sucht sich der eindeutigen Zuordnung zu einem Geschlecht zu entziehen. Nach gängiger Praxis wird diese Zuordnung bei Säuglingen zwangsweise, durch operative Eingriffe vorgenommen, die im Laufe der Entwicklung fortwährend wiederholt werden müssen und von den Betroffenen inzwischen als Menschenrechts- und Körperverletzung inkriminiert werden. Deutlich wird an diesen Phänomenen auch, dass nicht nur der Bereich des »gender«, sondern auch der des »sexes« von Grund auf kulturell konstruiert ist. Dies gilt als zentrales Argument des jüngsten Gender-Diskurses, insbesondere der Position von Judith Butler (1995, 2001), welche die kulturelle Zweigeschlechtlichkeit durch theoretische Dekonstruktion und politische Subversion aufzuheben trachtet und inzwischen Gegenstand vielfältigster Kritik geworden ist (vgl. etwa Nussbaum 1999; Reiche 2004). Nichtsdestoweniger bietet diese Debatte wichtige Impulse für den Diskurs über »Männlichkeit« und »Weiblichkeit«.

Eine weitere Dissoziation liegt in der Trennung der Sphäre von sexuellem Erleben und der Sphäre der körperlichen Reaktion. Stichwortartig steht hierfür die Verbreitung von Viagra®, der jüngsten Manifestation des jahrzehntelangen Prozesses der Medikalisierung des Sexuellen. An dieser Entwicklung wird unmissverständlich deutlich, dass die Sexualität nicht länger dem Diktat der traditionellen, von Kirche und Staat bestimmten Moral – wie bis zu den 60er Jahren –, aber auch nicht mehr dem (nichtsdestoweniger normativen) Diktat der Gesundheit – wie in den 1980er und -90er Jahren – unterliegt, wie dies Schorsch (1988) konstatierte. Zum neuen Imperativ des Sexuellen scheint gegenwärtig der »fun« geworden zu sein, ein Begriff, der mit Spaß oder Vergnügen keine angemessene Übersetzung erfährt. Wurde die Sexualität unter dem Diktat der Gesundheit bereits auf die Logik eines formal ungestörten Funktionierens reduziert, kommt gegenwärtig hinzu, dass dieses Funktionieren auch Spaß machen muss. Wenn das Vergnügen zur Orientierung und Richtschnur des sexuellen Handelns und Erlebens wird, wenn gut ist, was Spaß macht, gerät auch dieser Imperativ wieder in den Rang normativer Bedeutung. Viagra® steht für diesen normativen Wandel von der Gesundheit zum Spaß: Angestrebt wird nun nicht länger Gesundheit, die sich im ungestörten Funktionieren zeigt, sondern Vergnügen, für welches das ungestörte Funktionieren ggf. medizinisch hergestellt werden muss. Die alten Zwänge sind neuen gewichen. Etwaige Risiken und Nebenwirkungen werden dabei in Kauf genommen; nicht zuletzt daran zeigt sich der Unterschied zwischen der gegenwärtigen »Spaßkultur« und der Fitness- bzw. Gesundheitsideologie früherer Jahre. Das (ungestörte) Funktionieren wird zur Voraussetzung des »fun«.

Das reduktionistische Verständnis der Sexualität als reiner Körper- bzw. Organfunktion lässt sich als konsequente Weiterentwicklung einer Sexualmedizin begreifen, die zunächst von einem umfassenden, psychosomatischen Ansatz ausgegangen war und dann die Tendenz ausbaute, Sexualität als Spezialproblem zu isolieren: »In dem Maße, wie Sexualität unter dem Aspekt von Gesundheit bemessen wird, ist die ungestörte Organfunktion ihre ideale Vorgabe und ihr Inbegriff« (Schorsch 1988, S. 102). Drei Beispiele belegen diese These – die Konzeptualisierung sexueller Deviationen, v.a. sexueller Straftaten, sowie die sich daraus ergebenden therapeutischen Verfahren; die Medikalisierung der Reproduktionsfunktionen und die »sexuellen Funktionsstörungen« einschließlich ihrer Therapieverfahren.

An diesen Beispielen zeigt sich eine bemerkenswerte Linie von der medizinischen Behandlung von Sexualstraftätern aus den 1960er und -70er Jahren bis hin zu aktuellen, potenzfördernden Mitteln wie Viagra®. Was sich an ersteren gleichsam ex negativo vollzieht, die Reduktion oder Beseitigung eines biologistisch verstandenen »Geschlechtstriebs«, wird im zweiten Fall zur Unterstützung dieser Funktion gewendet. Beiden zugrunde liegt eine äußerst reduktionistische Auffassung von Sexualität, nach der Erregung eine rein organische Funktion darstellt und psychische Prozesse wie (ubw.) Fantasien keine Rolle spielen.

Günther Zamel (2004, S. 52f.) nennt verschiedene Aspekte, die deutlich machen, weshalb solch ein somatisches Symptomverständnis gegenwärtig so verbreitet ist: Die Versachlichung des Symptoms und dessen Objektivierung spiegele die alltägliche Erfahrung von gesellschaftlichen Entfremdungsprozessen wider, die sich in Individualisierung, Verdinglichung des Anderen, Instrumentalisierung menschlicher Beziehungen und Funktionalisierung des eigenen Körpers sowie des Körpers des Anderen niederschlagen. Darüber hinaus ermögliche die Zuschreibung organischer Ursachen zu einem Symptom die Entlastung von Schuldgefühlen und erübrige die Auseinandersetzung mit der eigenen aktuellen Lebenssituation und -geschichte sowie der damit verbundenen Wünsche, Ängste und Konflikte. Schließlich erlaube die Rolle eines/r organisch Kranken auch, die Verantwortung an den Arzt oder die Ärztin zu delegieren.

»Sexuelle Funktionsstörungen«

Ich möchte die gegenwärtige Medikalisierung der Sexualität am Beispiel der »sexuellen Funktionsstörungen« diskutieren. Leonore Tiefer (1993, S. 120) versteht Medikalisierung als »Prozeß, durch den medizinische Autoritäten Macht über bestimmte Lebensbereiche erlangen. Die Medikalisierung männlicher Sexualität ist ein kultureller und politischer Prozeß, bei dem um kulturelle Vorherrschaft und ökonomische Macht gekämpft wird. Dieser Kampf findet zum einen zwischen der Medizin und anderen institutionalisierten Mitstreitern statt, zum anderen zwischen verschiedenen Fachrichtungen innerhalb der Medizin«, bspw. zwischen der Psychosomatik und der Sexualwissenschaft einerseits und der Urologie oder Andrologie andererseits. Die Häufigkeit, mit der Menschen wegen sexueller Probleme professionelle Hilfe in Anspruch nehmen, ist auch ökonomisch bedeutsam.

Schon der Begriff der »Funktionsstörung« macht das zugrunde liegende reduktionistische, mechanistische Verständnis von Sexualität deutlich, das sich am Ideal der Machbarkeit und Herstellbarkeit orientiert. Mit dieser Bezeichnung werden Einschränkungen der Sexualfunktion beider Geschlechter gefasst, die bei Männern weit häufiger diagnostiziert und behandelt werden als bei Frauen. Im Einzelnen handelt es sich um sexuelle Lustlosigkeit oder Aversion, Erektions- und/oder Erregungsstörungen, schmerzhaften Geschlechtsverkehr, Ejakulations- bzw. Orgasmusstörungen, nachorgastische Verstimmungen (Arentewicz/Schmidt 1993, S. 22). In solchen Aufstellungen wird bei Frauen zumeist das Erleben fokussiert, während bei Männern die Funktion im Vordergrund steht und das Erleben dahinter zu verschwinden scheint (Lange 1994, S. 54). Sigusch (2001, S. 190ff.) fordert daher Klassifikationen, in denen ersichtlich wird, dass die *Funktions*störungen bei beiden Geschlechtern im Wesentlichen *Erlebens*störungen sind, auch wenn sie von Männern zumeist als mechanische Defekte präsentiert werden. Als Leitsymptome dieser Störungen werden für beide Geschlechter genannt: Appetenz-, Exzitations-, Schmerz-, Orgasmus- und Satisfaktionsstörung sowie bei Männern zusätzlich Ejakulationsstörungen.

Kontrovers erweist sich in der Sexualmedizin bzw. -wissenschaft die Frage, inwieweit diese »Funktionsstörungen« organisch oder psychisch bedingt seien. Während in früheren Studien der organische Anteil als sehr gering eingeschätzt wurde (bspw. nur 3% der erektionsgestörten Patienten etwa in der Studie von Masters und Johnson 1973), steigt er in heutigen, organmedizinischen Studien auf bis zu 80 bis 90% einer Stichprobe an, wenngleich psychosomatisch orientierte SexualmedizinerInnen weiterhin niedrige Anteile unter 10% annehmen (vgl. Gnirss-Bormet et al. 1995). Solche gravierenden Unterschiede in der Einschätzung der Ätiologie kommen u. a. dadurch zustande, dass zum einen die Unterschiedlichkeit der untersuchten Patienten (im Hinblick auf Alter, Risikofaktoren etc.) nicht genügend berücksichtigt wird und zum anderen kaum in Betracht gezogen wird, dass bereits mit der Überweisung durch Ärzte der Primärversorgung eine Vorauswahl getroffen wird. So erscheint es nicht verwunderlich, dass Urologen der Organogenese einen weit höheren Anteil zuschreiben als Psychotherapeuten (ebd., S. 20). Daneben sind auch erhebliche methodische und methodologische Differenzen in den einzelnen Studien festzustellen; Erhebungen, die mit Fragebogen arbeiteten, kommen nicht selten zu deutlich anderen Ergebnissen als Interviewstudien (Solstadt/Hertoft 1993): Im Fragebogen gaben etwa 40% der Befragten eine (unspezifische) sexuelle Dysfunktion an, während es im Interview nur 4% der 50-jährigen Männer waren. Im Hinblick auf die Behandlung kommt der Differenzierung einer organischen oder psychischen Ätiologie zunehmend weniger Bedeutung zu: so müssen zum einen Organdefekte auch psychisch verarbeitet werden und zum anderen werden auch psychogene sexuelle Störungen immer häufiger nicht zuletzt durch Mittel wie Viagra® biochemisch überlistet.

Als neue Symptomatik tritt in den letzten Jahren zunehmend »Lustlosigkeit« auf. Lustlosigkeit wird heute v.a. bei Patientinnen diagnostiziert, wo früher Appetenz-, Erregungs- oder Orgasmusstörungen angenommen wurden (vgl. Schmidt 2001, S. 280ff.). Besonders anschaulich zeigt sich dies an einer Statistik der Poliklinik/Sexualberatungsstelle der Abteilung für Sexualforschung der Universität Hamburg: Während in den Jahren 1975–1977 bei lediglich 8% der Patientinnen Lustlosigkeit diagnostiziert wurde, stieg dieser Anteil im Jahr 1992 auf über 70%. Parallel dazu ist die Zahl an Orgasmus- und Erregungsstörungen von 80 auf etwa 20% gesunken (Lange 1994).

Groß angelegte, repräsentative Umfragen, sog. »sex surveys« in den USA, Großbritannien und Frankreich in der Allgemeinbevölkerung Anfang der 1990er Jahre untermauern die Befunde, die im klinischen Bereich an Patientinnen und Patienten erhoben wurden: Als wichtigstes Ergebnis zeigt sich ein erheblicher geschlechtsspezifischer Unterschied im Hinblick auf den Mangel an sexuellem Interesse. Rund ein Drittel der befragten Frauen aus der Gesamtbevölkerung hatte im Jahr vor der Erhebung über einen Zeitraum von mehreren Monaten kein Interesse an sexuellen Aktivitäten, Männer hingegen nur zu 16%. Bei Frauen fanden sich auch weit mehr Orgasmusstörungen als bei Männern (24% zu 8%) bzw. hatten deutlich mehr Frauen kein Vergnügen beim Sex (21% zu 8%) sowie mehr Schmerzen beim Geschlechtsverkehr (14% zu 3%). Männer hingegen zeigten mehr (Leistungs-) Angst (17% zu 11,5%) (vgl. Sigusch 2001, S. 213ff.). Die Zahlen machen deutlich, dass ein großer Teil der Frauen sich aufgrund dieser Probleme (noch?) nicht als behandlungsbedürftig erlebt. Nichtsdestoweniger wird darin nicht zuletzt aus ökonomischen Erwägungen eine potenzielle Patientinnengruppe gesehen. Versuche der Pharmaindustrie, Frauen von der Behandlungsbedürftigkeit ihrer sexuellen Schwierigkeiten zu überzeugen, sind vielfach im Gange (vgl. Tiefer 2000).

Bedeutsam beim Phänomen der Lustlosigkeit ist insbesondere auch ihre Einbettung in den Beziehungskontext, in dem sie oft auch erst entsteht: Frauen bezeichnen sich auch selbst als »lustlos«, wenn sie andere Wünsche und Bedürfnisse haben als ihr Partner oder seltener Sex haben wollen; doch findet dieser Aspekt selten Berücksichtigung. Problematisch am Konzept Lustlosigkeit sei darüber hinaus, dass sowohl das handelnde Subjekt als auch der Beziehungsaspekt fehle (Lange 1994, S. 53f.). Nichtsdestoweniger verweise diese Diagnose jedoch auf die Grenzen der Parallelisierung männlicher und weiblicher Sexualität, indem sie das Erleben – und nicht ein reines Funktionieren – in den Mittelpunkt stelle. Während vor zehn Jahren die Geschlechterdifferenz beim Phänomen der Lustlosigkeit vorherrschte, wird diese Diagnose inzwischen zunehmend auch bei Männern gestellt. Erschiene dies – den Betroffenen ebenso wie der Medizin – nicht als behandlungsbedürftige Störung, könnte man darin auch einen Wandel der kulturellen Bedeutung von Sexualität und eine Erweiterung männlicher Geschlechtsrollenstereotype sehen. Doch auch diese Symptomatik speist sich wohl im Wesentlichen aus dem Anspruch, sexuell funktionieren zu müssen.

Bevor ich nun auf die spezifischen Prozesse der Medikalisierung männlicher Sexualität eingehe, möchte ich noch ein paar Bemerkungen zum psychoanalytischen Symptomverständnis anfügen. Fallgeschichten zeigen oft eindrucksvoll, welch komplexe Sinn- und Bedeutungszusammenhänge sich hinter einzelnen Symptomen verbergen. Das gilt insbesondere auch für sexuelle Symptome, wie Gschwind (2001) mit seinen vielfältigen, anschaulichen Kasuistiken deutlich macht: Es gehe nicht um »die« Impotenz oder Anorgasmie, sondern um die Personen, die darunter leiden. Das Symptom muss somit im Kontext der ganzen Person und ihrer Lebensgeschichte, aber auch im Hinblick auf seine aktuelle Präsentation im Erstgespräch oder in der weiteren therapeutischen Beziehung betrachtet werden. Nach psychoanalytischem Verständnis kann grundsätzlich jedes Symptom alles bedeuten, es gibt keine spezifische Verknüpfung von Symptom und Bedeutung, keine symptomspezifischen Bedeutungsgehalte. Ein Symptom stellt daher auch kein Symbol dar, d.h. es steht nicht *für* etwas, sondern erhält seine Bedeutung *als* Ausdrucksform einer psychischen Bearbeitung, als Antwort auf einen Konflikt. Nach Freud (1915, S. 256f.) stellt das Symptom die Wiederkehr des Verdrängten dar, es fungiert als Kompromissbildung in einem Konflikt. Auf diese Weise bietet es partiell auch Befriedigung; befriedigt wird jedoch stets nur die eine Seite des Konflikts, der widersprechende Wunsch findet keine Berücksichtigung und wird im Symptom mit aufgenommen.

Auch mit einer sog. »sexuellen Funktionsstörung« wird ein unbewusster Konflikt inszeniert, der verstanden werden muss, damit das Symptom unnötig werden kann. Der unbewusste Konflikt besteht dabei weiter, es finden sich – etwa im Rahmen einer Psychotherapie – lediglich angemessenere, weniger leidvolle Weisen des Umgangs mit ihm. Dieses Symptomverständnis schließt medikamentöse Behandlung keineswegs grundsätzlich aus; sie kann auch neben der Arbeit am unbewussten Konflikt bestehen.

Wenngleich die Zuordnung psychodynamischer Konflikte zu bestimmten Symptomen nicht üblich ist, da im Prinzip jedes Symptom bei allen Konflikten vorkommen kann, legte Janssen (1986) eine oft zitierte Klassifikation im Bereich sexueller Störungen vor, die er an einer Patientengruppe von 74 Männern mit Potenzstörungen entwickelte. Dabei fand er auch Zusammenhänge zwischen Symptomatik, Konflikt und Alter der Patienten. Bei jüngeren Männern mit primären Erektionsstörungen (definiert als Störungen, die im Alter bis zu 30 Jahren auftreten) sowie Ejaculatio praecox erwiesen sich aktualisierte ödipale Konfliktkonstellationen als zentrale pathogene Psychodynamik, bei älteren Männern seien sog. sekundäre Erektionsstörungen (Alter über 30 Jahre) häufig mit »organisierten« zwangsneurotischen, depressiven oder narzisstischen Persönlichkeitsstörungen sowie mit Partnerschaftskonflikten (insbesondere auf depressivem Niveau) zu finden. Hartmann (1998) betont hingegen die besondere Bedeutung der Kastrationsangst und sieht die Wurzeln von Erektionsstörungen in instabiler, gefährdeter männlicher Identität sowie in zunehmender männlicher Verletzbarkeit und in Versuchen, die aggressiven Anteile des Sexuellen abzuspalten. In unterdrückter Aggression sehen auch Schorsch (1985) und Mitchell (2004) wesentliche Gründe für eine beeinträchtigte männliche Sexualität. Nichtsdestoweniger folgt die gängige Fokussierung der (gestörten) Aggression zur Erklärung von Sexualstörungen beim Mann einer phallozentrischen Sichtweise, die männliche Sexualität als »aggressiv«, als angelegt auf Aktivität, Härte und Angriffsfreude begreift. Demgegenüber möchte ich vorschlagen, als Ursache dieser Störungen nicht zu wenig Aggression und »Aktivität«, sondern vielmehr zu wenig Rezeptivität und »Passivität« anzunehmen. Nicht nur die Unterdrückung von Aggression, sondern wahrscheinlich ebenso die Unterdrückung passiver, rezeptiver Wünsche führt zu Beeinträchtigungen des Sexuallebens des Mannes – allerdings sind letztere im Konzept männlicher (Hetero-)Sexualität jedoch kaum vorgesehen. Was diese Sichtweise stützt, ist die klinische Beobachtung, dass es oft gerade nicht *aggressions*gehemmte Männer sind, die unter sexuellen Störungen leiden, sondern jene, die meinen, besonders hart, aktiv und durchsetzungsfähig sein zu müssen, um als männlich zu gelten. In diesen Fällen scheinen eher die rezeptiven Strebungen gehemmt zu sein. Den Störungen liegt somit eine mangelnde Integration der inneren und äußeren Genitalität (vgl. Kestenberg 1968) zugrunde. Der Fokus auf die Aggressivität hingegen reduziert männliche Sexualität auf die äußere Genitalität, insbesondere die Phallizität.

Die Medikalisierung männlicher Sexualität

Die Sexualmedizin befasst sich nach wie vor am häufigsten mit Sexualstörungen von Männern, unter denen den Erektionsstörungen die größte Bedeutung zukommt. Innerhalb weniger Jahre wurde eine Fülle neuer Erkenntnisse zur Physiologie der Erektion erarbeitet, neue diagnostische Methoden entwickelt und neue Behandlungsmethoden wie Penisprothesen, Vakuumpumpen, Autoinjektionstherapien sowie orale Medikation eingeführt. Im Zuge dieser Medikalisierung wird die Behandlung dieser Störungen zunehmend an die Organmedizin delegiert (vgl. Heim 2005). Während in der männlichen Normalbevölkerung laut repräsentativer Umfragen in den USA die vorzeitige Ejakulation unter den sexuellen Problemen am meisten verbreitet ist, werden die Erektionsstörungen am häufigsten als Grund für eine Behandlung genannt (vgl. das »National Survey« von Laumann et al. 1994). Unterschieden werden dabei verschiedenste Varianten, je nach Verlauf: akute und chronische, nach Lebensalter: primäre und sekundäre, nach Bedingungsfaktoren: psychisch und/oder organisch, nach Abhängigkeit von PartnerIn oder Praktik sowie nach dem Ausmaß der Funktionsbeeinträchtigung: partiell oder total (ausführlich siehe Sigusch 2001; Porst 2000). Die Differenzialdiagnostik ist häufig erschwert und erfordert im organmedizinischen Bereich zunehmend invasivere Verfahren wie etwa intrakavernöse Schwellkörper-Injektionstests (SKIT), die dann ggf. als Autoinjektionsverfahren (SKAT) auch zur Behandlung eingesetzt werden. Legitimation finden solche invasiven Diagnose- und Behandlungsverfahren durch die Überzeugung sowohl der Patienten als auch der behandelnden Ärzte, dass die Erektionsstörungen im Wesentlichen somatisch und nicht psychisch bedingt sind. Diese Störungen werden als mechanischer Defekt betrachtet, der nur auf technische Weise behoben werden kann.

Interessant erscheint der Wandel der Bezeichnungen. Während im ersten DSM (Diagnostic and Statistical Manual of Mental Disorders) von 1952 noch der Begriff der Impotenz für eine ganze Reihe sexueller Schwierigkeiten bei Männern benutzt wird, setzt sich zunehmend die Bezeichnung »erektile Dysfunktion« durch, die nicht mehr mit negativen Konnotationen wie »Schwäche und Entmännlichung« (Heim 2005, S. 10) besetzt sei. Nach einer international anerkannten Definition (NIH 1993) wird als »erektile Dysfunktion« eine chronische Erektionsstörung von mindestens sechsmonatiger Dauer betrachtet, wobei mind. 70% der koitalen Versuche erfolglos sind. Viele Studien sprechen von einer großen Verbreitung dieser Dysfunktion; in der BRD liege die Inzidenzrate zwischen 2 und 9%, diese Störung sei der häufigste Konsultationsgrund bei Urologen, Andrologen sowie sexualmedizinischen Ambulanzen (zusammenfassend vgl. Heim 2005). Die methodisch anspruchsvolle, als solide geltende Massachusetts Male Aging Study (MMAS) untersuchte 1.290 Männer, um den Zusammenhang von Alter und Gesundheit zu ermitteln. Danach wiesen 52% der Männer im Alter zwischen 40 und 70 Jahren zumindest leichtgradige Erektionsstörungen auf. Ferner wurde ihre starke Altersabhängigkeit bestätigt: Zwischen 40 und 70 Jahren stieg der Prozentsatz kompletter erektiler Dysfunktion von 5 auf 15%, die Wahrscheinlichkeit moderater Dysfunktion verdoppelte sich von 17% auf 34% (ebd., S. 13). Auf die naheliegende Bedeutung des Alters bei Erektionsstörungen verweisen auch andere Studien (vgl. Gnirss-Bormet et al. 1995; Sigusch 2001).

Von der bisher einzigen Studie in der Allgemeinbevölkerung in Deutschland wurden Prävalenz und Therapiebedürftigkeit erhoben (Braun et al. 2000). Demnach gebe es in der Altersgruppe von 40 bis 49 Jahren eine Prävalenz von annähernd 10%, die Therapiebedürftigkeit liege bei etwa 4%. Die Prävalenz steige im 5. Lebensjahrzehnt auf rund 15%, im 6. Jahrzehnt auf 35% und bei den über 70-Jährigen auf über 50%. Die Behandlungsbedürftigkeit erhöhe sich entsprechend auf knapp 7% bis zu 14%, bevor die bei den Älteren wieder auf rund 8% falle. Hinzuzufügen sei noch, dass die Therapiebedürftigkeit nicht erfragt wurde, sondern sich aus der Überschneidung der Variablen »Vorliegen einer erektilen Dysfunktion« und »Unzufriedenheit mit dem Sexualleben« ergebe. Solche Studien scheinen im Wesentlichen darauf angelegt, Behandlungsbedürftigkeit zu insinuieren. Entsprechende Fragebogen finden sich in großer Zahl auch auf Webseiten im Internet, die ökonomischen Interessen sind unübersehbar. Es besteht breiter Konsens, dass

Erektionsstörungen einen »beträchtlichen negativen Einfluss auf das allgemeine Wohlbefinden und die Lebensqualität der Männer« haben und damit ein »gravierendes Gesundheitsproblem« darstellen (Heim 2005). An der »erektilen Dysfunktion« zeigt sich somit exemplarisch, wie und mit welchem Aufwand Krankheiten und damit Behandlungsbedürftigkeit erzeugt werden. Wenngleich es unbestreitbar wohl für die meisten Männer ein Problem darstellt, wenn ihr Penis nicht in gewünschter oder gewohnter Weise »funktioniert«, ist es keineswegs zwingend, darin ein »gravierendes« gesundheitliches Problem zu sehen. Zwingend erscheint dies nur in der Logik eines äußerst reduzierten Begriffs von männlicher Sexualität, der auf bloße Funktionalität eines Organs zentriert ist. Einer verhaltenstherapeutischen Studie nach ist das männliche Sexualitätskonzept gekennzeichnet durch »phallische Bewunderung« (»er ist einen halben Meter lang, hart wie Stahl, allzeit bereit«, Zilbergeld 1996, S. 40), »Leistungsbeschreibung« (»er kann es die ganze Nacht lang«, ebd., S. 50) und »starre Rollenvorschriften« (»Sex ist gleich Geschlechtsverkehr«, ebd., S. 50). Dieser Phallozentrismus charakterisiert nun nicht nur die männliche Sexualität, darüber hinaus erscheint er als wesentliches Moment in der kulturellen Konstruktion der Männlichkeit. Erektionsstörungen werden so nicht selten als äußerst beschämendes Versagen erlebt, das zugleich die männliche Identität infrage stellt und bedroht.

Parallel zur Erfindung der Krankheit »erektile Dysfunktion« wurde entsprechend folgerichtig in den 1980er Jahren ein Verfahren entwickelt, das mittels einer Injektion von Papaverin in den Schwellkörper des Penis eine Erektion herstellen konnte. Bemerkenswerterweise gelang dies anfänglich nur bei psychogener, aber nicht oder kaum bei vaskulogener Impotenz. Inzwischen wird dieses Verfahren allerdings vor allem bei organisch bedingten Erektionsstörungen angewandt. Unter der Bezeichnung SKIT (zur Diagnose) und SKAT (zur Behandlung) trat es in den 1990er Jahren einen wahrhaften Siegeszug zur Behandlung von Erektionsstörungen an und wurde zur verbreitetsten Therapiemethode in diesem Bereich (vgl. u. a. Stief et al. 2000). Wie bei allen Wundermitteln folgte auch hier umgehend die Kritik: So habe es mit SKIT eine Reihe »falsch positiver« oder »falsch negativer« Diagnoseergebnisse gegeben, so sei von den meisten Urologen eine Einbeziehung der Partnerin in die Behandlung dezidiert abgelehnt worden und schließlich wurde das Verfahren als reduktionistisch und technizistisch kritisiert. Gleichwohl bleibe es für eine große Gruppe von Patienten das »Mittel der Wahl« (zusammenfassend Sigusch 2001, S. 314f.). Solch eine Behandlungsmethode vernachlässigt die Frage, welche subjektive, lebensgeschichtlich geformte Bedeutung einer Erektionsstörung – im Hinblick auf den Patienten selbst, aber auch im Hinblick auf seine Paarbeziehung – zukommt. Die Störung kann möglicherweise auch eine wichtige Schutzfunktion erfüllen, die zur psychischen Stabilisierung dringend notwendig ist. Solche Funktionen geraten aber nur in den Blick, wenn man die Psychodynamik des Patienten berücksichtigt. An ein und dasselbe somatische Behandlungsverfahren heften sich eine Reihe unbewusster Fantasien, es zieht individuell höchst unterschiedliche Wirkungen nach sich: So kann es etwa narzisstische Omnipotenzwünsche befriedigen oder auch tiefsitzende Ängste davor auslösen; so kann es dem Gefühl von Kontrollverlust entgegenwirken oder dieses gerade hervorrufen; so kann es passiven Wünschen nach Abhängigkeit und Versorgt-Werden dienen oder den Wunsch nach Unabhängigkeit unterstützen. Die Injektion einer chemischen Substanz in den Penis geht nicht nur mit zum Teil gravierenden Nebenwirkungen einher wie prolongierten Erektionen bis hin zum Priapismus, der häufig nur operativ behandelt werden kann, oder kavernösen Gewebsschädigungen, die zu endgültiger Impotenz führen; zu erwarten ist auch, dass unbewusste Kastrationsfantasien bzw. sadomasochistische Fantasien in diesem Zusammenhang virulent werden und möglicherweise auch – ebenso unbewusst – neu bearbeitet und bewältigt werden können. In solchen Fantasien und dem Wunsch ihrer Bewältigung könnte man auch einen Grund für die »compliance« der Patienten sehen, die allerdings nicht sehr ausgeprägt ist; bei SKAT sprechen Studien etwa von einer Abbruchquote bei länger dauernder Behandlung von bis zu 50% (vgl. Heim 2005).

Auch Gschwind (2001) beschreibt die häufige Unzufriedenheit von Patienten mit SKAT (Schwellkörper-Autoinjektionstherapie); häufig würden auch Versagensängste, die vorher mit den Erektionsstörungen verbunden waren, unter der Behandlung mit SKAT auf Ängste, von dem Medikament abhängig zu werden, oder auf die Angst vor Nebenwirkungen verschoben. Die Unzufriedenheit mit SKAT lasse aber auch den Krankheitsgewinn, die erwünschten sozialen und psychischen Nebenfolgen der Störung, erahnen (ebd., S. 137). Auch sexuelle Funktionsstörungen sind – ebenso wie andere neurotische Erkrankungen – nicht unabhängig von den Beziehungen und Beziehungswünschen der PatientInnen zu verstehen. Der Krankheitsgewinn zeigt sich in dramatisch zugespitzter, äußerst leidvoller Weise auch daran, dass Behandlungsmethoden in Extremfällen nicht der Beseitigung, sondern im Gegenteil der dauerhaften Fixierung einer Sexualstörung dienen. Als extremes Beispiel lässt sich die Implantation einer Penisprothese anführen, aber auch bei langfristiger Behandlung mit SKAT sind dauerhafte Gewebsschädigungen mit vollständigem Verlust der Erektionsfähigkeit nicht auszuschließen. Durch ungezählte diagnostische Untersuchungen und Behandlungen, wie sie im Bereich sexueller Störungen nicht selten sind, kann aus einem zunächst möglicherweise passageren sexuellen Symptom eine ausgeprägte Sexualstörung werden; die Behandlung bestätigt und fixiert gleichsam das Symptom.

Die neueste Entwicklung in der Medikalisierung männlicher Sexualität stellt der Wirkstoff Sildenafil dar, der unter dem Markennamen Viagra® im Herbst 1998 in Deutschland zugelassen wurde und als oral einzunehmender Wirkstoff dem Injektionsverfahren SKAT weit überlegen ist. Inzwischen wurden weitere, ähnlich wirkende Medikamente wie Levitra®, Uprima®und Cialis® auf den Markt gebracht. Die Süddeutsche Zeitung bezifferte den Umsatz allein von Viagra® im Jahr 2003 auf 1,7 Milliarden Dollar (Heim 2005, S. 14). Nach ersten Untersuchungen entfaltet Viagra® bei psychisch bedingten Erektionsstörungen seine Wirkung am besten (zum biochemischen Wirkmechanismus vgl. Sigusch 2001, S. 349ff.). Die Markteinführung von wirksamen oralen Pharmaka zur Behandlung von Erektionsstörungen verstärkt den Trend, diese Störungen losgelöst von psychosozialen und soziokulturellen Einflussfaktoren zu betrachten. Hinzu kommt, dass Männer gegenüber Psychotherapie oftmals eine negative Einstellung hegten und ihre Abneigung mit der Behauptung rationalisierten, Psychotherapie sei langwierig, teuer und selten erfolgreich (Tiefer 1993); dementsprechend habe Psychotherapie zur Behandlung von Erektionsstörungen stark an Bedeutung verloren (Feil/Richter-Appelt, 2002). Die Verfügbarkeit einer schnellen und effektiven medikamentösen »Lösung« erübrige die zeitaufwändige Auseinandersetzung mit den emotionalen und interpersonellen Anteilen der Störung (Heim 2005). Inzwischen wird allerdings wieder die Forderung nach psychotherapeutischen Interventionen zur »Optimierung des Behandlungserfolges« erhoben, um den hohen Abbruchquoten – auch bei den Sildenafil-Behandlungen – zu begegnen (Althoff/Wieder 2004).

Wie andere somatoforme Therapieverfahren realisiert Viagra® die nahezu vollständige Trennung von sexueller Reaktion und psychosozialem Erleben. Dies erleben Männer häufig als befreiend, da die Angst zu versagen ihre Bedeutung verliert und die Illusion von Unabhängigkeit und Autonomie unterstützt wird. In Psychoanalysen wird allerdings sichtbar, dass das sichere Wissen um eine stabile Erektion, die auch mehr als einen Koitus übersteht, zwar zunächst beruhigend wirkt, langfristig aber keine wirkliche narzisstische Gratifikation liefert. Die Pille wird vielmehr als »Krücke« erlebt, die das Gefühl zu versagen festigt. Bei näherer Betrachtung erweist sich für manch einen Patienten auch das phallozentrische Männlichkeitskonzept als brüchig und führt zu der Einsicht, dass mithilfe von Viagra® o.ä. etwas konserviert wird, was an anderer Stelle schon längst fragwürdig geworden ist. Noch eine weitere Bedeutung der Medikalisierung männlicher Sexualität erschließt sich in Psychoanalysen, in denen die Auseinandersetzung mit Altern, Vergänglichkeit und Begrenztheit meist unausweichlich wird – mit Prozessen, die in unserer auf Jugendlichkeit getrimmten

Kultur kaum einen Ort finden. Auch hier erweist sich Viagra® als Krücke, um das altersbedingte Nachlassen von Körperfunktionen zu verleugnen und dies als behandlungsbedürftige Krankheit zu betrachten. Besonders eindrucksvoll kommt dies in der Vision eines führenden amerikanischen Sildenafil-Forschers zum Ausdruck, der in Viagra ein täglich anzuwendendes, potenzielles Mittel zur Prävention sieht – ähnlich wie gegenwärtig Aspirin zur Vorbeugung von Herzinfarkten (vgl. Sigusch 2001, S. 370).

Im Hinblick auf das Beziehungsgeschehen stellt sich schließlich die Frage, was diese künstlichen Dauererektionen für das sexuelle Erleben einer Frau bedeuten. Während Evaluationsstudien emphatisch davon sprechen, dass Frauen sich mehrheitlich an der Selbstsicherheit »freuten«, die Männer durch Vakuumpumpen oder SKAT gewinnen würden, und den entspannteren Sex genießen, bleibt doch fraglich, ob sie diese Verfahren nicht vielmehr in Kauf nehmen, um ihren Schuldgefühlen zu begegnen oder weil der oft mit Erektionsstörungen einhergehende Rückzug des Mannes schwer erträglich sei (vgl. Zamel 2004, S. 52f.). Im Archiv der Psychoanalyse finden sich auf diese Frage sehr unterschiedliche Antworten. Zum einen beschrieb die ungarische Analytikerin Lillian Rotter (1934), wie das Mädchen in der Zeit infantiler sexueller Neugier oftmals auffällige Veränderungen am Penis männlicher Spielkameraden feststelle und die Erektion ihrem Einfluss zuschreibe. In magischer Weise sei sie überzeugt, dass der Penis ihr gehöre, ein Teil in ihrem Einflussbereich sei, vergleichbar einer Maschine, die sie steuern könne und die ihrem Willen unterliege. Diese Fantasie, dass der Penis eigentlich zum weiblichen Körper gehöre, bleibe im Unbewussten virulent und lasse sich in der Erwachsenensexualität im Koitus realisieren. Wenn hingegen mithilfe von Viagra® eine Erektion medikamentös hergestellt wird, torpediert es diese unbewusste Fantasie und verweigert deren narzisstische Gratifikation, was die in Psychoanalysen berichtete Unzufriedenheit von Frauen mit der Medikalisierung männlicher Sexualität erklären könnte. Zum anderen ließe sich mit Mary Sherfey (1972) aber auch argumentieren, dass die Einnahme von Viagra® der sexuellen Potenz der Frau entgegenkäme und somit Unterschiede in den geschlechtsspezifischen physiologischen Reaktionsmustern ausgeglichen werden könnten. In ihren Studien zur weiblichen Sexualität, mit denen sie die Erkenntnisse der Untersuchungen von Masters und Johnson für die psychoanalytische Theoriebildung fruchtbar zu machen suchte, legt sie dar, dass Frauen aufgrund geringerer Refraktärzeiten zu multiplen Orgasmen in kurzer Zeit fähig seien, während Männer längere Ruhephasen nach der Ejakulation benötigten; dies würde durch Viagra® hinfällig.

Die Bemühungen zur Medikalisierung der Sexualität mit chemischen Stoffen sind nicht zuletzt auch geeignet, tiefsitzenden Vorurteilen zur männlichen Sexualität zu begegnen. So sind etwa vielfache Versuche gescheitert, Erektionsstörungen mit Hormonen zu behandeln (vgl. Zamel 2004). Entgegen der landläufigen Meinung erwies sich die Erektionsfähigkeit als weitgehend unabhängig von der Androgen- bzw. Testosteronkonzentration. Es ließen sich beim Mann – mit Ausnahme von Patienten, die unter Hypogonadismus leiden – keine Korrelationen zwischen der Androgenkonzentration im Serum und der Sexualreaktion nachweisen, etwa in dem Sinne, dass ein erhöhter Hormonspiegel die sexuelle Reagibilität steigere (vgl. Behre 1999). Nichtsdestoweniger geht John Bancroft, Leiter des Kinsey-Instituts und einer der international angesehensten Sexualwissenschaftler, weiterhin davon aus, dass die männliche Sexualität wesentlich – und weit stärker als die weibliche – durch Fortpflanzungshormone gesteuert wird. Androgene, insbesondere Testosteron, seien seiner Ansicht nach unverzichtbar für die sexuelle Erregbarkeit: »Senkt man den Testosteronspiegel eines Mannes, kann man sicher sein, dass sein Interesse an Sex nachlässt und erst zurückkehrt, wenn wieder Testosteron zugeführt wird« (Bancroft 2000, S. 71). Aus diesen Befunden entwickelte er ein theoretisches Modell zur Erklärung sexueller Erregung, das auf der Annahme beruht, dass es im Gehirn spezifische, individuell unterschiedliche Mechanismen gebe, die sowohl die sexuelle Erregung als auch ihre Hemmung steuerten, sodass sich die Individuen in ihrer Disposition zur Erregung und

Hemmung unterscheiden. Nach diesem Modell sei die Hemmung ein adaptiver Prozess und keine Störung. Damit wirft Bancroft ein neues Licht auf die »erektile Dysfunktion«, führt dies jedoch nicht weiter aus. Wenngleich dem Modell Untersuchungen von männlicher Sexualität zugrunde liegen, nimmt Bancroft weiterhin an, dass Frauen eine größere psychophysiologische Disposition zur Hemmung ihrer sexuellen Erregbarkeit aufweisen als Männer. Die zentrale Frage nach der Schnittstelle der psychischen und physiologischen Prozesse, welche die Erregung steuern, sei mithin noch völlig ungeklärt. Von ihrer Klärung verspricht sich Bancroft jedoch Aufschluss über mögliche positive Wirkungen einer medikamentösen Behandlung gerade auch von Frauen. Er teilt damit die Hoffnung eines ganzen Industriezweiges.

Seit dem überwältigenden Erfolg von Viagra® werden verstärkte Anstrengungen auch zur Erforschung weiblicher Sexualität unternommen. Doch scheint sich diese offenbar nicht so einfach der Logik des Messens und Zählens unterwerfen zu lassen. So »mussten die Forscher zu ihrem Bedauern feststellen, dass der sinnliche Aufruhr bei Frauen ungleich schwieriger festzumachen ist als jener des Mannes. Während sich beim Manne – funktionierende Hardware vorausgesetzt – die subjektive Erregung ziemlich genau im körperlichen Ertragswinkel widerspiegelt [...], findet sich bei der Frau kein vergleichbares Maß« (Dick 2005, zit. n. Becker 2005). Das Zusammenspiel von körperlichen und psychischen Prozessen bei der sexuellen Erregung erweist sich als äußerst komplex und chemischen Eingriffen weniger zugänglich. Es stellt sich allerdings die Frage, wie lange das noch so bleibt bzw. wann sich sichtbare Erfolge in dem Versuch einstellen, auch die weibliche Sexualität – analog zur männlichen – der Maxime eines Funktionierens zu unterwerfen, das technisch herstellbar erscheint.

Literatur

Althoff, S.E.; Wieder, M. (2004): Psychotherapy for erectile dysfunction – not more relevant than ever. Endocrine 23, 131–134.

Arentewicz, G.; Schmidt, G. (Hg.) (1993): Sexuell gestörte Beziehungen. Konzept und Technik der Paartherapie. Stuttgart (Enke).

Bancroft, J. (2000): Die Medikalisierung sexueller Probleme von Frauen. Zeitschrift für Sexualforschung 13, 69–76.

Behre, H.M. (1999): Endokrinologie. In: C.G. Stief et al. (Hg.): Zeitgemäße Therapie der erektilen Dysfunktion. Berlin (Springer).

Berner, W. (2001): Tendenzen in der Behandlung der funktionellen Sexualstörungen des Mannes. Zeitschrift für Sexualforschung 14, 316–335.

Braun, M. et al. (2000): Epidemiology of erektile dysfunction: results of the »Cologne Male Survey«. International Journal of Impotence Research 12, 305–311.

Butler, J. (1995): Körper von Gewicht. Frankfurt am Main (Suhrkamp).

Butler, J. (2001): Psyche der Macht. Frankfurt am Main (Suhrkamp).

Csef, H. (2005): Männliche Sexualstörungen und ihre Behandlung. In: G. Nissen et al. (Hg.): Sexualstörungen. Ursachen, Diagnosen, Therapien. Darmstadt (Steinkopf).

Feil, M.G.; Richter-Appelt, H. (2002): Kontrollüberzeugungen und Angst bei heterosexuellen Männern mit Erektionsstörungen. Zeitschrift für Sexualforschung 15, 1–20.

Freud, S. (1915): Die Verdrängung. GW X. Frankfurt am Main (Fischer).

Giddens, A. (1994): Wandel der Intimität. Sexualität, Liebe und Erotik in den modernen Gesellschaften. Frankfurt am Main (Fischer).

Gnirss-Bormet, R. et al. (1995): Sexualmedizinische Diagnostik und Therapie von Erektionsstörungen in einer Spezialsprechstunde. Zeitschrift für Sexualforschung 8, 12–23.

Greenson, R.R. (1964): Über Homosexualität und Geschlechtsidentität. In: ders. (1982): Psychoanalytische Erkundungen. Stuttgart (Klett-Cotta).

Gschwind, H. (2001): Das sexuelle Symptom in der Sprechstunde. In: Sigusch, V. (Hg.): Sexuelle Störungen und ihre Behandlung. Stuttgart (Thieme).

Hartmann, U. (1998): Männer als Patienten in der Sexualtherapie. Sexuologie 5, 1–10.

Hauch, M. (2005): Lust – Funktion – Verstörung. Zur aktuellen Präsentation sexueller Probleme. Zeitschrift für Sexualforschung 18, 164–184.

Heim, D. (2005): Diagnostik klinisch-psychologischer Aspekte der Erektionsstörung. Hamburg (Dr. Kovac).

Irvine, J.M. (1990): Disorders of desire. Philadelphia (Temple University Press).

Janssen, P.L. (1986): Zur Differenzierung und Spezifität der Psychodynamik funktioneller Sexualstörungen bei Männern. Zeitschrift für Psychosomatische Medizin 32, 27–43.

Kinsey, A.C.; Pomeroy, W.B.; Martin, C.E. & Gebhard, P.H. (1963): Das sexuelle Verhalten der Frau. Frankfurt am Main (S. Fischer).

Kinsey, A. C.; Pomeroy, W.B. & Martin, C.E. (1963):

Das sexuelle Verhalten des Mannes. Frankfurt am Main (S. Fischer).
Kestenberg, J. (1968): Innen und außen – männlich und weiblich. In: Jahrbuch der Psychoanalyse 31, 1993 (Teil I) und 32, 1994 (Teil II).
Lange, C. (1994): Das Gleiche ist nicht dasselbe. Subversive Elemente des Paartherapie-Settings im Hinblick auf das Geschlechterverhältnis am Beispiel »Lustlosigkeit«. Zeitschrift für Sexualforschung 7, 52–61.
Laumann, E.O.; Paik, A. & Rosen R.C. (1999): Sexual dysfunction in the United States; prevalence predictors. Journal of the American Medical Association 281, 537–544.
Masters, W.H.; Johnson, V. (1966): Die sexuelle Reaktion. Frankfurt am Main (Akademische Verlagsanstalt), 1967.
McDougall, J. (1988): Theater der Seele. Illusion und Wahrheit auf der Bühne der Psychoanalyse. München, Wien (Verlag Internationale Psychoanalyse).
Mitchell, S.A. (2004): Kann denn Liebe ewig sein? Psychoanalytische Erkundungen über Liebe, Begehren und Beständigkeit. Gießen (Psychosozial-Verlag).
Reiche, R. (1997): Gender ohne Sex. Geschichte, Funktion und Funktionswandel des Begriffs »Gender«. Psyche – Z psychoanal 51, 926–957.
Reiche, R. (2004): Triebschicksal der Gesellschaft. Über den Strukturwandel der Psyche. Frankfurt am Main (Campus).
Richter-Appelt, H. (2000): Sexuelle Funktionsstörungen und weibliche Sexualität. Anmerkungen zu einer aktuellen Debatte. Zeitschrift für Sexualforschung 13, 243–251.
Schmidt, G. (2004): Das neue Der Die Das. Über die Modernisierung des Sexuellen. Gießen (Psychosozial-Verlag).
Schmidt, G. (2005): Kindersexualität – Konturen eines dunklen Kontinents. In: Burian-Langegger, B. (Hg.): Doktorspiele. Die Sexualität des Kindes. Wien (Picus).
Schorsch, E. (1985): Perversion als Straftat. Psychodynamik und Therapie. Berlin (Springer).
Schorsch, E. (1988): Die Medikalisierung der Sexualität. Über Entwicklungen in der Sexualmedizin. Zeitschrift für Sexualforschung 1, 95–112.
Sherfey, M.J. (1972): Die Potenz der Frau. Wesen und Evolution der weiblichen Sexualität. Köln (Kiepenheuer & Witsch), 1974.
Sigusch, V. (Hg.) (2001): Sexuelle Störungen und ihre Behandlung. Stuttgart (Thieme).
Rotter, L. (1934): Zur Psychologie der weiblichen Sexualität. In: dies. (1989): Sex-Appeal und männliche Ohnmacht, herausgegeben von Andreas Benz. Freiburg (Kore).
Solstad, K.; Hertoft, P. (1993): Frequency of sexual problems and sexual dysfunction of middle-aged Danish men. Arch Sex. Behav. 22, 51–58.
Stief, C.G. et al. (Hg.) (1999): Zeitgemäße Therapie der erektilen Dysfunktion. Berlin (Springer).
Stief, C.G. et al. (2000): Pharmakologische Therapiemöglichkeiten der Erektionsstörungen. Deutsches Ärzteblatt, 97, C-367–370.
Tiefer, L. (1993): Über die fortschreitende Medikalisierung männlicher Sexualität. Zeitschrift für Sexualforschung 6, 119–131.
Tiefer, L. (1995): Sex is not a natural act. Boulder (Westview Press).
Tiefer, L. (2000): Die Kommerzialisierung weiblicher Sexualität. Zeitschrift für Sexualforschung 13, 66–68.
Zamel, G. (2004): Probleme der Medikalisierung sexueller Störungen. In: Strauß, B. (Hg.): Psychotherapie der Sexualstörungen. Stuttgart (Thieme).
Zilbergeld, B. (1996): Die neue Sexualität der Männer. DGVT Tübingen.

»Wir schauen nach, ob auch alles in Ordnung ist.«

Kritische Anmerkungen über Machbarkeitsfantasien zur Schwangerschaft und die Planbarkeit des Lebens

Yvonne Brandl

»Aufklärung ist der Ausgang des Menschen aus seiner selbstverschuldeten Unmündigkeit.«
Immanuel Kant (1784)

»Ich bin schwanger und nicht krank« – diese etwas in die Jahre gekommene Aussage diente Frauen längere Zeit dazu, sich gegen die Zuweisung einer Schonhaltung im Alltag durch überfürsorgliche Partner zu schützen. Heute ist Deutschland führend in der Zahl von Kontrolluntersuchungen. Vorsorge, Selbsthilfe und Selbstverantwortung gelten als die gesundheitspolitischen Schlüsselbegriffe der Gegenwart (Franzkowiak 1992, S. 252). Der veränderte Umgang mit Gesundheitsrisiken hat besonders im Umgang mit Schwangerschaft ein bisher nicht vergleichbares Ausmaß angenommen. Die oben genannte Aussage wäre vor allem innerhalb medizinischer Beratungen angebrachter denn je – sie kommt jedoch in diesem Kontext kaum vor. Hier hat sich Grundlegendes geändert, verloren ging die Fähigkeit »nein« zu sagen und Unabhängigkeit zu bewahren (Duden 1999) – Frauen sind zum großen Teil den Verführungen medizinischer Machbarkeitsfantasien erlegen, eine Folge dessen ist, dass es keine Begriffe und positive Bedeutungen mehr gibt für Erfahrungen wie Schmerz, Tod, Gebrechlichkeit und Krankheit (Herzlich/Pierret 1991) und das hat Auswirkungen nicht zuletzt auf den Umgang mit Kindern.

1. Der Umgang mit Risiken. Vorsorge und Selbstverantwortung

1.1 Aktuelle Entwicklungen

Es gibt einen verbreiteten Konsens darüber, dass die Öffentlichkeit ein Recht auf Informationen habe – jedoch besteht kein Konsens über ein Recht darauf, die Information auch in klarer, nicht irreführender Weise zu erhalten (Gigerenzer 2002, S. 58).

Aus wirtschaftswissenschaftlicher Perspektive wird Prävention als »die große Zauberformel der Gesundheitspolitik« gehandelt (Krämer 1989). Gearbeitet wird dabei mit dem Risikofaktorenmodell, anhand dessen auf der Basis epidemiologischer, d.h. bevölkerungsstatistischer Wahrscheinlichkeitsaussagen, Prädiktoren für künftige Krankheitsanfälligkeiten ermittelt werden – gezielte systematische Prävention und Überwachung gelten hierbei als notwendige Aufgaben (Franzkowiak 1992, S. 252).

Betrachtet man die Modellannahmen, so beginnen die Probleme bereits beim Konzept von Gesundheit. Sie wird negativ definiert, als Abwesenheit von Symptomen bzw. in starker Verkürzung als Abwesenheit von Risikofaktoren. Innerhalb dieses Modells ist die logische Schlussfolgerung eine Gesundheitsvorsorge als individuelle Verhaltensprävention verbunden mit einer Kette von Vorsorge-Checks.

In den letzten Jahrzehnten hat sich ein bemerkenswerter Wandel des Krankheitspanoramas ergeben (Haubl 2006), der sich in einen Zusammenhang mit der »Entkörperlichung der sozialen Beziehungen und einer zunehmenden

Verwundbarkeit der Individuen bringen lässt« (Ritter 1982, S. 45). Psychische und soziale Faktoren (Stress) spielen eine zunehmende Rolle (life-event-Forschung) und erscheinen als eine Art »zweiter Buchführung« in der Registratur des Körpers, der ungefragt nach einer »Bilanzierung der Narben« mit Krankheit reagiere (Ritter 1982, S. 46), bereits Horkheimer und Adorno (1971) sprachen von der unterirdischen Geschichte des Körpers.

Der handlungsleitende Begriff des *Risikoverhaltens* ist eine »Wortschöpfung, die die Zugriffsphilosophie der Epidemiologie mit jener der psychologischen Lerntheorien elegant zu vermählen weiß« (Franzkowiak 1992, S. 253). Die wissenschaftstheoretischen und ethischen Gehalte bleiben jedoch beim Risikofaktorenmodell meist unhinterfragt – besonders die Frage der Kausalität – kurzerhand werden Verhaltensrisiken mit manifesten Krankheiten gleichgesetzt. Solch verkürzte Begründungsweisen lassen sich besonders leicht in der Allgemeinbevölkerung verankern. Gleichsetzungen dieser Art stützen tatkräftig die Präventionsmaschinerie bei gleichzeitiger Ausblendung des Problems ethischer Implikationen.

1.2 Schleichende Veränderungen – eine historische Skizze

Am Beispiel der Geschichte der Medizin um 1800 betreibt Michel Foucault (1973) seine Archäologie des ärztlichen Blicks. Entlang zahlreicher Veränderungen, wie der Neuorganisation des Spitalwesens, der Trennung der modernen Klinik von den ärztlichen Praxen oder der Entstehung der pathologischen Anatomie, sind es die »Entschleierungen« des Körperinneren und die neue Fachsprache, die Foucault wie Symptome eines grundlegend anderen, nun rationalen, Umgangs mit Krankheit und Tod entwickelt. Die Medizin halte so dem Menschen den Spiegel radikaler Endlichkeit andauernd vor (Foucault 1973). So wie die Psychologie erst aus der Erfahrung der Unvernunft geboren worden sei (Foucault 1969), so wurde die Medizin als Wissenschaft vom Individuum aus der Einfügung des Todes in das medizinische Denken geboren (Foucault 1973, S. 207).

Dieser Wandel des ärztlichen Blicks bildet auch die Grundlage für die rasante Entwicklung des Umgangs mit dem heute technisch Machbaren am menschlichen Körper – der in ungeahnte Höhen steigt und vielleicht nichts anderes ist als ein Versuch, diese Endlichkeit erträglich zu machen, während doch die forcierte Technisierung und Medikalisierung sich immer weiter von diesem Ziel entfernt.

Das somatische Modell der Art von Medizin, wie sie sich seit dem 19. Jahrhundert etablierte, basiert auf den wesentlichen Momenten der Nicht-Irritierbarkeit und der Konzentration mit folgenden Annahmen: 1. die Krankheit ist weitgehend ein körperliches Phänomen, 2. effizientes Vorgehen wird gewährleistet, wenn Körper und Person getrennt werden, 3. es gibt eine Geschichte der Krankheiten, nicht des Patienten (Ritter 1982, S. 41; Foucault 1973).

Dem Körper wird in dieser Entwicklung des medizinischen Blicks Sinn entzogen, weil dieser Blick ihn distanziert durch jene Instrumente und Apparate der Medizin. Die Volksmedizin mit ihrem Körper-Sinn wird zunehmend anachronistisch und ihre Zeichendeutungen werden lediglich als unterirdische Geschichte beschrieben (vgl. Ritter 1982, S. 42). Die Folgen dieses somatischen Modells für das Gesundheitsbewusstsein bringen den Patienten zum Ignorieren des eigenen Körpers. Der Körper wird wie eine Maschine betrachtet, er erscheint als lästig und ärgerlich (Ritter 1982, S. 43; Illich 1975). Die Metaphern defekter Maschinen sind in jüngster Zeit besonders deutlich in den zunehmend populären Veranschaulichungen kindlicher Verhaltensstörungen wie ADHS zu beobachten und wurden in ihrer konstitutiven Rolle für Forschung und Behandlung diskutiert (vgl. Brandl 2007).

Parallel zu dieser Entwicklung wandelt sich die traditionelle Rolle des Arztes, um 1900 war er zum angesehenen Vertreter der Oberschicht aufgestiegen und Legitimationsgesetze wie z. B. in Frankreich verliehen ihm eine Art Monopolstellung (Herzlich/Pierret 1991, S. 231f.). Vor diesem Hintergrund verkörperte der Arzt zugleich Wissen und Macht, fast in einer religiösen

Beziehung. Er wird zum »Priester« in Gestalt des Arztes (ebd., S. 232; vgl. auch Shorter 1994, S. 125). Diese Konstellation ist nach wie vor ein wesentliches Element in der heutigen mit keiner Epoche vergleichbaren Dynamik von Medikalisierungen. Der Arzt hat mehr Macht denn je Normen zu setzen, Regeln aufzustellen.

In zahlreichen Patientenzeugnissen und Interviews analysieren Herzlich und Pierret (1991) die schleichenden Veränderungen im Umgang zwischen Arzt und Patient. Mit Pasteur erfolgte der Übergang vom Ratschlag zur Anordnung durch den Arzt. Die Äußerungen von Kranken lassen eine Unterwerfung unter die berufliche Autorität als Selbstverständlichkeit deutlich werden und enthalten zunehmende Bekundungen eines passiven Sich-Ergebens in die Ratschläge des Arztes (Vertrauen haben), der Berufsstand Arzt wird in diesem konfliktfreien Bild zunehmend zum Garanten eines Wertes – der Gesundheit. »Der Kranke, der seine Unwissenheit und seine Ohnmacht erkennt, unterwirft sich vertrauensvoll einem Wissen, dessen Inhalt oder Legitimation er nicht in Zweifel zieht und das seinem Glauben nach ganz unzweideutig für sein Wohl eingesetzt wird. Eben dadurch hat er Chancen, geheilt zu werden und so seinen Platz in der Gesellschaft wiederzufinden« (Herzlich/Pierret 1991, S. 236). Erst in den letzten Jahrzehnten kommen auch andere Ansichten vom beruflichen Ansehen und der Rolle der Ärzte in den Industriegesellschaften zu Wort: sie betonen weder Ohnmacht noch Unwissenheit, sondern die Entwicklung der modernen medizinischen Institutionen, »die im Menschen die Möglichkeit zerstört, seinen Zustand selbständig zu interpretieren und auch darauf zu reagieren« (Herzlich/Pierret 1991, S. 236).

1.3 Methodische Anmerkungen im Prozess der Medikalisierung

1. Unübersichtlichkeiten und Verantwortung im Umgang mit wahrscheinlichkeitsstatistischen Aussagen

Die neue flächendeckende Normorientierung und ihre Abweichungsdefinitionen führen zum Menschenbild des »misfits«, das in seinen Annahmen und Konsequenzen meist unreflektiert bleibt (Franzkowiak 1992).

Dem Laien völlig verborgen bleibt auch der Hintergrund bevölkerungsstatistischer Wahrscheinlichkeitsaussagen, die meist nur einen unter 50% liegenden Varianzaufklärungsanteil aufweisen, aus ihnen soll aber das »prinzipiell Richtige« gezogen werden (Laaser 1985). Wenn auch immerhin in Fachkreisen mittlerweile durchgedrungen ist, dass Korrelationen nicht ohne Weiteres mit Kausalitäten gleichgesetzt werden dürfen, so wird dennoch dem Laien der gefundene »Zusammenhang« in einer ursächlichen Weise präsentiert. Zahlreiche weitere Probleme statistischer Modelle, wie die Annahme der Fehlerfreiheit einzelner Parameter, Fehlermultiplikation bei Vorliegen von Wechselwirkungen oder Mangel an zuverlässigen Methoden zur Analyse von Wechselwirkungen überhaupt (vgl. Mosbrugger/Brandl 2002) werden meist nicht thematisiert.

Ein entscheidender Teil der ethischen Problematik des Risikofaktorenmodells liegt in der Form der Annäherung an die Zukunft über lineare Fortschreibung von Ist-Zuständen; Organindikatoren werden hier als harte Daten gewertet, der Reduktionismus der getroffenen Verknüpfungen und epidemiologischen Vermessungen bleibt verschleiert (Franzkowiak 1992).

Das gezielte Weglassen von Information, bei Tests werden z. B. die Falsch-positiv- und die Falsch-negativ-Ergebnisse vermittelt, die Wertung von Vor- und Nachteilen oder die Verharmlosung von Nebenwirkungen dienen nicht zuletzt ökonomischen Interessen (Reibnitz/List 2002). Einseitige Wertungen z. B. prozentualer Behinderungsursachen als intern bzw. extern kausal (ca. 1% aller Neugeborenen haben genetische Besonderheiten, ca. 2% werden während Schwangerschaft oder bei Geburt geschädigt, und 90% aller Behinderungen werden nach Geburt durch Krankheiten oder Unfälle verursacht [vgl. Benthaus/Griep/Wegener 1997]) bringen die Schwangere wie eine Kundin zum gewünschten Wahlverhalten.

Die Form der Angaben über angebliche Risikoabschätzungen in Beratungsgesprächen oder Informationsbroschüren lassen sich nicht selten als grob fahrlässig bewerten. Bei Empfehlungen in Presse oder Werbung der Pharmaindustrie für bestimmte Behandlungsmethoden oder diagnostische Maßnahmen werden in verwirrender Weise Einzelfall-Wahrscheinlichkeiten, bedingte Wahrscheinlichkeiten oder relative Risikoreduktionen als verschiedenste Arten der Risikomitteilung zur Durchsetzung eigener Interessen genutzt (vgl. Gigerenzer 2002). Von statistisch seriösen Forschern wird dringend empfohlen, dass sich medizinische, juristische und andere Vereinigungen aus moralischen und legalen Gründen dazu verpflichten, Risiken in klar verständlicher Form mitzuteilen, z.B. in Form von absoluten Risikoänderungen und natürlichen Häufigkeiten (vgl. Gigerenzer 2002).

2. Strukturierung des Medikalisierungsprozesses
Die Medikalisierung ist als Teil der Professionalisierungsstrategie der Medizin zu verstehen. In ihrem Dienst steht ein beträchtlicher Teil der oben angesprochenen Verwirrung stiftenden Art des Umgangs mit statistischen Angaben. Professionalisierung wird als der Prozess verstanden, »in dem es einer Gruppe gelingt, ein Tätigkeitsmonopol im Dienstleistungsbereich zu definieren und gesellschaftlich durchzusetzen« (Kolip 2000). Elemente der Professionalisierung sind berufliche Autonomie, die Formulierung von Zugangsberechtigungen und die Etablierung von Standards der Ausbildung und Ausübung. Die Medizin gilt als Paradebeispiel für Professionalisierungsstrategien, sie besitzt eine umfassende Definitionsmacht, das Behandlungsmonopol, sie bestimmt die Arbeitsteilung im medizinischen Bereich und beherrscht das Expertenwissen. Medikalisierung als Teil der Professionalisierung ist Voraussetzung für die Ausweitung der Monopolstellung, eine Ausweitung, die normale Körperprozesse zu potenziell pathologischen macht (vgl. Kolip 2000; Haubl 2006).

Kolip (2000) schlägt vor, den Medikalisierungsprozess unter folgenden drei Teilaspekten, die seine Grundstruktur charakterisieren, zu betrachten: Normierung – Pathologisierung – Regulierung.

1. Normierung als zentrales Element medizinischen Handelns bezieht sich auf körperliche Erscheinungen und Entwicklungsprozesse und erfolgt nach zwei Varianten. Die erste Variante setzt den statistischen Durchschnitt als die zu erreichende Norm fest (z.B. den 28-Tage-Menstruationszyklus; innerhalb der Mädchengynäkologie mit Normen für Uterus und Klitoris-Größe und Hormonspiegel; vgl. Schmitt 2000). Die zweite Variante greift auf eine am Risikofaktorenmodell orientierte Logik zurück und legt Grenzwerte irgendwie ermittelter medizinischer Gefährdung fest (Kolip 2000). Ein Beispiel solch willkürlich festgelegter Idealwerte ist die Beurteilung hormoneller Parameter in den Wechseljahren, wo dem Referenzwert nicht die statistische Verteilung postmenopausaler hormoneller Parameter sondern der Hormonspiegelwert vor der Menopause als *normal* zugrunde liegt – der postmenopausale Hormonwert ist damit normabweichend und wird im Schritt zur Pathologisierung behandlungsbedürftig (vgl. auch Lademann 2000).

2. Pathologisierung: Abweichungen von der aufgestellten medizinischen Norm gelten als krankhaft und behandlungsbedürftig, was zur Pathologisierung normaler körperlicher Vorgänge führt: z.B. das Klimakterium nicht als Umbruchphase, sondern als Hormon-Mangelzustand zu betrachten; Gebären und Schwangerschaft als behandlungsbedürftige Zustände zu definieren.

3. Regulierung: Hierunter versteht sich das Angebot der Medizin, die Abweichung von der Norm, das, was in vielen Fällen keiner Regulierung bedarf, zu behandeln. Der Behandlungsbedarf wird durch die vorherigen Schritte erst geschaffen. Kolip (2000) kritisiert, dass die Medizin ein Behandlungsmonopol beansprucht und ausschließlich ihre Techniken anbietet, obwohl andere Maßnahmen denkbar wären. Hinzu kommt, dass überhaupt keine Intervention notwendig wäre, wenn nicht vorher eine Definition als pathologisch erfolgt wäre.

2. »Frauengesundheit«

Historisch betrachtet wird der Arzt nach 1900 zum »Verbündeten« der Frau und ersetzt die traditionelle Frauengruppe, die bisher den solidarischen Rückhalt für die existenziellen Gefährdungen durch Schwangerschaft und Geburt sicherte (vgl. Shorter 1984, S. 320–336).

Zum Wohle der Patienten greifen Ärzte bewusst oder unbewusst zu Medikalisierungsstrategien (Kolip 2000) – wobei die Arzt-Patientin-Interaktion ein Kernstück der Problematik ist (Herzlich/Pierret 1991). Der Prozess der Medikalisierung wurde in der Schwangerschaftsvorsorge am Beispiel der Pränataldiagnostik und der Definition von Risikoschwangerschaften diskutiert. Die Medikalisierung der Geburt, der ältere Prozess, wurde am Beispiel der Geburtshaltung, dem Einsatz der PDA und den Indikationsänderungen zum Kaiserschnitt gezeigt (vgl. Brockmann/Reichard 2002, S. 59).

Betrachtet man den ärztlichen Umgang mit dem Körper der Frau und dessen natürlichen Umbruchphasen als weiterführenden Aspekt unter einer transgenerationellen Perspektive, d.h. im Hinblick auf den Umgang der mit den aus diesem Körper hervorgehenden Kindern, so bleibt der Aspekt der Medikalisierung auch für die Kindheit von besonderer Bedeutung (vgl. Leuzinger-Bohleber et al. 2006).

Normierung – Pathologisierung – Regulierung (Kolip) lassen sich dabei als Facetten der Medikalisierung betrachten und ihre inhaltliche Ausgestaltung bezogen auf die folgenden, speziell Frauen (aber auch werdende Väter) betreffenden, gynäkologischen Bereiche unterscheiden:

- Krebsvorsorge
- Hysterektomien
- Mädchengynäkologie
- Schwangerschaft
- Geburt
- Hormonbehandlungen
- (und transgenerationell) die Pädiatrische Vorsorge.

Der Aspekt der Medikalisierung lässt sich in der hier getroffenen Eingrenzung auch als ein Zusammentreffen von medizinisch-naturwissenschaftlich-männlichen und weiblichen Paradigmen betrachten. Zum besseren Verständnis werden hier jedoch einige grundlegende Aspekte zu dieser Dichotomie weniger in Reduktion auf das biologische Geschlecht als vielmehr im Rahmen einer verallgemeinerten ideengeschichtlichen Betrachtungs- und Denkweise diskutiert.

Polarisierungen bei der Unterscheidung zwischen Weiblich und Männlich lassen sich auch in den Termini von Kontinuität vs. Diskontinuität oder von Linear vs. Zyklisch (an der Biologie orientiert) formulieren. Die durch ihren Körper, durch Schwangerschaft, Geburt oder Stillzeit an Zyklizität und Diskontinuität gebundene Frau kann sich durch den wissenschaftlichen Fortschritt und die Entwicklung einer »Technologie des weiblichen Körpers« zunehmend dieser Diskontinuitäten entledigen – »die Frau kann dann so kontinuierlich leben wie der Mann [...] unbelastet von ihrer zyklischen Natur« (Hardache-Pinke 1982, S. 193). Dies wäre eine Folge der Normierungsprozesse zweiter Art, wobei sich eine biologische Orientierung am kontinuierlichen männlichen Prinzip der Fruchtbarkeit als generell menschlichem Prinzip entwickelt und die weibliche Zyklizität als »Abweichung« formuliert wird, sie hemmt den Fortschritt, ist »biologischer Ballast« (ebd., S. 194). Die Verinnerlichung dieser Ansichten führt zu Phänomenen wie der weiblichen Bereitschaft oder gar Einforderung der Medikalisierung. Erschreckendstes Beispiel sind die unzähligen Operationswellen gewünschter Hysterektomien im 19. Jahrhundert (vgl. Shorter 1994).

Passive Operationswut – Hysterektomien

Entfernungen der Gebärmutter sind heute der häufigste Eingriff an Frauen in der zweiten Lebenshälfte (häufig vorbeugend). Zwischen 1850 und 1900 waren ganze Schulen (Reflextheorie) von Gynäkologen und Psychiatern der Auffassung, dass auftretender Irrsinn von krankhaften weiblichen Geschlechtsorganen verursacht würde, dem mit radikalen Operationen zu entgegnen sei (vgl. Blech 2003; Shorter 1984).

Zahlreiche Frauen hatten die Reflextheorie verinnerlicht und gingen bereits mit dem Wunsch zum Arzt, die Gebärmutter entfernt zu bekommen (Müller 2000). Dies geschah in Amerika häufiger und auch heute sind z.B.

Schönheitsoperationen in den USA häufiger gewünscht und wurden unter dem Aspekt »passive Operationswut« diskutiert (Shorter 1994, S. 125ff.). Es wird vermutet, Frauen reagierten möglicherweise mit dieser Anpassung auf ihre Benachteiligung in Bereichen, die durch eine lineare Zeit(vorstellung) strukturiert seien (vgl. Hardache-Pinke 1982).

Mädchengynäkologie

Die Entwicklung der sogenannten Mädchengynäkologie schafft vermutlich die einflussreichsten Grundlagen für ein Verschwinden des kritischen Denkens und die Selbstverständlichkeit, mit der Frauen der Medikalisierung ihrer späteren Umbruchphasen zustimmen werden.

1978 wurde die Arbeitsgemeinschaft Kinder- und Jugendgynäkologie e.V. gegründet (Blech 2003). Die rasante Entwicklung der sogenannten Mädchengynäkologie wird weniger unter dem Aspekt medizinischer Erwägungen sondern mehr als Versuch der Rekrutierung einer zusätzlichen »behandlungsbedürftigen« Zielgruppe gesehen (Schmitt 2002) – der tatsächliche Bedarf der begründeten medizinischen Leistungen und die Rechtfertigung der Konstituierung einer eigenen Fachdisziplin steht infrage. Reife-Variationen werden pathologisiert, der bestehende Leistungskatalog wird hierbei um das psychosoziale Arbeitsfeld ausgebaut, also neben Normierung, Pathologisierung und Regulierung unauffälliger Befunde auch die Medikalisierung medizinfremder, psychologischer und sozialpädagogischer Aufgaben und Leistungen einzuschließen, erhält innerhalb berufspolitischer Erwägungen Sinn, aber kaum andere Rechtfertigung (Schmitt 2002). Die Ausweitung der gynäkologischen Regelversorgung ist zum einen unverständlich vor dem Hintergrund der Debatte um Rationalisierung und Rationierung im Gesundheitswesen. Ökonomische Interessen führen zu expliziten Verweisen, wie dem auf die Teenie-Sprechstunde in Women's Health, laut Impressum mit exklusiver Unterstützung der Grünenthal GmbH, wo es im Editorial heißt: »Der Gynäkologe wird zum Begleiter in allen Lebensphasen, und nicht selten legt er mit seinen Patientinnen eine Lebensstrecke gemeinsam zurück – von jungen Jahren bis ins hohe Alter« (zit. n. Blech 2003, S. 133f.). Zum anderen folgt durch diese frühe externe Kontrollorientierung eine verringerte Selbstwahrnehmung für eigene körperliche Prozesse, die Entwicklung eines Selbstbildes als »krank« sowie vermehrte Abhängigkeit von einem normierenden und regulierenden Medizinsystem (Schmitt 2002).

Schwangerschaft und Pränataldiagnostik

Schwangerschaft steht zunehmend im Spannungsfeld einer subjektiven Vermittlung scheinbarer Kontrollierbarkeit auf der Basis einer möglichst umfassenden Kontrolle von Körperparametern und einem erlebten Kontrollverlust während bzw. nach der Geburt. Während der Schwangerschaft wird möglicherweise eine Sicherheitsillusion oder Kontrollierbarkeitsillusion aufrechterhalten oder der Wunsch danach verstärkt, da die tatsächlich nicht kontrollierbaren und wenig beeinflussbaren Risiken zugunsten der kontrollierbaren vernachlässigt werden. Nach der Geburt fallen viele Frauen dann in ein Loch des erlebten Kontrollverlustes. Die anschließende Versorgung des Neugeborenen erfordert ein permanentes, eigentlich selbständiges Reagieren, zu dessen gesunder Entwicklung die »elterliche Feinfühligkeit« notwendig ist.

Zum Schwangerschaftserleben im Zusammenhang mit der Pränataldiagnostik wurde 2004 eine repräsentative Befragung vom Bundesministerium für gesundheitliche Aufklärung (2006) durchgeführt (derzeit läuft eine empirische Studie am Sigmund-Freud-Institut Frankfurt EDIG), nach ihr sind pränataldiagnostische Maßnahmen fester Bestandteil der Schwangerenversorgung, über 70% der Frauen wählen zusätzlich Maßnahmen zu den empfohlenen Untersuchungen aus. Das Alter der Schwangeren entscheidet über den Grad der Invasivität. Als Hauptmotiv wird die »Sicherung der Gesundheit des Babys« genannt, ein Viertel der Frauen gibt an, dies auf Wunsch des Arztes getan zu haben. Die Beratung über den medizinischen Hintergrund und die Risikoabschätzung wird als gut beurteilt, hingegen werden Informationen über den Umgang mit auffälligen Befunden oder die Nutzung psychosozialer Unterstützung als dürftig eingeschätzt. Der Informationsgrad über PND ist ausgesprochen niedrig, obwohl 85% der Frauen sie nutzen, versteht die Hälfte der Frauen den Begriff Pränataldiagnostik gar nicht oder nur falsch (BzgA 2006).

Der Begriff der Pränataldiagnostik zur Definition des gemeinten Vorgehens wurde bereits als ungenau und als Verschleierung der tatsächlichen Praxis kritisiert: der Begriff der Diagnose sei an den der Krankheit gekoppelt und beinhalte die Vorstellung der Möglichkeit von Therapie und Heilung (Brockmann/Reichard 2002, S. 61). Dagegen steht die Tatsache, dass die Pränataldiagnostik fast ausschließlich zur Entdeckung nicht behandelbarer Defekte nutzbar ist, damit wird sie jedoch zu einem Sammelbegriff von Selektionsverfahren und ist ein Instrument der Qualitätskontrolle (Wildfeuer 1997).

Die Definitionsmacht gilt als eines der wichtigsten Manipulationsmittel. Die Definition von »Risiko-Schwangerschaften« bewirkte eine erst schleichende und nun immer rasantere Einbindung ursprünglich natürlicher Ereignisse und Entwicklungen in ein Netz aus ökonomischen und berufspolitischen Kalkulationen.

Die Einführung des Mutterpasses ermöglichte eine flächenübergreifende Kontrolle von sogenannten Risiken – die Kataloge wachsen beständig, derzeit sind 52 Risiken im Mutterpass verzeichnet. Der Umgang mit der Definition der Risiko-Schwangerschaft führt dazu, dass in einigen Gegenden Deutschlands 50–80% der Schwangeren zu dieser Kategorie gezählt werden (vgl. Schindele 1997).

Diese Entwicklung bleibt nicht ohne Folgen: »[B]ereits das Wissen um die Möglichkeiten der Pränataldiagnostik verändert das Erleben der Schwangerschaft« (Brockmann/Reichard 2002, S. 62), Rechtfertigungsdruck bei alternativen Vorsorgeweisen und Schuldzuweisungen bei problematischen Verläufen gehören hierzu und werden durch die sich selbst verstärkende Idee der »Machbarkeit gesunder Kinder« gestützt (Gilbert/Harmon 1993).

Auch wenn bereits die Einblicke ins Körperinnere einen Einfluss auf das Schwangerschaftserleben haben, so entsteht eine zusätzliche Verunsicherung im Auswahlprozess der Entscheidung für oder gegen bestimmte diagnostische Maßnahmen, und während der Wartezeiten auf den Eingriff und zwischen Eingriff und Ergebnis. Nicht selten entsteht das Erlebnis einer Schwangerschaft auf Probe, das besonders heikel unter dem Aspekt der hohen Falschpositiv-Raten zu bewerten ist. Eine Entwicklung, welche die WHO mit ihren Empfehlungen durchaus als kritisch bewertet (Brockmann/Reichard 2002).

Die Anzahl der Frühgeburten ist trotz forcierter Vorsorgeuntersuchungen gestiegen und liegt trotz wesentlich weniger Vorsorgeuntersuchungen in den Niederlanden deutlich niedriger (Brockmann/Reichard 2002). Ängste und Verunsicherungen steigern sich zu »Angst-Kontroll-Spiralen« (Brockmann/Reichard 2002, S. 71), die Frauen »verlassen sich weniger auf ihre Körperwahrnehmung und entwickeln ein höheres Bedürfnis nach medizinischer Kontrolle. Damit verlieren sie aber das Gefühl für normale körperliche Veränderungen – eine Beeinträchtigung der Mutter-Kind-Beziehung durch diesen Prozess wird diskutiert« (Schindele 1997).

3. Der Umgang mit Unsicherheit und verpasste Chancen

3.1 Sprache und Modellierungsmacht

Im Rahmen des Präventionsgedankens werden individuelle Wahrnehmungs- und Reaktionsmuster beeinflusst auf der Basis der epidemiologischen Argumente zur Konstruktion eines »zwingend erwiesenen Vorsorgebedarfs« (Franzkowiak 1992, S. 254).

In einer Bewertung der aktuellen Situation und in Forderungen an die schwangerschaftsbegleitenden Berufsgruppen wird in einem Praxishandbuch für Psychosoziale Beratung in der

Pränataldiagnostik die Differenz des Blicks betont: des medizinischen, des psychosozialen und dem von Hebammen. Gemahnt wird, die Ressourcen der unterschiedlichen Perspektiven zu beachten. »Man muss darauf dringen, dass zukünftig von allen Beteiligten genau diese Vielgestaltigkeit und die unterschiedlichen Facetten von Schwangerschaft in einem größeren Maß gesehen und die Grenzen des eigenen beruflichen Beitrags akzeptiert werden.« Die Folge wäre eine ganzheitlichere Sicht der »Schwangerschaft« und eine veränderte Kultur des Hinweisens auf andere Angebote, bzw. der Kooperation mit den anderen »Anbietern« (Lammert/Dewald 2002).

Die Vertreter des Risikofaktorenmodells beanspruchen die gleiche ethische Ausnahmestellung wie die kurative Medizin, psychologische oder soziale Intervention hingegen darf nur auf Anfrage tätig werden. Häufig wird ein beständig schlechtes Gewissen erzeugt, repräsentiert und dieses ideologisch verankert, Mittel zum Zweck sind soziale Rollenerwartung und das Etikett abweichenden Verhaltens. Damit etabliert sich ein einseitiges totalitäres Zugriffsrecht der Gesundheitserzieher, welches Sanktionen und Interventionen legitimisiert und Abweichler durch sozialen Druck zu Konformisten macht (Franzkowiak 1982).

Nicht umsonst wird die genetische Beratung bereits als Sprachritual (Duden 2002) bezeichnet, in dem die vorgegebenen Rollen und Handlungsmöglichkeiten der beteiligten Interaktionspartner weitgehend festgelegt werden. Frauen übernehmen die biologisch-medizinische Sprache als Ersatz für den Bezug zur eigenen Körperempfindung (vgl. Interventionsstudie von Martin 1989), der sich im historischen Prozess entwickelt hat (Duden 1987, 1994) und nicht nur durch neue Bezeichnungen, sondern durch eine Blickveränderung ins Körperinnere charakterisiert ist.

Achtsamkeit im Umgang mit Sprache wird im Medien- und Informationszeitalter zunehmend zur Manipulationsvorsorge. Schnell werden verschiedene Umdefinierungen vorgenommen: Widerspruch wird zu Widerstand und sogenannte Vorsorgewiderstände werden illegal.

Duden (1999) beschäftigt sich mit der Sprache, die in den letzten 15 Jahren aus dem Jargon der Biomedizin und dem Dienstleistungsapparat in die Alltagssprache übergeht. Kritisch wird die Unreflektiertheit der Differenz zwischen Sprache als Modell und der Wirklichkeit gesehen. Eine ähnliche Rolle spielen die verwendeten Metaphern zur kindlichen Verhaltensbeschreibung, wie sie in aktuellen biomedizinischen Modellen zu ADHS verwendet werden (Brandl 2007).

Kritisch bewertet wird die vereinfachende Sicht, Frauen müssten die Informationen über Technik zugänglich gemacht werden, damit sie nicht benachteiligt seien (vgl. auch Gigerenzer 2002), denn Frauen lernten dadurch lediglich, sich selbst als »gen-regulierte Immunsysteme« zu verstehen (Duden 2002). Von Interesse sind in dieser Argumentation weniger die Nebenfolgen der Gentechnik und ihrer Anwendung, sondern die der Propaganda für den genetischen Denkstil, deren Axiome, Bilder und Anschauungen dieser Flut von Technologie sowie die Folgen des »Einfädelns der eigenen Erlebnisse in diesen Gesprächs-Stoff auf die Körperlichkeit einer Frau« (Duden 2002, S. 69).

Sprache schafft und zementiert hier eine neue Form des Denkens und des Erlebens und stützt damit ein Monopol des technischen Denkens, durch das der Vorrang des Erlebens und Befindens als Kriterium des Wohlseins bedroht wird (Duden 2002, S. 70).

Risikoträger werden medizinisch, psychologisch oder sozial als »misfits« gehandelt. Die Folgen dieses Menschenbildes sind innerhalb populär einleuchtender Argumentationen konsequente Überwachung und Kontrolle und führen zu vorschnellen Ausgrenzungen, Pathologisierung, Klinifizierung von Anteilen individuellen Handelns und zwischenmenschlicher Interaktion. Sie geraten zur »administrativen Anpassung von Menschenprofilen« (Franzkowiak 1992, S. 263). Sprache schafft damit die Grundlagen für eine »Moralmobilisierung im Sinne normativer Verhaltensansprüche, Angstkanalisierung, Kontrollunterwerfung« (Gerhardt/Friedrich 1985). Gesundheitserzieher werden zu »Verwaltern des Glücks in einem Leben, dem nichts widerfährt« (Castel 1983).

3.2 Richtige Mütter für richtige Kinder

Im Rahmen der pränatalen Machbarkeitsillusion konnte auch die Vorstellung entstehen, Elternfähigkeit planbar zu machen, wenn man nur wachsam nach Rezepten Ausschau halte. Die Medikalisierung der Schwangerschaft, oder allgemeiner gesprochen, der natürlichen Umbruchphasen im Leben, verändert mit Sicherheit auch die Einstellung zur Steuerbarkeit und Medikalisierung von Kindheit. Nicht nur die Suche nach Rezepten zum Erreichen der erwünschten Verhaltensmodifikation der Kinder, auch die Bahnung einer Bereitschaft zur Annahme genetischer Begründungen für Abweichung von aufgestellten Normen oder die Medikalisierung der Kindheit lassen sich durch konsequentes Weiterdenken begründen.

Ein anderer Weg wäre der Umgang mit Kindern, wie ihn die Ergebnisse der empirischen Bindungsforschung (Grossmann/Grossmann 2004) nahelegen, und der unter dem Motto: »Zuversicht geben in einer unsicheren Welt« (Greenspan 2003, Titel) zusammengefasst werden könnte.

Stattdessen findet sich als neue Einstellung eine Anspruchshaltung, eine Inflation der Wünsche, eine Art »Pflicht zum unbehinderten Kind« (Hepp 1994). Beim flüchtigen Hinsehen erscheint dies als Produkt des Egoismus und der Maßlosigkeit der Eltern, so die gängige Deutung – betrachtet man hingegen diese Wünsche als Fortsetzung eines epochalen Trends, des Gestaltwandels, den Elternschaft in der Moderne durchmacht, so kristallisiert sich eine neue Elternpflicht heraus unter dem Motto: »Optimierung der Startchancen fürs Kind« – die gezeigte Anspruchshaltung ist dann lediglich der Versuch, dieses Gebot zu erfüllen (Beck-Gernsheim 2002).

Innerhalb der Diskussion des Zusammenhangs historischer Sozialgeschichte der Elternschaft und aktuellen Entwicklungen in der Reproduktionsmedizin und Pränataldiagnostik konnte gezeigt werden, wie Elternschaft zunehmend zum Gegenstand privater Planungen und Entscheidungen, öffentlicher Sorge und Fürsorge wird – wie die scheinbare Naturkategorie für gezielte Eingriffe geöffnet wird und wie daraus ein neues Verhältnis des Menschen zu seinen Nachkommen resultiert (Beck-Gernsheim 2002). Nicht selten entsteht aus den hier skizzierten Entwicklungen ein neuer, fragwürdiger Verantwortungsbegriff, der zu eigenwilligen Argumentationen, wie dem »Schwangerschaftsabbruch aus Liebe zum Kind« führt, jedoch unreflektiert lässt; was es bedeuten würde, wenn trotz optimaler Planung das Kind später nicht der optimalen Wunschbildentwicklung folgt? Dies wäre die Frage nach den Schattenseiten der Technikentwicklung (Beck 1996; Beck-Gernsheim 1991, 1995).

Die neuen Technologien führen zur gezielten »Konstruktion« von Elternschaft, der »Mensch nach Maß« (Daele 1985) wird damit greifbarer und Elternschaft entfernt sich zunehmend vom ehemals natürlichen Verhältnis, wird zum Planungsprojekt. Damit dehnt sich jedoch auch die elterliche Verantwortung aus – neue Fragen, Handlungslasten und Entscheidungszwänge tauchen auf, zu deren Bewältigung die bisherige Pränatalbetreuung und Prävention wenig anbieten konnte.

3.3 Kontrollierbarkeiten und erlebter Kontrollverlust

Die oben beschriebenen Medikalisierungstendenzen bewirken, weil in kleinen Schritten erst für Sonderfälle eingeführt und anschließend zur allgemeinen Vorsorge erklärt, eine schleichende Wahrnehmungsveränderung. Ärzte machen sich zu Multiplikatoren dieser Wahrnehmungsveränderung, nicht zuletzt (positiv interpretiert), weil sie selbst keine Umgangsstrategien nahegebracht bekommen, wie sie mit der unermesslichen Informationsflut umgehen könnten, andere, ökonomische Interessen nicht ausgenommen (vgl. Reibnitz/List 2000).

Die zunehmenden Möglichkeiten des »Sichtbarmachens« (Objektivierbarmachens) anhand von Tests, angefangen vom roten Punkt auf dem Schwangerschaftstest bis zum baby-watching per Ultraschall, führt zu einer »Verlagerung der Konzentration vom Spüren auf das Sehen« (Brockmann/Reichard 2002).

Frauen waren durch die Jahrhunderte hinweg aufgrund ihrer biologischen Funktionen immer wieder gezwungen, von der kulturell vorherrschenden Dominanz des Visuellen in unserer Gesellschaft »zurückzutreten« und sich auf das Nicht-Sichtbare, auf das Spüren einzulassen und zu verlassen. Möglicherweise verleiht ihnen dieser natürliche Bezug zum nicht Sichtbaren eine beängstigende, weil schwieriger berechenbare Natur. Möglicherweise steckt hierin ein unbewusster Motivationsaspekt zur Erforschung und Entwicklung der objektivierbaren und sichtbaren Parametererfassung, wie sie hauptsächlich von männlichen Forschern betrieben wird.

Die Schwangere symbolisiert dabei zum einen zwar die Zukunft, zum anderen aber auch das Andere, das Anormale, das Geteilte – Schwangerschaft wird möglicherweise nicht zuletzt zu dessen Kontrolle ein rationales, geplantes Unternehmen – so wird die Schwangere auch als »gelebte Kritik an dem Ideal des mit sich selbst identischen Individuums« charakterisiert (Hardache-Pinke 1982).

Die Verlagerung auf das Sehen bewirkt auch, dass der Fötus zunehmend als eigenständiges Wesen begriffen wird – und dass die Abhängigkeit des Wohlbefindens und dessen Einfluss auf eine gesunde (ganzheitlich gesehene) Entwicklung von Kind und Mutter nicht von dieser Dyade trennbar sind (Brockmann/Reichard 2002).

In den modernen Industriegesellschaften ging die Rolle der Schwangerschaft für die Identitätsbildung weitgehend verloren – ähnlich wie der »soziale und individuelle Sinn des Gebärens«. Die Normorientierung lautet: Körper und Persönlichkeit sollen kontinuierlich und mit sich selbst identisch sein, d.h. Schwangerschaft wird als Krise gewertet, damit wird die Ambivalenz der eigenen Körpererfahrung gestützt durch den Bezugsrahmen Arzt/Klinik als Institutionen für Kranke (vgl. Hardache-Pinke 1982).

Die Zielverlagerung vom Wohlbefinden und Gesunderhalten der Frau hin zu den besten Startchancen für das Kind, ersteres wird lediglich zur Verwirklichung des zweiten Punktes relevant, bewirkt leider auch eine Form der Entwertung dessen, was Frauen zum Gelingen von Kindheit beitragen können.

Frauen waren zu allen Zeiten durch ihre zyklische Natur gefordert, sich an veränderte Phasen anzupassen (Fruchtbarkeitszyklus, Schwangerschaft, Wechseljahre). Schwangerschaft ist eine Phase, in der die Wahrnehmung von Risiken stärker ausgeprägt ist (Brockmann/Reichardt 2000) – anstatt dies als Modell für einen Umgang mit der ohnehin zunehmenden Risikoexposition (Beck 1996) und den Umgang mit Unsicherheit zu nehmen, um diese Fähigkeiten auf alltägliche Anforderungen zu übertragen, wird umgekehrt eine Anpassung an den linearen kontrollierten (männlichen) Lebens- und Denkstil vorgenommen und die Schwangerschaft mit ihrem konkreten Ort, dem Uterus als Modell für diese Laborsituation gewählt, um innerhalb des medizinisch-naturwissenschaftlichen Paradigmas Interventionsmöglichkeiten in einem fest lokalisierbaren Raum mit scheinbar kontrollierbaren Ursache-Wirkungsketten zu etablieren (Brockmann/Reichard 2002). Hier werden wichtige Chancen vertan, die einen weiblichen Umgang mit der Natur zur Bewältigung heutiger Lebenssituation nutzbar machen könnten, und viele Frauen mit bestimmtem Emanzipationsverständnis vergeben sie nur zu bereitwillig.

Häufiger wird ein Ausgleich zum erlebten Kontrollverlust während und nach der Geburt durch weitere enge Kontrollen von Körperparametern nach der Geburt angeboten und dankbar angenommen. Die verbreitete Kontrolle der grammweisen Zunahme des Säuglings nach dem Stillen kann hier als Sinnbild für die weitergeführte Verunsicherung junger Mütter stehen, die zur bereitwilligen Annahme engmaschiger Kontrollen, Vorsorgen oder Kursen führt. Kritisiert wird hier nicht ein verantwortungsvoller Umgang mit der Entwicklung ungeborener und geborener Kinder, sondern vielmehr die schleichende Zerstörung eines selbstverantworteten Zusammenlebens als ein Geschäft mit Verunsicherung und Angst sowie die grundlegende Störung einer natürlichen Fähigkeit zur elterlichen Feinfühligkeit.

In Bezug auf die schwindende Bereitschaft zu Kindern, wurde auch davon gesprochen, hierin eine Art Weigerung zu sehen, den Platz des Kindes wirklich an das Kind abzugeben und Erwachsen-Eltern zu werden, ohne in die Professionalisierung der Erziehung zu flüchten (Allert 2005). Auf dem vermutlich hindernisreichen Weg zu einer Änderung ist vorerst dringend eine sozialmedizinische Ethik der verhaltenspräventiven Einflussnahme (Franzkowiak 1992) verbunden mit dem Plädoyer für eine »Aura der Wachsamkeit« (Duden 1999, S. 69) zu fordern.

Eine mögliche alternative Reaktion auf den erlebten Kontrollverlust durch Schwangerschaft/Geburt/Elternsein könnte darin bestehen, diese Erfahrung zur Besinnung auf die Unzulänglichkeit und Unkontrollierbarkeit des Lebens und eine Haltung, die man als die Kunst Dinge anzunehmen bezeichnen könnte. Wohlgemerkt schließt diese Einstellung keineswegs die Nutzung von Methoden pränataler Diagnostik aus. Auch könnte die Zeit vor dem Beginn der Elternschaft zur Reflexion im Umgang mit Andersartigkeit, Unzulänglichkeit oder Behinderung dienen. Auf diesem Weg könnte vielleicht einige Jahre später, wenn einige oder auch viele der Kinder bereits in die Schule gekommen sind, und Lehrer, Ärzte und Eltern sich mit den Symptomchecklisten von ADHS beschäftigen, der dramatischen Gleichsetzung von Devianz mit Delinquenz entgegengewirkt werden.

Dies wäre ein anderer Weg als der des Machbarkeitswahns, eher ein Abschied von der totalen Planbarkeit der Lebensläufe der Kinder, eine Anerkennung der eigenen Endlichkeit – ein wirklicher Reifeschritt ins Elterndasein.

Literatur

Allert, T. (2005): Zugemutete Autonomie – Die frühe Kindheit in der Gegenwartsgesellschaft. (Vortrag auf der 11. Fachtagung des FAPP im Okt. 2005 in Frankfurt: Die frühe Kindheit – Werden und Wachsen unter sich wandelnden Bedingungen).

Baumgärtner, B.; Stahl, K. (2005): Einfach schwanger? Wie erleben Frauen die Risikoorientierung in der gesetzlichen Schwangerenvorsorge? Frankfurt/M. (Mabuse-Verlag GmbH).

Beck, U. (1996): Das Jahrhundert der Nebenfolgen und die Politisierung der Moderne. In: Beck, U. et al., a.a.O., S. 19–112.

Beck, U.; Giddens, A. & Lash, S. (Hg.) (1996): Reflexive Modernisierung. Frankfurt/M. (Suhrkamp).

Beck-Gernsheim, E. (1991): Technik, Markt und Moral. Über Reproduktionsmedizin und Gentechnologie. Frankfurt/M. (Fischer).

Beck-Gernsheim, E. (2002): Vom Kinderwunsch zum Wunschkind. In: Brähler et al. (Hg.), a.a.O., S. 11–28.

Beck-Gernsheim, E. (Hg.) (1995): Welche Gesundheit wollen wir? Dilemmata des medizintechnischen Fortschritts. Frankfurt/M. (Suhrkamp).

Benthaus, H.; Griep, M. & Wegener, H. (1997): Vorgeburtliche Diagnosen: Der Traum vom perfekten Kind. Darmstadt (Arbeitsstelle für Erwachsenenbildung der Evangelischen Kirchen in Hessen und Nassau).

Blech, J. (2003): Die Krankheitserfinder. Wie wir zu Patienten gemacht werden. Frankfurt/M. (Fischer).

Boltanski, L. (1969): Prime éducation et morale de classe. Paris (Cahier du centre de sociologie européenne).

Brähler, E.; Stöbel-Richter, Y. & Hauffe, U. (Hg.) (2002): Vom Stammbaum zur Stammzelle. Reproduktionsmedizin, Pränataldiagnostik und menschlicher Rohstoff. Gießen (Psychosozial-Verlag).

Brandl, Y. (2007): »Einmal bitte Öl wechseln und die Schaltung reparieren« Sprache und metaphorische Wahrnehmungen zur kindlichen Verhaltensbeschreibung. In: Ahrbeck, B. (Hg.): Hyperaktivität. Stuttgart (Kohlhammer), S. 107–122.

Brockmann, A.; Reichard, D. (2002): Schwangerschaft und Geburt im »Zangengriff« der Medizin. In: Kolip, P. (Hg.), a.a.O., S. 58–87.

Bundeszentrale für gesundheitliche Aufklärung (Hg.) (2006): Schwangerschaftserleben und Pränataldiagnostik. Repräsentative Befragung Schwangerer zum Thema Pränataldiagnostik.

Daele, W. van den (1985): Mensch nach Maß? Ethische Probleme der Genmanipulation und Gentherapie. München (Beck).

Duden, B. (1987): Geschichte unter der Haut. Ein Eisenacher Arzt und seine Patientinnen um 1730. Stuttgart (Klett-Cotta).

Duden, B. (1994): Der Frauenleib als öffentlicher Ort. München (dtv).

Duden, B. (1999): Die Gene im Kopf. In: Kurmann, M.; Wegener, H., a.a.O., S. 68–73.

Duden, B. (2002): Die Gene im Kopf – der Fötus im Bauch. Historisches zum Frauenkörper. Hannover (Offizin-Verlag).

Foucault, M. (1969): Wahnsinn und Gesellschaft. Frankfurt/M. (Suhrkamp).

Foucault, M. ([1973] 1993): Die Geburt der Klinik. Eine Archäologie des ärztlichen Blicks. Frankfurt/M. (Fischer).

Franzkowiak, P. (1992): Risikofaktoren und das »prinzipiell richtige« Leben. Kritische Anmerkungen zum Konzept und einigen ethischen Problemen der Verhaltensprävention. In: Trojan, A.; Stumm, B. (Hg.), a.a.O., S. 252–265.

Gerhardt, U.; Friedrich, H. (1985): Risikofaktoren,

-primäre Prävention und das Problem des richtigen Lebens. In: Deppe, H.-U. et al. (Hg.): Medizinische Soziologie – Jahrbuch 4, Frankfurt/M. (Campus), S. 107–127.

Gigerenzer, G. (2002): Das Einmaleins der Skepsis. Über den richtigen Umgang mit Zahlen und Risiken. Berlin (Berlin Verlag).

Gilbert, E.S.; Harmon, J.S. (1993): Manual of high risk pregnancy and delivery. St. Louis (Mosby).

Greenspan, S.I. (2003): Das geborgene Kind. Zuversicht geben in einer unsicheren Welt. Weinheim, Basel, Berlin (Beltz).

Grossmann, K.; Grossmann, K.E. (2004): Bindungen. Das Gefüge psychischer Sicherheit. Stuttgart (Klett-Cotta).

Hardach-Pinke, I. (1982): Schwangerschaft und Identität. In: Kamper, D.; Wulf, C. (Hg.), a.a.O., S. 193–208.

Haubl, R. (2006): Krankheiten die Karriere machen: Die Medizinalisierung und Medikalisierung sozialer Probleme. In: Warrlich, C.; Reinke, E. (Hg.): Auf der Suche. Psychoanalytische Betrachtungen zum AD(H)S. Gießen (Psychosozial-Verlag), S. 159–186.

Hepp, H. (1994): Ethische Probleme am Anfang des Lebens. In: Honnefelder, L.; Rager, G. (Hg.): Ärztliches Urteilen und Handeln. Zur Grundlegung einer medizinischen Ethik. Frankfurt/M. (Insel), S. 237–283.

Herzlich, C.; Pierret, J. (1991): Kranke gestern, Kranke heute. Die Gesellschaft und das Leiden. München (Verlag C.H. Beck).

Horkheimer, M.; Adorno, Th.W. (1971): Dialektik der Aufklärung. Frankfurt/M. (Fischer).

Illich, I. (1975): Die Enteignung der Gesundheit. Reinbek (Rowohlt).

Kamper, D.; Wulf, C. (Hg.) (1982): Die Wiederkehr des Körpers. Frankfurt/M. (edition suhrkamp).

Kolip, P. (Hg.) (2002): Weiblichkeit ist keine Krankheit. Die Medikalisierung körperlicher Umbruchphasen im Leben von Frauen. Weinheim u. München (Juventa).

Krämer, W. (1989): Die Krankheit des Gesundheitswesens. Frankfurt/M. (Fischer).

Kurmann, M.; Wegener, H. (1999): Sichtwechsel. Schwangerschaft und pränatale Diagnostik. Düsseldorf (Verl. Selbstbestimmtes Leben), (Hg.: Sichtwechsel e.V., Verein zur Förderung der Ziele des Netzwerkes gegen Selektion durch Pränataldiagnostik).

Lademann, J. (2000): Hormone oder keine? In: Kolip, P. (Hg.), a.a.O., S. 143–172.

Lammert, C.; Dewald, A. (2002): Problemstellung. In: Lammert, C. et al., a.a.O., S. 15–34.

Lammert, C.; Cramer, E.; Pingen-Rainer, G.; Schulz, J.; Neumann, A.; Beckers, U.; Siebert, S.; Dewald, A. & Cierpka, M. (Hg.) (2002): Psychosoziale Beratung in der Pränataldiagnostik. Ein Praxishandbuch. Göttingen (Hogrefe).

Leuzinger-Bohleber, M.; Brandl, Y. & Hüther, G. (Hg.) (2006): ADHS – Frühprävention statt Medikalisierung. Theorie, Forschung, Kontroversen. (Schriften des Sigmund-Freud-Instituts; Reihe 2: Psychoanalyse im interdisziplinären Dialog, Bd. 4). Göttingen (Vandenhoeck und Ruprecht).

Martin, E. (1989): Die Frau im Körper. Weibliches Bewusstsein, Gynäkologie und die Reproduktion des Lebens. Frankfurt/M. (Campus).

Moosbrugger, H.; Brandl, Y. (2002): Signifikanztest, Effektgrößenbestimmung und optimale Stichprobenumfänge. In: Moosbrugger, H.; Frank, D. (Hg.): Intervention und Evaluation von Effektgrößen. Riezlern Reader VI (Arbeiten aus dem Institut für Psychologie, Heft 3/2002, S. 1–21). Frankfurt/M.: J.W. Goethe-Universität, Institut für Psychologie.

Reibnitz, C. v.; List, S.M. (2000): Ökonomische Aspekte der Medikalisierung von Umbruchphasen. In: Kolip, P. (Hg.), a.a.O., S. 190–214.

Rittner, V. (1982): Krankheit und Gesundheit. Veränderungen in der sozialen Wahrnehmung des Körpers. In: Kamper, D.; Wulf, C. (Hg.), a.a.O., S. 40–51.

Schindele, E. (1997): Schwangerschaft zwischen »guter Hoffnung« und der Angst vor dem Risiko. In: Bremische Zentralstelle für die Verwirklichung der Gleichberechtigung der Frau (Hg.): Unter anderen Umständen – Mutter werden in dieser Gesellschaft. Bremen: ZFG., S. 36–47.

Schleenbecker (2006): »Gute Hoffnung« oder »Bange Zeit« – Der Einfluss von Pränataldiagnostik auf das Schwangerschaftserleben der Frau. www.pflegewiki.de/wiki/Literaturarbeit.

Schmidt, B. (2000): Mädchen als neue Klientel. Die Medikalisierung der Pubertät durch die Mädchengynäkologie. In: Kolip, P. (Hg.), a.a.O., S. 31–57.

Shorter, E. (1984): Der weibliche Körper als Schicksal. Zur Sozialgeschichte der Frau. München (Piper).

Shorter, E. (1994): Moderne Leiden. Zur Geschichte der psychosomatischen Krankheiten. Frankfurt/M. (Rowohlt).

Trojan, A.; Stumm, B. (Hg.) (1992): Gesundheit fördern statt kontrollieren. Eine Absage an den Mustermenschen. Frankfurt/M. (Fischer).

Wildfeuer, A.G. (1997). Chancen und Risiken der Anwendung humangenetischer Methoden in der pränatalen Diagnostik: ein Überblick über die öffentliche Diskussion in Deutschland. Zeitschrift für Medizinische Ethik 43, 113–145.

Entgrenzung und Begrenzung durch Medikalisierung. Das Beispiel Schmerz

Katharina Liebsch

Die Entwicklungen in den Bio- und Medizintechnologien haben die Frage nach den Entgrenzungen von Natur-Gesellschafts-Unterscheidungen in Bereichen wie Gesundheit, Körperverhältnisse oder Erziehung neu aufgeworfen. Die im Zuge der sogenannten Lebenswissenschaften entstandenen Formen und Prozesse der diskursiven wie auch technisch-materialen Verschiebung von Unterscheidungen wie krank/gesund, Heilung/Verbesserung, natürlich/künstlich, Geist/Körper zeigen Wechselwirkung mit sozialen Praktiken, Deutungsmustern und Menschen- und Selbstbildern[1] (vgl. Virilio 1997, S. 53). Diese werden an Beispielen wie der Gendiagnostik, dem ADHS-Syndrom oder auch dem Anti-Aging sichtbar und breit diskutiert. Unter dem Stichwort »Medikalisierung« finden sich dabei die Beschreibung und Diskussion ganz unterschiedlicher Veränderungen reichend von der Zunahme neuer Diagnosen, Diagnosemethoden und der auf dieser Basis konstatierten »Störungen«, der Entzeitlichung von Krankheit, der Perfektionierung und Transformation des menschlichen Körpers oder auch der technologisch assistierten Zeugung und Fortpflanzung. Die gemeinsame Klammer der verschiedenen Phänomene wird in einer Tendenz zur »Biologisierung des Sozialen«, in neuen Formen der »Biosozialität« (Rabinow 2004) samt der Entstehung neuartiger Normen, Konventionen, Herrschaftsformen wie auch Varianten sozialer Ungleichheit gesehen, etwa indem sich Normen der unbegrenzten Leistungsfähigkeit oder Mechanismen der genetischen Diskriminierung durchsetzen.

Die durch den Begriff der Medikalisierung bezeichnete Ausdehnung medizinischer Definitionen und Perspektiven auf Fragen und Bereiche, die zuvor bzw. bislang als soziale Probleme verstanden wurden, verschiebt die Relevanzen gesellschaftlichen Wissens und bringt neue soziale Konstellationen, beispielsweise Life-Übertragung von Schönheitsoperationen im Fernsehen, und neue institutionelle Einrichtungen, z.B. genetische Beratungsstellen, hervor. Für die Individuen ist die Definition eines Problems als Krankheit zum einen nicht selten mit einer moralischen Entlastung, zum anderen zumeist mit neuen Formen von Kontrolle und Disziplinierungen, beispielsweise neuen Anforderungen von »Verantwortung« verbunden. Insgesamt, so scheint es, ist die Rede von der Medikalisierung zumeist mit der Kritik einer Kontrolle und Regulierung des Wissens, Handelns und der Selbstbilder/Subjektivitätsentwürfe durch die Medizin verbunden, die das Verständnis von Körpernatur und sogenannter »innere[r] Natur« der Menschen verändere[2] (vgl. Clarke et al. 2003).

Eine Reihe von Anhaltspunkten sprechen dafür, einen solchen Prozess von Veränderung auch hinsichtlich des Umgangs mit Schmerz und für die Erfahrung von Schmerzen zu konstatieren: In westlichen Gesellschaften ist die Bereitschaft und die Notwendigkeit, Schmerz zu ertragen, heute geringer als vor einigen Jahrzehnten ausgeprägt. Schmerzmittel sind die in Apotheken am häufigsten verkauften Präparate[3], und der Schmerz gilt nicht länger als eine zwangsläufige Begleiterscheinung des Lebens, sondern als Indikator von Krankheit, die es zu heilen gilt. Zugleich wird damit ein Verständnis von der Abwesenheit von Schmerz als Gesundheit befördert (vgl. z.B. Illich 1996, S. 5ff.). Von einer »Medikalisierung des Schmerzes« kann also insofern gesprochen werden, als dass die Verminderung bzw. das Ausschalten der mit und durch Schmerzen verursachten Körperwahrnehmung als gesellschaftlich weit verbreitet, durchgehend als akzeptiert und die Fortentwicklung dieser Möglichkeit, z.B. als Schmerztherapie, als besonders förderungswürdiges Ziel der medizinischen Wissenschaft gilt. Ob für den Schmerz nun körperliche, psycho-somatische oder seelische Leiden als ursächlich angenommen werden, die Vermeidung und Verhinderung, die Nicht-Anwesenheit von Schmerzen ist ein übergeordnetes und anzustrebendes Ansinnen. Schmerzen sind, so gesehen, direkter und permanenter Anlass für eine umfassende Medikalisierung.

Andererseits gab und gibt es zum Thema Schmerz eine metaphysische Deutung des Schmerzes als zentrales Moment menschlichen Lebens und Erlebens, in der der Schmerz als »Botschaft des Lebendigen« gesehen wird[4] (List 1999, S. 764) und die gegen die These einer Medikalisierung des Schmerzes angeführt werden kann. Verbunden mit einem solchen eher akzeptierenden und positiven Verständnis ist zumeist die Anforderung, dass Menschen sich dem Schmerz stellen, ihn erleben, durchleiden, ihm versuchen zu begegnen und ihn kontrollieren sollten. Damit verschiebt sich das Verständnis von einem objektiv körperlich-medizinischen Phänomen der erstgenannten Perspektive hin zu einem kulturellen und individuell gestaltbaren Ausdruck des Körperlichen, in der die Rolle und Funktion einer Bandbreite von psychischen, kognitiven und symbolischen Ausdrucksformen zum Gegenstand des Nachdenkens gemacht wird. Dass Schmerz nicht ausschließlich auf einer somatischen Schädigung beruht, sondern in verschiedenen Kontexten von unterschiedlichen Personen jeweils anders wahrgenommen werden kann, zeigt sich beispielsweise in Berichten über Schmerzbefreiung durch Placebo-Vergabe, über das Leiden nach einer Amputation an Phantomschmerzen oder auch über die Schmerzunempfindlichkeit von Soldaten, die starke Verletzungen erlitten haben (vgl. Ruoß 1998, S. 14). Auch spielt die Bereitschaft, Schmerz in Kauf zu nehmen, zu ertragen, zu überwinden oder bewusst zu erfahren, eine wichtige Rolle, wenn Verschönerung, Optimierung und Steigerung der körperlichen Leistungs- und Erlebnisfähigkeit in der modernen Gegenwartsgesellschaft betrieben werden. Die mit Schönheitsoperationen, Tätowierungen, dem Antrainieren von Muskelpaketen und mit sportlichen Höchstleistungen verbundenen Schmerzen werden als zwangsläufige Begleiterscheinungen in Kauf genommen und im Sado-Masochismus und beim sogenannten selbstverletzenden Verhalten sogar bewusst inszeniert und zur Erlebnissteigerung praktiziert. Dies verschiebt die Perspektive des Erleidens von Schmerz auf das Zufügen von Schmerz und fordert dazu auf, sich die subjektiven Realitäten und die kulturellen Symbolisierungen des Schmerzes genauer anzusehen.

Da Erfahrungen und die sozialen Repräsentationen und Konzeptualisierungen von Schmerzen vielfältig sind und mit unterschiedlichen Implikationen für die jeweiligen Beteiligten und Betroffenen verbunden sind, sucht der vorliegende Beitrag die Frage zu klären, ob die Bandbreite der kulturellen und gesellschaftlichen Konzeptualisierungen von Schmerz mit dem Begriff der Medikalisierung angemessen beschrieben und erfasst werden kann. Die widersprüchlichen Wechselwirkungen, Interaktionen und Konstruktionsverhältnisse zwischen medizinischem Wissen und pharmazeutischen Produkten einerseits und Gesellschaft und Individuen andererseits sollen dazu an ausgewählten Schmerz-Phänomenen betrachtet und diskutiert werden.

1. Biologie und Phänomenologie des Schmerzes

Die moderne Schmerztherapie definiert Schmerz als »unangenehmes Sinnes- und Gefühlserlebnis, das mit der aktuellen oder potenziellen Gewebeschädigung einhergeht oder mit Begriffen einer solchen Schädigung beschrieben wird. Im Gegensatz zu der Empfindung Schmerz, der als subjektives Sinnes- oder Gefühlserlebnis definiert ist, wird unter Nozizeption der ›objektive‹, neuronale Prozess verstanden« (Huber/Winter 2006, S. 1). Hier wird sichtbar, dass die Schmerzforschung unterscheidet zwischen der Dimension subjektiven Empfindens und einer körperlichen Versehrtheit (»Gewebeschädigung«), die sich neuronal abbildet. Beide

Dimensionen treten nicht notwendigerweise zusammen auf. Trotzdem ist die Forschung bis heute zweigeteilt. Die klassische neurophysiologische Schmerzforschung beschränkt sich auf die Untersuchung der neuronalen Strukturen der Schmerzrezeption, den Verlauf der Schmerzbahnen zum Gehirn. Physiologisch betrachtet beruht der Schmerz auf einer Stimulation von Nozizeptoren oder ihren afferenten Fasern, der Umwandlung dieser Schmerzinformation in elektrische Signale und deren Weiterleitung zum Gehirn, wo die zentrale Schmerzverarbeitung stattfindet. Während die Mechanismen der Schmerzentstehung und Schmerzweiterleitung aus Untersuchungen mit experimentell induziertem Schmerz schon lange bekannt sind, ist deren Verarbeitung im zentralen Nervensystem weit weniger erforscht. Den Auftakt dazu machten in den 1960er Jahren Ronald Melzack und seine Mitarbeiter, indem sie die funktionale Steuerung der Aufnahme und Verankerung von Schmerzreizen untersuchten und im Rahmen ihrer »Gate-control-Theory« als Wechselwirkung somatischer, kognitiver und affektiver Faktoren, die sich gegenseitig hemmen und verstärken können, definierten[5] (vgl. Bullinger 1994, S. 405f.). Ein weiterer Ansatz, das Schmerzmodell von Seemann/Zimmermann (1998), versucht die Schmerzentstehung und Schmerzaufrechterhaltung auf der Grundlage der Kybernetik über ein Zusammenwirken von dysfunktionalen Regelkreisen zu erklären, in welchen subjektive Bewertungen und individuelle »Kompetenzen« eine wichtige Rolle spielen. So etablierte sich parallel zur Schmerzforschung in der Neurologie ein eigener Zweig psychologischer Schmerzforschung. Hier wurde zwischen Schmerzempfinden und Schmerzgefühl unterschieden, um die psycho-physische Doppelnatur des Schmerzes als den genuinen Gegenstand einer psychologischen Schmerzforschung auszuweisen (vgl. Ruoß 1998, S 16).

Darüber hinaus existiert eine phänomenologisch ausgerichtete Perspektive, die den Schmerz aus philosophischer und (kultur)anthropologischer Perspektive in den Blick nimmt. Hier wird festgehalten, dass Schmerz eine ubiquitäre und eine doppelgesichtige Erfahrung ist. Einerseits bedrohen und gefährden Schmerzen das Identitätsgefühl, indem sie die Selbstverständlichkeit des Verhältnisses zu sich selbst und zur Welt brüchig werden lassen. Andererseits ist der Schmerz notwendig, um dem Körper drohende Gefahren zu erkennen. Ein Mensch ohne Schmerzempfinden kann sich selbst Verletzungen zufügen und ist in den Möglichkeiten der Gefahrenabwehr eingeschränkt (vgl. Le Breton 2003, S. 11 u. 21). Als weiteres Kennzeichen des Schmerzes wird seine Gegenwärtigkeit genannt, seine Tendenz zur Totalisierung, die es schwer macht, ihn in Beziehung zu einem Referenten zu setzen und ihn sprachlich zu objektivieren[6] (vgl. Scarry 1992, S. 13). Das heißt jedoch nicht, dass der Schmerz nicht genau wie andere Wahrnehmungen auch empfunden, ausgedrückt und bewertet wird. Auch Schmerz unterliegt der Ordnung des Symbolischen. So ist beispielsweise bekannt, dass Schmerz gebändigt werden kann, wenn es gelingt, ihn in eine objektivierende Gestalt zu verwandeln; Claude Lévi-Strauss berichtet von der beruhigenden Kraft der Symbolisierung bei Geburtsvorgängen (vgl. Lévi-Strauss 1967, S. 207), die Medizingeschichte illustriert eine breite Vielfalt der Ausdrucksformen und Wahrnehmungsweisen (vgl. Rey 1993) und aus der Alltagswahrnehmung kennen wir die typischen Umschreibungen in Form von »als ob«-Beschreibungen: »Es fühlt sich so an, als ob mich ein Hammer im Kreuz träfe.« Da der physische Schmerz nicht in den Zusammenhang mit identifizierbaren äußeren und inneren Ursachen gebracht werden kann, behilft man sich sprachlich, indem das reale physikalische Faktum »Hammer«, würde es in den Körper eindringen und Schmerzen auslösen, als Referent herangezogen wird, um Schmerzempfinden anzudeuten. Auch ist oft beschrieben worden, dass der Schmerz Erfahrungen des eigenen Körpers intensiviere und beispielsweise ein Gefühl für das Körperinnere sowie für Grenzen und Areale des Körpers erzeugt. Diese Wahrnehmung ist allerdings nur solange möglich, wie der Schmerz nicht überhand nimmt und die psychische Struktur nicht zusammenbricht, beispielsweise wenn der Patient sich beim Zahnarzt die Fingernägel in die Hand gräbt, wenn der Arzt zu bohren anfängt, um einen Gegenschmerz zu schaffen, den er selbst gestalten kann (vgl. Crapanzano 2000, S. 230).

Das Beispiel zeigt, dass Schmerz mit Macht

verquickt ist und die Qualität, die Funktion und der Grad des Schmerzes davon abhängen, wer die Macht der Schmerzerzeugung ausübt und wie dies getan wird. Es lassen sich drei Typen des Zusammenhangs von Macht und Schmerz-Praxis ausmachen: Während durch Krieg, Folter, Initiationsriten, Erziehung sowie Nicht-Wahrnehmung von Schmerz bzw. Leiden-Lassen initiierte Schmerzen die Macht des Erzeugers von Schmerz und die Beherrschung des Leidenden zum Ausdruck bringen, gibt es umgekehrt auch eine Macht körperlichen Schmerzes. Diese kann die Gegenwart und die Erfahrung von Personalität auflösen und besinnungslos machen. Als eine Art Weltaustreibung wird diese Macht des Schmerzes auch sozial genutzt, beispielsweise indem die Kreuzigung in den Mittelpunkt der christlichen Religion gestellt wird oder indem Riten ihren Höhepunkt in schmerzhaften Zeremonien haben. Eine dritte Form der Praxis des Zusammenhangs von Macht und Schmerz zeigt sich in symbolischen Tauschverhältnissen, beispielsweise im Sport, wenn der Athlet Schmerzen in Kauf zu nehmen bereit ist, um einen neuen Rekord aufzustellen. Auch Schmerzen, die z.B. bei Tätowierungen oder Schönheitsoperationen freiwillig in Kauf genommen werden, ermöglichen einen Selbstausdruck, eine symbolische Gestaltungsmöglichkeit, die David Le Breton folgendermaßen beschreibt: »Solange der Schmerz vom Menschen kontrolliert wird, besitzt er den großen Vorteil, ihm eine Grenze zu setzen, die den körperlichen Kontakt mit der Welt symbolisiert« (Le Breton 2003, S. 236).

Dementsprechend geht die Kulturwissenschaft davon aus, dass Schmerz als verkörperte und diskursive Praxis über entsprechende kulturelle und soziale Prozesse konzeptualisiert wird. Medikalisierung ist ein bedeutsamer sozialer Prozess der Konzeptualisierung von Schmerz, dessen Reichweite im Folgenden anhand dreier Beispiele von Schmerzerleben geprüft werden soll. Es wurden deshalb Beispiele gewählt, die sich der Medikalisierung und ihrem Angebot an medizinischen Diagnosen, Behandlungen und Leistungen (teilweise) entziehen.

2. Jenseits von Medikalisierung? Chronische Schmerzen, kontrollierte Schmerzen, selbst zugefügte Schmerzen

Chronische Schmerzen

Trotz High-Tech-Medizin, allgemein zugänglichen Analgetika, umfassender Forschung und neuen Formen und Varianten von Medikalisierung leiden weiterhin beträchtlich viele Menschen an chronischen Schmerzen. Die Zahlen variieren stark – Morris (1996, S. 88) spricht von 10% der US-Bürger, Schermelleh-Engel (1996, S. 1) schätzt, dass 5% der bundesrepublikanischen Bevölkerung unter therapieresistenten Schmerzen leidet – und am häufigsten genannt werden Rücken-, Gelenk- und Kopfschmerzen. So gelten beispielsweise Rückenschmerzen als »gesundheits- und sozialpolitisches Problem ersten Ranges«, das sich u. a. darin zeigt, dass ca. jeder zehnte Erwachsene sich einmal im Laufe seines Lebens einer Bandscheibenoperation unterzieht, und es bei 70% aller Rückenschmerzpatienten nach schmerzfreien Phasen zu Rückfällen kommt, in denen die Schmerzepisoden länger und heftiger werden. Nach einjähriger Arbeitsunfähigkeit wegen Rückenschmerzen reduziert sich die Zahl derjenigen, die in den Arbeitsprozess zurückkehren auf 15%. Dabei sind Rückenschmerzen ein Symptom verschiedener degenerativer oder funktioneller Veränderungen im Skelett- und Muskelbereich, denen selten spezifische Krankheitsprozesse zugrunde liegen (Ruoß 1998, S. 23f.; auch Flor 1991).

Schmerzen werden dann als chronisch bezeichnet, wenn sie seit sechs Monaten kontinuierlich oder häufig auftreten, erfolglos behandelt wurden und sich in Form von sozialen, emotionalen Beeinträchtigungen im Verhalten und Erleben der SchmerzpatientInnen zeigen. Sie zeigen nicht selten deutliche geschlechtsspezifische Ausprägungen, z. B. Migräne bei Frauen. Wenn Schmerzen chronisch werden, steht nicht die Fortdauer einer Reizung von Schmerzrezeptoren, also kein isoliertes Schmerzempfinden, im Vordergrund, sondern ein Lebenszustand insgesamt, der ein Erdulden, eine anhaltende funktionelle Desorganisation oder auch eine Unfähigkeit zum Denken und zur Arbeit mit sich bringt (Hasenbring 1999; Jensen et al. 1991, S. 259f.). David Morris (1996, S. 102) beschreibt sie wie folgt: »Chronischer Schmerz zerstört unsere normalen Erwartungen an die Welt. Er lockert niemals seinen Griff und frustriert permanent die Hoffnung auf allmähliche Besserung.«

Freunde, Familie und Ärzte ermüden angesichts dauernder Klagen und die Patienten fühlen sich allein gelassen, unverstanden und sozial isoliert. Da bei diesen Schmerzen häufig keine organische Schädigung nachgewiesen werden kann und die Schmerztoleranz der Betroffenen stark variiert, konzentriert sich die Forschung auf das Verstehen des Bewältigungsprozesses. Schmerztherapien zeigen, dass die Schmerzempfindlichkeit sich mit der Einstellung zum Schmerzgefühl verändern kann. In der Therapie können Formen und Varianten der Normalisierung chronischer Schmerzen erlernt werden. Dazu gehören neben der Vergabe von Medikamenten und Injektionen auch Gymnastik, Bewegung und gezielte Entspannungsverfahren. So gibt die »Deutsche Schmerzliga« die folgenden Tipps:

»Selbst wenn ein Schmerz bereits chronisch geworden ist, besteht die Möglichkeit, durch eine Therapie aus mehreren »Bausteinen« (medikamentös und nicht-medikamentös) diese Gedächtnisspur im Zentralnervensystem zu löschen. Auf jeden Fall können die Beschwerden gelindert werden. Im Rahmen einer psychologischen Schmerzbehandlung lernen die Patienten beispielsweise auch, mit ihren Beschwerden besser umzugehen. Dies bedeutet: Betroffene können selbst etwas für sich tun, auch durch ihr Engagement in einer Selbsthilfegruppe. »Denn nur gemeinsam sind wir stark«, formuliert Dr. Marianne Koch das Motto der Deutschen Schmerzliga« (http://www.schmerzliga.de/navigation/flash.htm).

Die Rede von der »Gedächtnisspur« deutet auf ein kognitives Verständnis von Schmerzen hin, eines, das Schmerzen im Zusammenhang mit komplexen Informationsverarbeitungsprozessen begreift, die im Gedächtnis gespeichert werden und sich durch die Beeinflussung des Informationsverarbeitungsprozesses kontrollieren lassen können. Aufgrund der Komplexität und Drastik des Erlebens chronischer Schmerzen ist diese Beeinflussung medizinischen und psychologischen Experten überantwortet und ist so gesehen eindeutig medikalisiert. Da aber der Expertenzusammenhang nur eingeschränkte Wirkung hat, werden neue, eigene und andere Formen der Bewältigung und dem Leben mit dem Schmerz, z.B. die im Zitat erwähnten Selbsthilfegruppen, ausprobiert sowie die sozialisatorische Genese der Repräsentation von Schmerz erkundet und zu beeinflussen versucht. Fragen, wie der Schmerzleidende seinen individuell erlebten Schmerz deutet, mit welchen Gedanken und Gefühlen er ihn verbindet, welche Rolle er in seinem Leben spielt, mit welchem familiären Schmerzverständnis er aufgewachsen ist und wie all dies seine Schmerzwahrnehmung und seinen Umgang mit Schmerz beeinflussen, scheinen aus einer anderen Zeit zu kommen. Sie wirken antiquiert und sind doch zur Bewältigung chronischer Schmerzen unerlässlich. Da die schnelle Schmerzvernichtung nicht erfolgreich ist, bleibt lediglich die Verständigung mit dem Schmerz (vgl. Hüper 1994, S. 12). Lange Zeit blieben dem Schmerzkranken, neben der vielfach unwirksamen medizinischen Behandlung, verschiedene Einstellungen und Haltungen zur Schmerzbewältigung. Er konnte ihm wie ein Held trotzen, ihn zu leugnen versuchen wie ein Stoiker, er konnte als Christ in ihm das Zuchtmittel eines liebenden Vaters sehen, sich ihm willig unterwerfen oder sich aufopfern (Toellner 1971, S. 40). Dass diese Deutungsmuster brüchig geworden sind, kann als eine Begleiterscheinung der Medikalisierung angesehen werden: Die medizinische Deutungsmacht trägt mit zu einer kulturellen Form der Schmerzbewältigung bei, die sie gleichzeitig beklagt.

Kontrollierte Schmerzen: Das Beispiel Sport

Viele sportliche Ausdauer- und Höchstleistungen wie auch Erlebnissportarten sind von einem gelegentlichen und zum Teil auch länger anhaltenden Auftreten von Schmerzen begleitet. Sportlerinnen und Sportler tun deshalb gut daran, unterschiedliche Formen von Schmerzen zu erkennen, zu deuten und mit ihnen umgehen zu können. Bei den einen verschwinden, wie zum Beispiel Volker Caysa veranschaulicht hat, die schmerzhaften Körpererfahrungen in Aufregung und einem rauschähnlichen Zustand, da die vom Körper in Stress- und Anstrengungssituationen produzierten Stoffe Adrenalin und Endorphin das Schmerzempfinden senken und bis zum Rausch führen können (vgl. z. B. Caysa 2003). Andere entwickeln kognitive, diskursive oder symbolisierende Techniken und Bewältigungsstrategien, um die körperlichen Beschwerden in den Griff zu bekommen; so untersucht z. B. Jens Kleinert die Bedeutung von Selbstgesprächen und Selbstinstruktionen bei der Bewältigung von Schmerzen, die während eines Marathons auftreten (vgl. http://www.qualitative-research.net/fqs-texte/1-03/1-03kleinert-d.htm). Hier geht es darum, den Schmerz zu beherrschen, seine Kontrolle wie Schwimmen, Tennis oder Tanzen zu erlernen und ihn der Effizienz und Leistungsfähigkeit anzupassen. So wird Schmerz zum Medium, mit dessen Hilfe Sportlerinnen und Sportler Grenzen verschieben und auf diese Weise neue Normalitäten konstruieren. Dabei geht es weniger um Zustände eines Vorher und Nachher, sondern um die Mechanismen des Aus- und Abgrenzens, des Verschwimmens und Auflösens und des Neudefinierens von Grenzen.[7] Nina Degele (2005, S. 145), die in Gruppendiskussionen mit Sportlerinnen und Sportlern die »intersubjektive Konstruktion und sprachliche Kodierung von Schmerz« erhoben hat, nennt diesen Prozess »sportives Schmerznormalisieren«. Ihr Interviewmaterial illustriert, wie die Sporttreibenden den Schmerz umdeuten, um damit soziale Grenzziehungen zu fixieren bzw. zu verschieben, wie sie den Schmerz kontrollieren und wie sie im Umgang mit dem Schmerz Selbstbilder und Konstruktionen von Heldentum und Stärke entwickeln.

So zeigt sich bei den Befragten eine ambivalente Konstruktion von Normalität einerseits und Exklusivität andererseits. Praktiziert wird zum einen eine Abgrenzung von der Gruppe der weniger leistungsbewussten Personen, die Sport treiben, weil sie Spaß an der Bewegung, Fitness oder Geselligkeit suchen. Zum anderen legen die Befragten Wert darauf, dass sie den Schmerz nicht um seiner selbst willen suchen, ihn nicht als Druckabfuhr oder zur Erlebnissteigerung benutzen, grenzen sich also gleichermaßen gegenüber Masochisten und »Schmerzjunkies« ab. Diese werden als »pathologisch« bezeichnet, auf dass der eigene Umgang mit Schmerz als »normal« und akzeptabel erscheint. Die Befragten erleben den Schmerz weniger als positiv oder lustvoll, sondern haben vielmehr die Tendenz, ihn zu bagatellisieren, als körperliche Erschöpfung zu definieren oder als ein Zeichen für falsches Training oder als Gradmesser für das Ausmaß der Abhärtung anzusehen (ebd., S. 149–151). Wenn Schmerz auftritt, soll er durch Ignorieren und Verbannung überwunden werden: »Über den Schmerz drüber gehen«, »den Schmerz wegdenken«, damit nach Anstrengung und Qualen sich das Gefühl von Zufriedenheit einstellen kann.

Eine solche Praxis von Definitionsmacht und Kompetenzzuschreibung schafft ein Ethos, das in der Triathlon-Variante des »Ironman« seinen sprichwörtlichen Niederschlag findet (ebd., S. 152). Es geht nicht länger um Empfindungen und Wahrnehmungen der eigenen Körperlichkeit, sondern um Konstruktionen von Selbstbildern und Maßstäben der Lebensführung, die entlang des Schmerzes entworfen und entwickelt werden. Kampf und Durchhaltevermögen, Standhalten und Widerstand, Hingabe und Gelassenheit, Wehleidigkeit und Überwindung werden als Elemente von Status und Kompetenz zu Identitätskategorien ausgearbeitet.

Das Beispiel veranschaulicht, wie Schmerz als Medium des Oszillierens zwischen Exklusivem und Gewöhnlichem, zwischen Alltäglichem und Außergewöhnlichem eingesetzt wird. Er dient der sozialen Verortung und Positionierung und nützt für die Distinktion in einer Gesellschaft, in der Leistungsorientierung und Individualität hoch bewertet werden. Gestützt durch die Zugehörigkeit zur Gruppe der Marathonläufer, der fechtenden Corpsstudenten oder auch Kampfsportler wird der Schmerz sozial aufgefangen, begründet ein Gefühl von

Zusammengehörigkeit und wird auf diese Weise zu einem Element personaler und kollektiver Identität. Als Distinktionspraxis ist das »sportive Schmerznormalisieren« maßgeblich über die Abgrenzung zu einem Schmerz zu vermeiden suchenden mainstream. In Abgrenzung zu der gesellschaftlich verbreiteten und akzeptierten Medikalisierung des Schmerzes werden Formen von dessen Kontrolle, Umdeutung und Bagatellisierung bemüht, die den Schmerz nicht medikamentös, sondern mittels Selbsttechnologien zu bannen beabsichtigt. So gesehen zielt diese Praxis auf die Kontrolle des Schmerzes und ist als Kehr- oder Rückseite von Medikalisierung derselben zugehörig.

Selbst erzeugte Schmerzen: Das Beispiel Ritzen

Ritzen ist eine Praxis von überwiegend weiblichen Jugendlichen, die wiederholt Unterarme, Oberschenkel oder ihren Bauch mit Rasierklingen, Nadeln oder Schreibwerkzeugen verletzen bzw. gestalten, d.h. Symbole, Wörter oder Bilder in die Haut ritzen. Der Akt der Selbstverletzung vollzieht sich zumeist hinter geschlossenen Türen und ist begleitet vom Erschrecken über die Menge an Blut und dem Ausmaß der selbst zugefügten Wunden. Andererseits deuten die Ritzerinnen Blut und Schmerz als Zeichen der Lebendigkeit und verstehen die gezielte Öffnung der Haut als das Herstellen einer Verbindung von Innen und Außen. Ein wichtiges Moment beim Ritzen ist auch, dass die Außenwelt das Ritzen als empörend, schockierend und grenzverletzend begreift. Unverständnis auf Seiten der Eltern, Freundinnen und Ärzte gehören dazu und werfen die jungen Frauen einmal mehr auf sich selbst zurück. Dieser spiralartige Selbstbezug lässt das Ritzen zum Selbstausdruck werden (vgl. z.B. Liebsch 2004; Levenkron 2001; Teuber 1998; Walsh/Rosen 1988).

Die Medizin und Psychologie haben das Ritzen lange Zeit als eine Form der Obsession und des Masochismus oder als misslungenen Selbstmordversuch gedeutet. Die ersten größeren Untersuchungen der 1960er Jahre kamen aus den USA und verdeutlichten demgegenüber, dass Ritzen eine Art der Kontrolle und Problemgestaltung ist (Graff/Malin 1969, S. 36–4; Favazza 1996; Strong 2002). Die Hirnforschung und die Psychobiologie haben gezeigt, dass schwere Traumatisierungen die Struktur und die Chemie des Gehirns und anderer Körpersysteme, die bei der Stressregulierung mitwirken, verändern und ggf. für die Erzeugung intensiver Angst- und Aggressionszustände, wie auch für Gefühle der Leere und Sinnlosigkeit verantwortlich sind. Aus dieser Perspektive wird das Ritzen als eine Art Trauma-Reenactment verstanden und durch die Vergabe von Psychopharmaka reguliert. Diese Forschungsrichtung unterstützt auch die Vorstellung vom Ritzen als suchtähnlichem Verhalten. Der durch die Verletzungen bedingte Stress sorgt für den Ausstoß körpereigener Opiate, der mit dem Gefühl von Beruhigung und Schmerzfreiheit verbunden ist (an der Kolk et al. 1985, S. 314–325).

Aus der Perspektive der Psychiatrie ist Ritzen eine morbide Form der Selbsthilfe, die eine schnelle, aber nur zeitweilige Erleichterung von aufsteigenden Beklemmungen, Entpersonalisierungsängsten, rasenden Gedanken und schnell wechselnden Gefühlen ermöglicht. Es bietet eine Möglichkeit mit einem inneren Schmerz umzugehen, ihn an die Oberfläche zu bringen (vgl. z.B. Putnam 1969). Dabei, so lautet beispielsweise eine psychoanalytische Deutung, vollziehe sich eine Art Reaktivierung des frühkindlichen »Körper-Ichs« (Freud 1923, S. 248), das als Kristallisationspunkt erster Leiblichkeitserfahrungen kommuniziert wird. Aus dieser Perspektive bringt das bevorzugte Ritzen der Arme die frühkindliche Erfahrung des Gehalten- und Getragen-Werdens in Erinnerung und vermag auf diese Art und Weise, Trost und Beruhigung zu vermitteln. Ritzen ist so gesehen eine Ausdrucksform für innere Gefühle, eine Form der physischen Kommunikation, eine Art der Körpersprache. Das Ritzen redefiniert die Körpergrenzen, die das Selbst vom Anderen trennen und wird zum Ausdruck eigener Geschichte mit persönlichen Bedeutungen, Verletzungen, Vorlieben oder Abneigungen. Der Körper wird in seiner Materialität als Projektionsfläche von Erfahrungen genutzt.

Wenn also, wie im vorliegenden Beispiel,

der Schmerz von den Beteiligten selbst in Kauf genommen, gestaltet und als Ausdrucksform verwendet wird, kann er in die Symbolwelt integriert und zu Zwecken der Selbst-Äußerung genutzt werden. Die Bearbeitung des Körpers erscheint als ein Teil eines Körper-Projekts, als die Konstruktion einer verlässlichen Ich-Identität durch den Körper, als etwas, was nur in Verbindung mit einem starken Engagement sich selbst gegenüber möglich ist. Die mit Schmerz verbundene Sicherheitsnadel in der Backe, die operativ vergrößerte Brust wie auch die regelmäßige Verstümmelung der eigenen Unterarme sind gewaltförmige kulturelle Konzeptualisierungen des Körpers, die – wie auch immer gebrochen – als Ausdruck von Personalität gelten können. Oder, um es mit Gernot Böhme (2002, S. 244) zu sagen: Schmerz macht die Unausweichlichkeit der Selbstgegebenheit deutlich. Er ist ein Hinweis auf die Teilnahme an der Welt und Kontakt mit anderen. Er ist ein Hinweis auf die Personalität des Einzelnen. Dies muss nicht immer vernünftig sein, dient aber der Selbstvergewisserung. Diese Variante des Schmerzes ist deshalb auch zu verstehen als ein Hinweis auf normativ strittige Körpervorstellungen.

Die hier sichtbar werdende Medikalisierung ist nicht eine Medikalisierung des Schmerzes, sondern die Medikalisierung der Schmerzerzeugung. Die an sich selbst vorgenommene Verletzung und Erzeugung von Schmerz gilt deshalb als »krank«, weil sich nicht als selbst gewählt angesehen wird, sondern als direkte oder indirekte Folge von durch andere initiiertem oder aufgezwungenem Leiden betrachtet wird. Auch wird diese Praxis als krankhaft angesehen, weil sie im Unterschied zu dem vorhergehenden Beispiel außerhalb der gesellschaftlichen Normen angesiedelt ist. Die Bewertung des Schmerzes hängt offensichtlich von seiner Nützlichkeit ab und die ist im Fall des Ritzens von den anderen, den Nicht-Leidenden, nur schwer einzusehen, da sie in ihrer Bewertung des Leidens eine Norm von integrer Personalität und unversehrter Körperlichkeit zugrunde legen. Da der Kampf gegen das Leiden und seine deutlichste Form, den Schmerz, als ein »Herzstück der Fortschrittsideologie« (Le Breton 2003, S. 17) angesehen wird, ist das Ritzen anachronistisch. Es ist eine Weigerung, Schönheitsnormen, medizinischen Fortschritt und Leistungsorientierung als kollektive Vorstellungen anzuerkennen.

3. Fazit: Medikalisierung des Schmerzes? Konstruktion und Kontrolle

Kulturelle Konzeptualisierungen von Schmerz zeigen sich in den drei Beispielen in der Verschränkung von »Verarbeitung« und »Konstruktion« der als gängige Norm existierenden Medikalisierung des Schmerzes. In allen Beispielen geht es darum, jenseits von Medikalisierung, den Schmerz zu definieren – im doppelten Sinne des Wortes, sowohl zu bestimmen als auch zu begrenzen. Diese Gestaltungsprozesse sind untrennbar mit der Frage verbunden, wie Brechung, Entgrenzung und Auflösung von Körperlichkeit durch Schmerzen mit der Integrität der Person als ethischer Norm zusammengebracht werden können. Schmerzen, das zeigen alle drei Beispiele, lösen Personalität teilweise und phasenweise auf und bedrohen Integrität und Identität. Umgekehrt, auch das zeigen die Beispiele, kann der Schmerz als Mittel der Gestaltung und Veränderung der eigenen Person und des eigenen Lebens eingesetzt werden, wenn er selbst kontrolliert, gestaltet und überwunden werden kann. Deshalb wird es auch zukünftig notwendig sein, mithilfe der Medizin und ihrer Technologien, Schmerzen zu mildern, und es ist wahrscheinlich, dass die Medikalisierung von Schmerzen im Sinne einer Abschaffung von Schmerzen auf unterschiedlichste Art weiterentwickelt wird. Andererseits ist auch im Hinblick auf die diskutierten Beispiele wohl nicht zu vermuten, dass der Schmerz vollständig abgeschafft wird. Weil er in der Schnittstelle von Natur und Kultur liegt, kann er als metamorphotisches Prinzip, als individuelles und kollektives Ausdrucksmittel und Praxisform verwendet werden und in verschiedenen kulturellen Formen und Varianten in Erscheinung treten.

Umgekehrt macht die enge Verknüpfung des Organischen und des Symbolischen in der Artikulation von Schmerz es für das Verstehen der Medikalisierung erforderlich, sich mit dem

Erleben von Schmerz auseinanderzusetzen. Die hier beschriebenen Beispiele wie die Bandbreite kultureller Schmerzdeutungen, die die Medizingeschichte veranschaulicht, zeigen die ebenso problematische wie selbstverständliche Trennung zwischen körperlichem und seelischem Schmerz. Dies könnte als Aufforderung verstanden werden, sich dem Schmerzleidenden statt dem Phänomen Schmerz zuzuwenden. Wenn nicht der Schmerz als totalisierter Aspekt im Zentrum der Betrachtung steht, ist auch die Notwendigkeit von Medikation und Medikalisierung weniger offensichtlich. Die Klage über Rückenschmerzen, die Bagatellisierung von Atemnot und bleischweren Beinen oder die als Selbstverletzung zum Ausdruck gebrachten psychischen Leiden werden dann um die Betrachtung der Veränderung von individuellen wie kollektiven Selbstverständnissen und Selbstverhältnissen wie auch die Analyse individueller und kollektiver Artikulation von Interessen auf der Grundlage einer kulturell reflektierten und gestalteten Natur ergänzt. Auf diese Weise können Momente der Kontrolle und der Konstruktion des Schmerzes jenseits von Medikalisierung sichtbar werden.

Literatur

an der Kolk, B.A.; Greenberg, M.; Boyd, H. & Krystal, J. (1985): Inescapable Schock, Neurotransmitters, and Addiction to Trauma: Toward a Psychobiology of Post Traumatic Stress. In: Biological Psychiatry 20, 314–325.

Armitage, J. (1999): From Modernism to Hypermodernism and Beyond: An Interview with Paul Virilio. Special Issue on Virilio. In: Theory, Culture and Society 16 (5), 25–54.

Azoulay, I. (2000): Schmerz. Die Entzauberung eines Mythos. Berlin (Aufbau-Verlag).

Böhme, G. (2002): Die Natur des Menschen. In: Barkhaus, A.; Fleig, A. (Hg.): Grenzverläufe. Der Körper als Schnittstelle. München (Fink), S. 233–247.

Brune, K. (1987): Das Phänomen Schmerz in Gesellschaft, Forschung und Therapie. In: Kössler, H. (Hg.): Über den Schmerz. Fünf Vorträge. Erlangen (Univ.-Bund Erlangen-Nürnberg), S. 11–30.

Bullinger, M. (1994): Schmerz. In: Pöppel, E.; Bullinger, M. & Härtel, U. (Hg.): Medizinische Psychologie und Soziologie. Weinheim (Chapman und Hall Verlag), S. 405–416.

Caysa, V. (2003): Rauschinszenierungen. Zum Verhältnis von Rausch und Ekstase im Erlebnissport. In: Alkemeyer, T. et al. (Hg.): Aufs Spiel gesetzte Körper. Aufführungen des Sozialen in Sport und populärer Kultur. Konstanz (UVK), S. 55–77.

Clarke, A.; Shim, J.K.; Mamo, L.; Fosket, J.R. & Fishman, J.R. (2003): Biomedicalization: Technoscientific Transformations of Health, Illness, and U.S. Biomedicine. In: American Sociological Review, Bd. 68, S. 161–194.

Crapanzano, V. (2000): Fragmentarische Überlegungen zu Körper, Schmerz und Gedächtnis. In: Köpping, K.-P.; Rao, U. (Hg.): Im Rausch des Rituals. Gestaltung und Transformation der Wirklichkeit in körperlicher Performanz. Hamburg, Münster (Lit-Verlag), S. 218–239.

Degele, N. (2005): Sportives Schmerznormalisieren. Zur Begegnung von Körper- und Sportsoziologie. In: Gugutzer, R. (Hg.): body turn. Perspektiven der Soziologie des Körpers und des Sports. Bielefeld (transcript), S. 141–161.

Favazza, A.R. (1996): Bodies under Siege. Self-Mutilation and Bodymodification in Culture and Psychiatry. 2nd edition Baltimore (John Hopkins University Press).

Flor, H. (1991): Psychobiologie des Schmerzes: Empirische Untersuchungen zur Psychobiologie, Diagnostik und Therapie chronischer Schmerzsyndrome der Skelettmuskulatur. Bern (Huber).

Freud, S. ([1923] 1993): Das Ich und das Es, in: ders.: Gesammelte Werke, Bd. 13. Frankfurt/M. (Fischer-Taschenbuch-Verlag), S. 246–289.

Gadamer, H.-G. (2003): Schmerz. Heidelberg (Universitätsverlag Winter).

Graff, H.; Mallin, R. (1969): The Syndrom of Wrist Cutters. In: American Journal of Psychiatry 124, 36–42.

Hasenbring, M. (1999): Prozesse der Chronifizierung von Schmerzen. In: Basler, H.-D.; Franz, C.; Kröner-Herwig, B.; Rehfisch, H.P. & Seemann, H. (Hg.): Psychologische Schmerztherapie. Grundlagen, Diagnostik, Krankheitsbilder, Behandlung. Berlin (Springer), S. 161–176.

Huber, H.; Winter, E. (2006): Checkliste Schmerztherapie. Stuttgart (Thieme).

Hüper, Ch. (1994): Schmerz als Krankheit. Die kulturelle Deutung des chronischen Schmerzes und die politische Bedeutung seiner Behandlung. Frankfurt/M. (Mabuse Verlag).

Illich, I. (1995): Die Nemesis der Medizin. Die Kritik der Medikalisierung des Lebens. München (Beck).

Jensen, M.P.; Turner, J.A.; Romano, J.M. & Karoly, P. (1991): Coping with chronic pain: a critical review of the literature. In: Pain 47, 249–283.

Kafka, J.S. (1969): The body as transitional object. A psychoanalytical study of a self-mutilating patients. In: British Journal of Medical Psychology 42, 207–212.

Kolakowski, L. (1974): Die Gegenwärtigkeit des Mythos. München (Piper).

Kössler, H. (Hg.) (1987): Über den Schmerz. Fünf Vorträge. Erlangen (Erlanger Forschung).

Le Breton, D. (2003): Schmerz. Eine Kulturgeschichte. Zürich, Berlin (Diaphanes).

Levenkron, S. (2001): Der Schmerz sitzt tiefer. Selbstverletzung verstehen und überwinden. München (Kösel).

Lévi-Strauss, C. ([1949] 1967): Die Wirksamkeit der Symbole. In: ders.: Strukturale Anthropologie. Frankfurt/M. (Suhrkamp), S. 204–225.

Liebsch, K. (2004): Umgang mit der Verletzlichkeit. Zur Rolle der leiblichen Erfahrung von Schmerz bei der Bestimmung eines Körperbegriffs. In: Dialektik. Zeitschrift für Kulturphilosophie (1) 2004, S. 31–48.

Melzack, R.; Wall, P.D. (1983): The Challenge of Pain. New York (Basic Books).

Morris, D.B. (1996): Geschichte des Schmerzes. Frankfurt/M. (Suhrkamp).

Putnam, F.W. (1997): Dissociation in children and adolescents. A developmental perspective. New York (Guilford Press).

Rabinow, P. (2004): Anthropologie der Vernunft. Studien zu Wissenschaft und Lebensführung. Frankfurt/M. (Suhrkamp).

Rey, R. (1993): The History of Pain. Cambridge, London (Harvard University Press).

Ruoß, M. (1998): Psychologie des Schmerzes. Göttingen, Bern, Toronto, Seattle (Hogrefe).

Russel, D.E.H (1986): The secret trauma. Incest in the lives of girls and women. New York (Basic Books).

Scarry, E. (1992): Der Körper im Schmerz. Die Chiffren der Verletzlichkeit und die Erfindung der Kultur. Frankfurt/M. (Fischer).

Schmermelleh-Engel, K. (1996): Kompetenz und Schmerzbewältigung. Göttingen, Bern, Toronto, Seattle (Hogrefe).

Schneider, H.J. (1994): Verhaltenstherapeutische Grundüberlegungen und Standardmethoden bei der Behandlung chronischer Schmerzsyndrome. In: Wahl, R.; Hautzinger, M. (Hg.): Psychotherapeutische Medizin bei chronischem Schmerz. Köln (Dt. Ärzte-Verlag), S. 69–112.

Seemann, H.; Zimmermann, M. (1999): Regulationsmodell des Schmerzes aus systemtheoretischer Sicht – Eine Standortbestimmung. In: Basler, H.-D.; Franz, C.; Kröner-Herwig, B.; Rehfisch, H.P. & Seemann, H. (Hg.): Psychologische Schmerztherapie. Grundlagen, Diagnostik, Krankheitsbilder, Behandlung. Berlin (Springer), S. 23–58.

Strong, M. (2002): A bright red scream. Self-mutilation and the language of pain. London (Virago).

Teuber, K. (1998): Ich blute, also bin ich. Selbstverletzung der Haut von Mädchen und jungen Frauen. Herboltzheim (Centaurus).

Toellner, R. (1971): Die Umbewertung des Schmerzes im 17. Jahrhundert. In: Medizin-historisches Journal 6, 36–44.

Virilio, P. (1997): Open Sky. London (Verso).

Walsh, B.W.; Rosen, P.M. (1988): Self-Mutilation. Theory, Research and Treatment. New York (Guilford Press).

Anmerkungen

1 Virilio hat die These aufgestellt, dass wir am Beginn einer dritten technischen Revolution stünden. Die erste umfasste das Transportwesen (Dampfmotor, Düsenflugzeug), die zweite die Kommunikation und Übertragung (Radio, Fernsehen, Internet) und die dritte die Miniaturisierung der Objekte (Nanotechnologie, Transplantationswesen): »the technologically fuelling of the living body« (vgl. auch Armitage 1999, S. 25).

2 Clarke et al. führen diese Überlegung an, wenn sie von der *Biomedikalisierung* als Medikalisierung in einem Modus II sprechen. Mit dem Begriff der Biomedikalisierung berücksichtigen sie die Verschiebung in der medizinischen Wissensproduktion und ihren Anwendungen von der Kontrolle von Krankheiten und externer Natur (Medikalisierung Modus I) zu biotechnologischen und medizinischen Interventionen, die auf »das Leben« im Allgemeinen zielen und die äußere wie auch die innere Natur des Menschen neu regulieren.

3 Thomapyrin ist das meist verkaufte Schmerzmittel und schädigt die Nieren. Nach Auskunft des BUKO werden ca. 500 Menschen pro Jahr durch die Einnahme von Thomapyrin dialysepflichtig http://www.bukopharma.de/Themen/Kein_Leben_ohne_Pillen.pdfm, S. 7.

4 Diese von Hegel über Schopenhauer und Nietzsche sichtbar werdende Position vertritt auch Gadamer 2003. Dabei wird nicht selten eine Wechselbeziehung zwischen der »Bereitschaft, eigene Schmerzen zu erdulden« und der Empathie gegenüber den Schmerzen anderer behauptet: »Die Narkotisierung des Lebens ist der Feind der menschlichen Gesellschaft. Je unfähiger wir werden, das eigene Leiden zu ertragen, desto leichter fällt es uns, fremdes Leiden zu dulden« (vgl. Kolakowski 1974, S. 106f.). Oder auch: »Wenn wir Schmerzen bekämpfen, dann entziehen wir uns ihrem Straf- und Bewährungs- oder Opfercharakter« (vgl. Brune 1987, S. 25f.).

5 Der physiologische Teil dieser Theorie wurde bald kritisiert, die hier beschriebenen psychischen Dimensionen des Schmerzerlebens bilden jedoch bis heute die Grundlage vieler Schmerzforschungen.

6 Vincent Crapanzano widerspricht dieser Einschätzung und argumentiert, dass dies gleichermaßen für Formen von Genuss und der Angst gelte und vermutet bei Scarry die Tendenz, »eine holistische, moralisierte und überhaupt problematische Psychologie« des Schmerzes zu konzipieren (vgl. Crapanzano 2000, S. 228). Dies verweist auf den Zusammenhang des Problems des körperlichen Schmerzes mit der Spracherzeugung. In den 1970er Jahren haben Ronald

Melzack und Kollegen (Melzack/Wall 1993) einen Schmerzfragebogen entwickelt, zu dem sie die Worte gesammelt haben, die von Patienten auf häufigsten benutzt wurden und fassten diese in kohärente Gruppen zusammen. Die Untersuchung machte sichtbar, dass das herkömmliche medizinische Vokabular (»leichte Schmerzen«, »starke Schmerzen«) nur eine begrenzte Dimension des Schmerzes erfasst. Stattdessen wurde deutlich, dass die Intensität des Schmerzes Isolierung mit sich bringt: Schmerz nimmt die Aufmerksamkeit so vollständig ein, dass er sich von jedem Kontext abspaltet, in dem er qualifiziert oder gemessen werden könnte. Durch diesen Wahrnehmungsprozess wird das Intensive zum Absoluten.

7 Le Breton ist in diesem Zusammenhang fast geneigt, den Schmerz zu glorifizieren. Er schreibt: »Die Riten des Übergangs funktionalisieren den Schmerz als eine Technik, über die man Zugang zu einer wiederhergestellten Identität erhält. Er ist ein Erkenntnisinstrument, eine Möglichkeit, die eigenen Grenzen zu denken und seine Kenntnis des Anderen zu erweitern. Der Schmerz ist eine Metaphysik: durch sein Verschwinden zeigt er die Distanz auf, welche der Einbettung des Menschen in einer Welt eignet, die mit Sinn erfüllt ist und zum Lebensgenus anhält« (vgl. Le Breton 2003, S. 25).

Verlag WESTFÄLISCHES DAMPFBOOT

Zur Aktualität der Kritischen Theorie

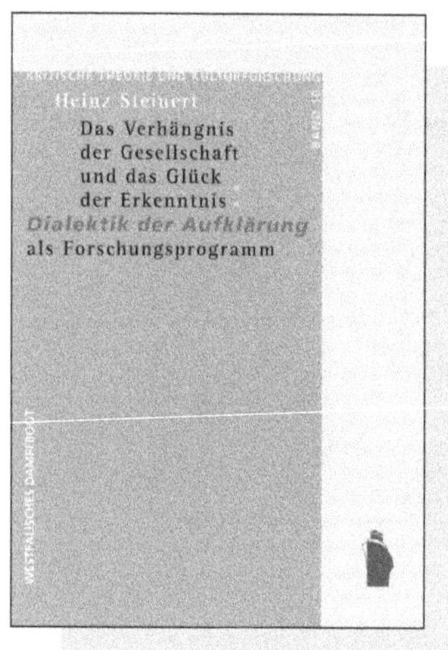

Heinz Steinert

Das Verhängnis der Gesellschafft und das Glück der Erkenntnis
Dialektik der Aufklärung als Forschungsprogramm
(Kritische Theorie und Kulturforschung Band 10)
2007 - ca. 299 S. - ca. € 24,90
ISBN: 978-3-89691-710-2

Daniel von Fromberg

Demokratische Philosophen
Der Sophismus als Traditionslinie
kritischer Wissensproduktion im
Kontext seiner Entstehung
2007 - 210 S. - € 24,90
ISBN 978-3-89691-668-6

Karin Jurczyk/ Mechtild Oechsle (Hrsg.)

Das Private neu denken
Erosionen, Ambivalenzen, Leistungen
2007 - ca. 280 S. - € 24,90
ISBN 978-3-89691-221-3

www.dampfboot-verlag.de / info@dampfboot-verlag.de

Die Ver-Körperung des Krieges. Trauma zwischen Klinik und Politik

Franziska Lamott

Ein Blick in die Geschichte des 20. Jahrhunderts zeigt, dass die Variabilität klinischer Konzepte und diagnostischer Erfassungen von Störungen eng mit den jeweiligen gesellschaftlichen, ökonomischen und politischen Rahmenbedingungen und im Falle des Traumas ganz besonders mit Zeiten von Krieg und Frieden verknüpft sind. Der Schlüssel für das Verstehen liegt dabei – wie Victor v. Weizsäcker bereits 1929 feststellte – weniger in den fortschreitenden wissenschaftlichen Erkenntnissen der Medizin und der Naturwissenschaften als vielmehr in der jeweiligen gesellschaftlichen Situation, ihren politischen Zielsetzungen und dem dazugehörigen Rechtssystem. Der historische Kontext entscheidet darüber, »ob ein Ereignis individuell als Trauma empfunden oder gesellschaftlich als Trauma bewertet wird« (Thomann/Rauschmann 2003, S. 105).

Die folgende Geschichte eines kosovo-albanischen UÇK-Kämpfers bildet den Ausgangspunkt für Überlegungen zur historisch-politischen Kontextualisierung des Trauma-Konzepts:

Halil[1] lebte zum Zeitpunkt des Interviews[2] seit neun Jahren – mit Unterbrechung während des Kosovo-Krieges – in Deutschland. 1993 war er wegen politischer Verfolgung durch die serbische Polizei hierher geflohen und hatte einen Asylantrag gestellt. Seine Aufenthaltsgenehmigung wurde vierteljährlich verlängert. Bevor seine Frau nach Beendigung des Krieges 1999 mit den zwei Kindern in den Kosovo zurückging, lebte er mit ihr zusammen in Stadt A. Bisherige Anträge auf politisches Asyl wurden abgelehnt, das letzte Verfahren befand sich zum Zeitpunkt des Interviews, 2002, noch in der Schwebe, der Ausgang war ungewiss.

Das Gespräch konzentrierte sich auf Halils Geschichte: Warum war er 1993 nach Deutschland gekommen? Wie war es dazu gekommen, dass er 1998 in den Kosovo zurückkehrte, der UÇK beitrat und nach dem Krieg nicht in seiner Heimat blieb, sondern wieder nach Deutschland zurückkehrte, um erneut einen Antrag auf Asyl zu stellen?

Die Initiation des Kriegers

Halil eröffnet seine Erzählung mit der 1998 – also fünf Jahre nach seiner Ankunft in Deutschland – entschiedenen Rückkehr in den Kosovo, um dort für seine Heimat zu kämpfen.

Ich fange an im Mai 1998. Um diese Zeit bin ich in den Krieg gegangen und habe im Fernsehen alles gesehen, was diese serbischen Soldaten Schlechtes gemacht haben mit den Kindern, mit den Frauen, mit den anderen Leuten und so. Und [...] dann war für mich Schluss. Warum machen die Leute das gegen unsere Leute? Und ich habe mich selbst gefragt, warum bin ich hier in Deutschland? Ich habe meine Familie hier in Sicherheit, wir sind ganz in Ruhe in Deutschland. Und dann Mitte Mai, ich glaub am 15. oder 20. Mai, war ich weg, ganz einfach. Ich hatte schon die Militäruniform hier gekauft auf dem Flohmarkt, zwei Uniformen, eine Winteruniform und eine Sommeruniform [...] und von Albanien hatte ich schon das Symbol der UÇK mitgebracht. Ja, und die (= Uniformen, F.L.) habe ich hier gekauft, ich glaube, an einer Tankstelle Richtung B. In einer halben Stunde hatte ich das Geschäft mit den Leuten vom Flohmarkt gemacht, und in einer halben Stunde war die Polizei da. Die haben unser Auto angehalten und uns gefragt, »Was habt Ihr an dieser Tankstelle gemacht?« Ich habe alles richtig gesagt, nicht gelogen. Ich habe gesagt: »Ja, ich habe eine Militäruniform gekauft.« Und er hat gesagt: »Wir wollen sehen, was für eine Uniform das ist.« So haben wir die Koffer aufgemacht. Er hatte auch eine Uniform an, aber ich weiß nicht den Namen der Polizei. Und ich hatte sie (die Uniformen, F.L.) sehr schnell, nachdem ich sie gekauft hatte, ins Gepäck reingesteckt. Und dann sind sie gekommen und haben gesagt: »Was ist los mit diesen Uniformen? Die sind so nicht richtig.« Und sie haben alles ausgeladen und kontrolliert, jede Tasche und so, da war gar nichts, nur die Uniformen. Und die haben sie schon selbst richtig gemacht (richtig zusammengelegt, F.L.), wie eine Uniform sein muss. […] Also, ich hatte die sehr schnell ins Gepäck gesteckt. Ja, die haben sie rausgenommen und sortiert, wie eine Uniform aussehen muss. Und dann war mein Sohn auch mit und zwei Kollegen, und einer von der Polizei hat mich gefragt, von wem dieses Kind ist, und ich habe gesagt, »von mir«. »Und wohin gehst Du?« Ich habe gesagt, »ich gehe in den Krieg nach Kosovo«. »Und Deine Kinder?« Ich habe gesagt, »Meine Kinder und meine Frau bleiben hier.« Die haben sonst gar nichts mehr gefragt, haben nur gesagt: »Viel Glück, Junge.«

Halil tritt keiner »ordentlichen« Armee bei. Er hat keinen Einberufungsbefehl, ist ein Freiwilliger (siehe dazu Mosse 1993). Keine Kommandantur wird ihn einweisen, keiner ihn einkleiden. Er selbst muss sich eine Uniform besorgen und findet sie auf dem Flohmarkt. Plötzlich taucht die Polizei auf. Ihr Auftreten bekommt in Halils Geschichte eine besondere Bedeutung; denn sie entscheidet, ob der vorangegangene Akt als ein kriminelles Vergehen oder als eine legale Aktion beurteilt wird. Halil ist es gewohnt, kontrolliert zu werden. Doch in diesem Fall übernimmt die deutsche Polizei für ihn, den bislang abgewiesenen Asylbewerber, eine gänzlich andere Funktion. Er ist auf dem Weg, Deutschland zu verlassen und begegnet den Ordnungshütern diesmal nicht als Bittsteller, sondern mit Stolz. Er will für sein Heimatland kämpfen. Halil beschreibt die Szene zwischen sich und den deutschen Polizisten wie die Bewältigung einer Übergangssituation[3], wie einen Initiationsritus: Sie, die Uniformträger, demonstrieren ihm, dem Zivilisten, wie eine Uniform auszusehen hat: Eine Uniform ist erst dann eine Uniform, wenn sie ordentlich zusammengelegt ist; denn Uniformen sind keine beliebigen Kleidungsstücke, die man in Taschen stopft, sodass sie zu unkenntlichen Kostümen werden. Uniformen sind Ausweise, Zeichen der Zugehörigkeit zu einer spezifischen Gruppe, symbolische Repräsentanzen der Männlichkeit eines Kriegers (Mosse 1993, 1997; Theweleit 1977), nicht selten Insignien der Macht. Sie repräsentieren die Identität des Trägers, der nun zugeordnet werden kann und dessen Ziele und Handlungsabsichten nunmehr erkennbar werden.

Im wiedergegebenen Dialog Halils zwischen ihm und den Uniformierten sind all jene Aspekte enthalten, denen er Bedeutung verleihen will: er als Vater zweier Kinder (für die er fürsorglich eintritt) und als Ehemann (der dafür sorgt, dass Frau und Kind in Sicherheit sind). Die Uniform des Kriegers zeichnet ihn als kosovo-albanischen Sohn aus, der seine Ursprungsfamilie schützt und für eine bessere Zukunft seines Landes kämpft. Halil schildert die unerwartete Begegnung mit der Autorität des Gesetzes als Glücksfall, durch den er als Krieger für einen Kampf inauguriert wird, in dem die Deutschen Bündnispartner sind. Nunmehr auf gleicher Augenhöhe mit ihnen bekommt er den Segen durch die Vertreter des »Gesetzes des Vaters«[4] (vgl. Legendre 1998). Das lässt keinen Zweifel an der Richtigkeit seiner Entscheidung aufkommen. Er ist einer von ihnen. Ihr »viel Glück, Junge« begleitet den Kosovo-Albaner im Kampf gegen die Serben.

Diese gleich eingangs geschilderte Szene bildet den Dreh- und Angelpunkt[5] (vgl. Pittinger et al. 1960) der Erzählung. Sie ist wesentlicher Ordnungsgesichtspunkt und bedeutsam für die Herstellung von Kontinuität – sowohl für die individuelle und kollektive Geschichte, aber auch, wie sich zeigen wird, für den traumatischen Riss im Leben des Kämpfers.

Halil fährt nach dieser wichtigen Begegnung sofort nach Hause, um sich selbst vor seiner Frau und den Kindern noch einmal in der Position des Kriegers zu vergewissern.

Ich habe die Uniform angezogen und geschaut, wie ich aussehe (lacht), wie ich aussehe als

Soldat. Meine Frau hat auch geguckt und meine Kinder. […] meine Frau hat gleich geweint, aber mir war das egal, denn es war in meinem Kopf. Und jeder hat zu mir gesagt, »Halil, bitte, geh nicht! Es gibt genug Leute im Kosovo, die kämpfen können.«

Doch die Tränen der Frau, ihre Angst vor dem Krieg und dem möglichen Tod ihres Mannes, scheinen Halils Selbstbild als Kämpfer zu stärken. Je mehr die Frau und die anderen ihn davon abhalten wollen, in den Kampf zu ziehen, desto sicherer wird er in seiner Entscheidung. Vier Jahre später im Interview kommt Halil zu einer anderen Einschätzung:

Aber für mich war, ich weiß auch nicht, wenn ich mich jetzt frage, was habe ich gemacht und wenn ich damals gewusst hätte, was ich jetzt weiß, wäre ich zu 100 Prozent nicht gegangen. Ich hatte das schon alles in der Zeitung gelesen, im Fernsehen gesehen und vor dem Krieg, was in Drenica mit Yashari[6] *passierte, 28 Leute waren tot und alles war schlecht … früher war es auch schlecht, und ich habe auch politische Sachen gemacht. Ich war bei der LDK*[7] *[…]. Und dann haben wir Plakate gemacht, und haben die Parolen geschrieben: »Kosovo: Republik!«, in dieser Zeit, »Kosovo – unabhängig; Freiheit für den Kosovo« und alles so. Und seit Januar 1993, Dezember 1992, da hatte die serbische Polizei schon was gefunden, und um diese Zeit habe ich Angst gehabt, weiterzumachen. Und alle die Leute, die zusammen waren, ich glaube, es waren 20 Leute, die sind alle um diese Zeit weg. Und im Januar 1993 bin ich auch weg […]. In T. (Ankunftsort in Deutschland, F.L.) habe ich ein Interview gegeben und alles erzählt, dass ich wegen der politischen Sache, hierher gekommen bin […]. Ich glaub in meinem Interview von 1993 habe ich schon gesagt, wenn der Krieg anfängt, muss ich hundertprozentig zurückkehren. Ich muss weiter helfen […]. Und dann kam 1998.*

Der Aufbruch

Der erste (Mitkämpfer, F.L.) war schon von zu Hause weggegangen, war mit zwei Kollegen, einer aus D., er heißt Avdyl, er war mein richtiger Kollege von früher, wir waren vier Jahre in der Schule zusammen. Und die anderen hab ich gar nicht gekannt, bis zu diesem Tag. […] Ich hatte schon viel mitgemacht mit der Familie, mit Frau und Kindern, doch ich habe nicht geweint. Aber ich weiß nicht, seit dem Tod meines Vaters, das war 1982, egal, seit der Zeit, habe ich viel Schlechtes gesehen. Doch von 1982 an konnte ich nicht mehr weinen […]. Und dann, die Kinder haben schon geweint, die Frau hat geweint und so, aber ich nicht. Und dann sind wir im Auto gefahren, ich habe Avdyl gekannt von der Schule. Und dann war ich glücklich, weil wir uns schon gekannt haben und dann war es für mich schon leichter. Und dann, der dritte Kollege, der war auch von A., hatte auch Frau und drei Kinder hier verlassen. Aber er hat geweint, ich weiß nicht, wie Wasser, den ganzen Morgen, er hat viel geweint. Und ich habe gefragt, »Warum weinst Du so viel? Guck, ich hab gar nicht geweint.« … Ich habe gesagt, »Du bist ganz anders«. Für mich war das richtig, ich kann gar nicht weinen. … Aber im Herzen war mir schon so (drückt mit seiner Hand gegen den Brustkorb). Da habe ich schon sehr viel Druck auf dem Herzen gemerkt. Das ist für die Gesundheit auch sehr schlecht, aber, ich weiß auch nicht. Nicht weinen können und das Herz muss so machen (zeigt klopfend auf den Brustkorb). […] Ja. Aber im Grunde ist es sehr schlecht, wenn man nicht weint. Wenn es drin bleibt ist es ganz schlecht.

Nun – so erzählt Halil – ist es auch ihm ganz schwer geworden ums Herz beim Aufbruch in den Krieg. Avdyl, der vertraute Repräsentant der Heimat und sein wichtigster Begleiter, mit dem er in Albanien militärisch ausgebildet wird und später im Kosovo kämpft, ist für ihn in den Zeiten des Krieges wichtig[8] (vgl. Shay 1998; Basic 2003).

H: In Albanien war ich einen Monat, und ich habe gelernt, wie ich kämpfen muss. Ich war in einer Schule. Ein großer Offizier von Albanien hat uns alles gelernt. Und da habe ich gelernt, wie man Krieg führen muss, wie man aufpasst, wie man Granaten abfeuern muss, Flugzeuge und alles. Das haben wir einen Monat lang gelernt [...]. Wie man angreift und wie man sich schützt. Um diese Zeit habe ich schon Angst gehabt. Aber das Lernen von diesem Offizier, das war schon sehr gut. Er hat uns alles erzählt. Und dann war unsere Angst weg. Und dann hab ich gar keine Angst gehabt. Nach einem Monat sind wir schon Richtung G., in den Kosovo gefahren, das war die Zeit, wo 300 Zivilisten getötet wurden. Das war überall in den Zeitungen und im Fernsehen. 300 Leute waren tot.

L: War das ein Massaker?

H: Nein, Massaker nicht, aber die Leute, die Waffen aus Albanien geholt haben und wieder zurück wollten. Die Leute gingen und gerade dann kamen die serbischen Soldaten.

L: Ein Hinterhalt?

Heute wird mir deutlich, dass ich, wie selbstverständlich, die von den Medien übermittelte Perspektive der Kosovo-Albaner eingenommen habe, indem ich von »Massakern« und »Hinterhalt« spreche. Halil geht bereitwillig darauf ein:

Ja, ein Hinterhalt, und dann haben sie alle erschossen. Und dann, zwei Wochen später, sind wir mit 20 Leuten in diese Richtung gefahren [...]. Wir haben Waffen gehabt, Munition genug, Granaten genug, etwa 100 kg. Und dann genau in G. haben wir schon die Gewehre geladen und jeder hat schon ein Gewehr gehabt und keine Angst, egal, was passiert, und nach sechs Stunden waren die ersten schon dort, und das Dorf war in Freiheit, da war nur die UÇK, keine Serben. Und sie waren sehr glücklich. Und ich auch. Ich habe gedacht, ich will kämpfen und nicht schnell sterben.

Halil berichtet von seinem ersten »Einsatz«, von der Überwindung der Angst durch die Waffe in der Hand und, nachdem keine Serben mehr in Sicht sind, von dem sich einstellenden Glücksgefühl. Erstmals spricht er davon, dass er nicht sterben will. Die Feuerprobe des ersten Einsatzes hatte er bestanden. Er befindet sich ganz in der Nähe seines Heimatortes, doch er kann nicht damit rechnen, dass ihn die Mutter (ähnlich wie seine Frau) im Kampf unterstützt. Anders die Position des Vaters aus der Perspektive des Sohnes:

Ich denke, der Vater hätte hundertprozentig gesagt: »Das hast Du gut gemacht.« Das denke ich. Ja. [...] Vom Vater hab ich schon viel gehört, er hat mir schon viel erzählt von dem Krieg 1941. Die deutschen Soldaten früher, 1941, waren sehr gute Leute für die Albaner. Von den deutschen Soldaten haben wir Salz gekriegt, Brot gekriegt, die Konserven gekriegt. Das waren sehr gute Leute, um die Zeit. Aber ich verstehe jetzt auch nicht. Aber für uns Albaner, die Soldaten und Hitler auch, sind Onkel. Aber wenn Sie jeden Albaner im Kosovo fragen, kennst du Hitler oder die Soldaten von Hitler, viele Leute sind gegen die Soldaten von früher. Ich verstehe das auch nicht. Jeder, hundertprozentig, wird sagen, die deutschen Soldaten und die Deutschen sind für uns Onkel. Ja, Onkel, früher war das so und heute auch.

Halil fühlt sich dem »Gesetz des Vaters« verpflichtet und positioniert sich damit in der Kontinuität eines Kampfes, den bereits der Vater, unterstützt von den Deutschen – und heute, wie die Eingangsszene zeigt, auch der Sohn in der Selbstwahrnehmung –, geführt hat. Selbst aufkommende Zweifel über die Angemessenheit einer solchen Kontinuitätsannahme – wie sonst ließe sich die mehrfach benutzte einschränkende Konjunktion *aber* verstehen – lassen Halil daran festhalten, dass die Deutschen zu Recht als Blutsverwandte, als zur Familie gehörig angesehen werden. Während des Zweiten Weltkrieges kämpften Albaner neben Deutschen gegen Serben und Montenegriner[9]. In diese Traditionslinie stellt Halil auch die militärische Unterstützung der Deutschen im aktuellen Kosovo-Krieg. Er beruft sich über die väterliche Autorität auf eine gemeinsame Geschichte leidvoller, aber brüderlicher Erfahrung. Die »Natürlichkeit« der Verbindung zwischen Albanern und Deutschen entstammt dem Phantasma einer Blutsverwandtschaft mit geschichtlichen Missionen (Giesen 1999). Diese Art der Codierung kollektiver Identität nennt Giesen primordiale Codes. Sie sind dann gegeben, »wenn die Unterscheidung zwischen innen und außen auf Geschlecht oder Generation, Verwandtschaft oder Herkunft, Ethnizität oder Rasse beruht. [...] Primordiale Codes binden die grundlegende Differenz zwischen uns und den anderen an ursprüngliche und scheinbar unveränderbare Unterscheidungen, die an jene Strukturen der Welt gebunden sind, die wir als gegeben betrachten und von der Veränderung durch Diskurs, Tausch und Wahl ausnehmen. Der abendländische Begriff für diesen Bereich ist Natur. Sie wird für Identitätsfragen als Leiblichkeit erfahrbar« (Giesen 1999, S. 32). Über »Natur« wie über Blutsverwandtschaft konstruiert die Gruppe ihre ideale Form, ihre Identität.

Und was früher schon so war, wird unter Verwandten auch heute noch sein. Daraus könnten sich zumindest die Wünsche nach fortgesetzter Versorgung durch die Deutschen, nach einem Anspruch darauf ableiten lassen; Enttäuschungen sind dann jedoch bereits vorprogrammiert.

Die Mobilisierung

Obwohl die UÇK von der NATO unterstützt wird, ist sie doch keine staatliche Armee. Ihre Abhängigkeit wird sich spätestens nach dem Krieg, wenn die Organisation aufgelöst, die Kämpfer entwaffnet werden, zeigen. Im Gespräch hebt Halil nun jene Prozeduren der UÇK hervor, die sie als militärisch organisierte Institution ausweisen, um antizipatorisch Vorwürfen gegen Regelverletzungen und Normbrüchen entgegenzuwirken.

Die Papiere wurden von Albanien schnell in den Kosovo geschickt, und dann um diese Zeit, hat schon die andere große UÇK auf uns gewartet. Die haben gesagt, »Sie sind von Deutschland gekommen, dort habt Ihr alles gehabt und zurückgelassen, um hierher zu kommen [...] warum seid Ihr hierher gekommen? Du hast Frau und Kinder gehabt, Arbeit auch in Deutschland. Warum bist Du nun hier?« Ich sagte kurz, ganz kurz, ich möchte für mein Land kämpfen und fertig. Die haben schon nach früher geguckt, haben Fragen zu der Zeit vor dem Krieg gestellt, »Wo warst Du da? In welcher Schule?« Ja, die Formalitäten, alles wurden angegeben. Und dann haben die schon gesagt: »Okay, Halil, Du warst sehr gut in Albanien beim Lernen, Deine Praxis, Dein Kommandeur hat das gesagt.« Eine Gruppe von 20 Soldaten habe ich zuerst gehabt. Danach habe ich ca. 60 Soldaten gehabt. Ich war Kommandeur von dieser Gruppe. Und die haben mir ein Dorf gegeben, das heißt G., ein ganzes Dorf. Die (Dorfbewohner, F.L.) glaubten nicht an die UÇK am Anfang des Krieges, die dachten, wir sind Rebellen oder so was Schlechtes, so etwas haben sie gedacht.

Halil besteht nun die zweite, die eigentliche Prüfung durch die UÇK. Auch hier scheint der Zweifel an der UÇK – repräsentiert durch die Haltung der Dorfbewohner – auf.

Zusammen mit Avdyl, seinem Freund aus der Schulzeit, bezieht Halil nun Stellung im Kosovo. Sie sind für den Schutz nahe beieinanderliegender Dörfer zuständig, bis die NATO eingreift:

Am 24. März 1999, da habe ich meinen Freund verloren, der mit mir in Deutschland schon zusammen war. Ja, genau, am 24. März, an dem Tag, wo schon die NATO Serbien angegriffen hat, genau um 18.00 Uhr war er tot. [...] Das war für mich sehr schwer, weil ich selbst mitgehört habe, als er starb. Er war auch Kommandeur, wie ich, in einem anderen Dorf. [...] Wir haben immer etwas zusammen gemacht. Wenn bei ihm Krieg war, habe ich meine Leute zu ihm geschickt. Wenn bei mir etwas gefährlich war, hat er mir mit Leuten geholfen. Dann in dieser Nacht war Krieg in diesem Dorf und er hat den Platz verloren. Er hat 3–4 Monate den Platz gehabt und die Serben haben schon angefangen ihn anzugreifen. Er hat gekämpft, aber es waren zu wenige. Die Serben waren mehr. Und er hat versucht zu kämpfen. Es waren mehr Panzer von den Serben, als er Soldaten gehabt hat. Und dann ist er zurückgekehrt, und dann war das Kommando, er muss wieder zurück an seinen Platz. Er hat gesagt, das ist schwierig, aber er versucht es. Er hat es versucht, aber er war gleich tot. Und dann haben wir schon gewartet auf den Angriff der NATO, und dann in der Zeit als die NATO schon bombardiert hat [...] haben wir schnell diesen Weg gemacht, nur eine kleine Gruppe. [...] doch vom Funk haben wir schon gewusst, dieser Mann ist tot. Er hat gesagt, »oh, meine Mutter, ich bin jetzt tot«. Das waren seine letzten Worte. Doch die Funkverbindung blieb gedrückt. Und dann kam es bei uns an. Er hat das Funkgerät immer noch gehalten, obwohl er schon tot war. Für mich war das sehr schlimm. Ich habe gedacht, was haben wir alles in Albanien gemacht! Wir haben viel Spaß gehabt, haben »Du bist tot« gespielt und sehr viel Spaß gehabt in Albanien.

Halil beschreibt eine existenzielle Situation des Krieges, die auch Natalija Basic (2003) in Interviews mit ehemaligen serbischen Kombattanten findet: »Das ›Ausgelassensein‹, die emotionale Vergemeinschaftung der Krieger im Gelage und der Tod werden konfrontiert und verbunden. Beides, Ausgelassensein und Tod, weisen über den Einzelnen hinaus, werden hier als Aspekte der Vergemeinschaftung im Extremen benutzt. Leben und Todesahnung stützen sich und ermöglichen dem Einzelnen ein klares Bewusstsein. […] Eine solche Erfahrung kann mobilisierend oder paralysierend wirken« (Basic 2003, S. 9). Der Tod des Freundes ist eine einschneidende Erfahrung für Halil:

Wir waren zusammen und jetzt ist er nicht mehr da. […] Er war wie mein Bruder. Und die Soldaten, die im Krieg waren, hängen zusammen und so war es bei der UÇK auch. Und mein Dorf, wo ich mit den 20, 65 Soldaten war, hab ich schon gedacht, die sind wie meine Brüder. Wenn die geschlafen haben, habe ich immer gedacht, vielleicht kommt etwas von Serbien. Und immer war ich zu jeder Zeit in Uniform. Ich habe mich nie umgezogen und die Kalaschnikow habe ich hier gehabt, immer, immer, immer habe ich in der Uniform geschlafen. Immer habe ich Angst gehabt um die Leute. Weil die haben die Position ganz hinten im Dorf gehabt. Und vorne waren schon Zivilisten. Und um diese habe ich auch Angst gehabt. Jede Stunde habe ich eine Kontrolle gemacht. Weil ich schon gedacht habe, dass vielleicht die serbischen Soldaten ins Dorf kommen und alles kaputt machen, und wir wissen gar nicht, was die machen. Deswegen habe ich immer Kontrolle gemacht, Tag und Nacht.

Die Verrohung

Mit dem Tod des Freundes, dem Repräsentanten der Heimat, nimmt die Zersetzung des Gemeinschaftsgefühls zu, und alles wird noch schlimmer:

Ja, es war sehr schlimm. Der Druck war größer. Ja. Und dann habe ich ein paar Aktionen gemacht gegen serbische Soldaten. Immer hab ich an meinen Sohn gedacht. Ich muss viele Leute töten, weil, die haben schon meine Freunde totgemacht. […] Und es war für mich sehr schwer. Und dann habe ich mich gefragt, warum an diesem Tag? Guck, jetzt fängt die NATO an, greift ein, und er muss an diesem Tag sterben. Und dann, nach dem Krieg habe ich auch viel überlegt, warum ist er nicht mehr dabei? Und so und so. Weil er ein sehr guter Kämpfer war, ein sehr guter Kämpfer. Und ich habe für ihn auch viel geschrieben, zuhause und nachher. […] Und jetzt steht sein Bild mit Uniform hier in diesem Dorf, wo er gestorben ist. Genau, wo dieser Platz ist. Am Anfang vom Dorf. Ich hab etwa so geschrieben: Vom Krieg, was ich mit ihm erlebt habe und dann habe ich gesagt, »Du brauchst keine Angst zu haben, ich kämpfe für Dich, ich töte zehn für Dich.« Und dann habe ich, habe ich dem Vater eine Kopie gegeben, dem Vater, für seinen Vater.

Nicht nur dem Vater des Freundes, sondern auch dem eigenen Vater scheint die Botschaft zu gelten. Halil spricht mit dem toten Freund und dem verstorbenen Vater. Auf diese Weise bringt er sie ins Leben zurück und nimmt mit der angekündigten Rache die Position des Beschützers, wie des Stellvertreters der Verstorbenen ein, die er damit am Leben erhält.

Jonathan Shay, der sich mit dem Kampftrauma und dem Persönlichkeitsverlust von Vietnamveteranen beschäftigt hat, trägt den inneren Monolog eines Soldaten mit seinem toten Freund vor: »Bei jedem Scheißer, der starb, habe ich gesagt: ›Dies ist einer für dich, Baby. Ich mache diesen Scheißkerl fertig, und für dich schneide ich ihm sein verdammtes Herz heraus‹« (1998, S. 134). Während des Wütens ist der Freund lebendig, beim Nachlassen des Zorns stirbt er. An die Stelle der Macht tritt die Ohnmacht. Halil hält sich im Interview zurück, erlaubt lediglich durch Andeutungen das Aufkommen von Fantasien. Über die Schwierigkeit des Kriegers, seine Kampferfahrungen in Worte zu fassen, schreibt Paul Fussel: »Zu den entscheidenden Punkten des Krieges [...] zählt der Widerspruch zwischen den Ereignissen und der zur Verfügung stehenden – oder für angemessen gehaltenen – Sprache, um diese zu beschreiben. [...] Logischerweise gibt es keinen Grund, warum die englische Sprache nicht in der Lage sein sollte, der Wirklichkeit des [...] Krieges gerecht zu werden: dass Menschen die Schädeldecke weggerissen wird, dass Menschen in Reichweite anderer Menschen nach einem Bauchschuss eine Nacht hindurch wimmern, dass Menschen mit den Händen ihr vorquellendes Gedärm zu bergen suchen, dass von Schrapnells enthauptete Menschen noch einige Schritte tun, bevor sie im Schlamm eines Granattrichters versinken und so weiter. Es handelt sich also weniger um ein Problem der ›Sprache‹ als um eines des Anstands und des Optimismus. Der wirkliche Grund für die Soldaten, (!) ins Schweigen zu verfallen liegt darin, dass sie erfahren haben, dass niemand an den schlechten Nachrichten, die sie zu überbringen haben, (!) wirklich interessiert ist. Welcher Zuhörer möchte sich schon verletzen und erschüttern lassen, wenn es nicht unbedingt sein muss? Wir haben dem Unaussprechlichen die Bedeutung des Unbeschreiblichen gegeben: in Wirklichkeit bedeutet es das Abstoßende« (Fussel 1975, S. 169f., siehe auch Sebald 1999).

Die Kämpfe nehmen zu, die Menschen fliehen nach Mazedonien, viele in andere Dörfer. Halil verliert in kurzer Folge seinen Bruder, seine Schwägerin und seinen Neffen.

Und dann, meine Soldaten haben schon gewusst, was mit meiner Familie passiert ist. Aber die haben mir das nicht erzählt, die haben Angst gehabt. »Wenn unser Kommandeur weiß, was mit seiner Familie passiert ist«, haben die schon gedacht, »hundertprozentig verlangt er alles von uns und führt uns gegen serbische Soldaten. Also dann dreht er durch«. Später habe ich gefragt, »Warum habt Ihr mir nichts erzählt?« Dann haben die gesagt, »Nur deswegen«. Und dann, als ich in diesem Dorf war, hat mein Cousin gesagt, »Halil, es tut mir leid, bei Dir ist das und das passiert. Aber Du musst ruhig bleiben, kannst gar nichts machen, Krieg ist so. Er nimmt die Leute, egal, von wem sie sind.« [...] Meine Soldaten haben mir ihr Beileid ausgesprochen, weil die schon gedacht haben, meine Mutter ist auch tot. Aber es war nicht so. Die haben es falsch von anderen Leuten gehört. [...] Meine Mutter war mit den dreien zusammen, die tot waren, meine Mutter hat einen Schock gehabt, weil sie ihren Sohn erschossen haben und die Frau von diesem Sohn, und den Sohn vom Sohn. Meine Mutter war auch dabei, als sie erschossen haben den Sohn vom Sohn meiner Mutter. Die hat das gesehen und war so schockiert und ist umgefallen. Und die haben gedacht, und erzählt, die ist auch tot. Und dann waren die weg, dann habe ich meine Mutter gefunden. [...] Ich hab schon mit meinen zehn Soldaten der Toten gedacht, mit Waffen in die Luft geschossen. Ich war Kommandeur bei diesen Leuten, aber es war sehr schwer. Für mich war es schwer, aber ich weiß nicht, ich hab keine Angst mehr gehabt. Gar nichts, gar nichts mehr gefühlt.

Shay (1991, 1998) beschreibt diesen Zustand der Furchtlosigkeit und Tollkühnheit – in Ahnlehnung an Homers Ilias – als die Verwandlung des Kriegers in den Berserker. Dieser Verwandlung sind Erfahrungen der Todesangst und des Verlustes nahestehender Menschen vorausgegangen. Zur psychischen Extrembelastung kommt die moralische Verstörung des Soldaten, der sich gezwungen sieht, etwas zu tun, was er als unrechtmäßig empfindet. Die Zerstörung dessen, »was Recht« ist, hat zur Folge, dass der Soldat die psychische Verbindung zu jenem Status verliert, der ihm außerhalb des Krieges Halt verliehen hat (Reemtsma 1998). Der Tod naher Personen, die für ihn die Heimat repräsentierten, führt zur Durchtrennung letzter Bindungen und zum Verlust emotionaler Empfindsamkeit, letztendlich auch zum Aufgeben moralischer Werte. Shay weist darauf hin, dass Menschen in einer Situation zunehmender kollektiver Gewalt, ihr Gewissen, ihre Rücksichten hinter sich lassen. Der »Zorn des Achill« mündet demnach im Zustand des Berserkers. Der Mensch wird zur Verkörperung des Krieges selbst, Gewalt ist nicht mehr nur Instrument, der Mensch selbst wird ihr Werkzeug. Achill schändet die Leiche Hektors, wie amerikanische Soldaten die Leichen ihrer vietnamesischen Feinde verstümmeln und Befriedigung in diesem Racheakt empfinden (Shay 1991, 1998; Browning 1993).

Ein in diesen Zustand gekommener Krieger wird für die eigenen Kameraden zur Gefahr, wie Halil, dessen Truppe befürchtet, dass ihr Kommandeur nicht mehr wisse, was er tue, wenn er vom Tod seiner Angehörigen erführe.

Das »Geständnis«

Auf die Frage, was er heute empfindet, wenn er an all diese schrecklichen Erfahrungen denkt, entsteht ein bemerkenswertes Missverständnis zwischen uns:

Jetzt frage ich mich selbst, warum ich so war, aber ich weiß auch nicht, jetzt tut es sehr weh. Und dann überlege ich selbst auch, ich habe so viel Schlechtes gesehen und warum war in dieser Zeit nichts für mich schrecklich, warum hab ich nicht geweint? Normalerweise müsste ich viel weinen oder mich selbst tot machen.

Im rückwärtsgewandten Staunen über die eigene Gefühllosigkeit angesichts des Schreckens fragt sich Halil, warum er nichts mehr empfunden hat, wo er doch hätte weinen oder sich »selbst tot machen« müssen. Meint er sich »selbst tot machen« im Sinne der Abspaltung von Gefühlen, als emotionale Abstumpfung oder im Sinne konkreter Suizidgedanken? Doch Suizidalität passt nicht in das Bild des Kriegers. Meinem Zweifel entspringt die neuerliche Nachfrage, ob sich denn viele »umgebracht« haben. Das Missverständnis wird nun deutlich:

H: Die haben schon sehr viel gemacht, sehr viel gemacht. Auch ich hab es schon gemacht, aber ich habe es nur bei Soldaten gemacht, weil da Front war. Soldaten gegen Soldaten, das ist ganz normal. Aber mit zivilen Leuten, ich hab auch serbische Zivilisten gehabt, mit denen hab ich gar nichts gemacht.
L: Und die UÇK?
H: Gar nichts, gar nichts.
L: Hat nichts gemacht?
H: Viele sagen jetzt, die UÇK hat auch, aber es stimmt nicht. Ich garantiere mit meinem Kopf, dass das nicht so ist. Die haben ein ganz anderes Herz.

Nun wird klar, dass Halil nicht von Selbsttötung, sondern von selbst Töten gesprochen hat. Die Unterscheidung zwischen Selbstmord und selbst Morden verschwimmt. Zwar könnte sich diese Unklarheit einem sprachlichen Defizit verdanken, doch ebenso naheliegend ist die Möglichkeit, dass »sich selbst töten« und »selbst töten« in der psychischen Realität des Betroffenen zusammenfällt. Erst auf Nachfrage wird klar, »ich hab es schon gemacht (=getötet), aber ich habe es nur bei Soldaten gemacht«. Halil beschwört angesichts seiner eigenen Offenbarung, selbst getötet zu haben, die wichtigsten militärischen Regeln, innerhalb derer er und die UÇK »normal« gehandelt haben, anders als die anderen. Wir haben ein anderes Herz. Das garantiere ich mit meinem Kopf. Und zur Stabilisierung eigener Identität werden mit der Unterscheidung zwischen WIR und den ANDEREN die Serben dämonisiert.

Die Rechtfertigung

Die Dämonisierung der Serben dient der Rechtfertigung eigenen Handelns. Sie geht einher mit der Konstruktion eines Feindes, der sich grundlegend unterscheidet, da er »ein ganz anderes Herz«, vermutlich gar kein Herz hat. Er ist unberechenbar und gefährlich, da er sich den Regeln militärisch-soldatischen Handelns, jeder Berechenbarkeit entzieht. Er kennt keine Angst, denn er benutzt Drogen.

Die Serben, die haben kein Herz. Die waren alle mit Drogen im Krieg. […] Es gab sehr viele Spritzen an den Plätzen, wo die geschlafen haben. Wir haben sehr viele Spritzen gefunden. In der Zeit, als wir mit denen gekämpft haben, haben die keine Angst gehabt. Die laufen so (Halil demonstriert, wie sich jemand ohne Absicherung und Vorsicht bewegt) und haben gar keine Angst und töten. Weil die wissen nicht, was sie machen. Die töteten sehr viele Leute und die haben nur die Drogen für vorwärts gekriegt, die machten nur vorwärts. Keine Mann-Deckung oder so, nur vorwärts sind sie gelaufen. Wenn ich zurückdenke, dann habe ich sehr viele (gefangen genommene serbische Kombattanten, F.L.) gefragt, warum hast Du das so gemacht? Wie viel Leute hast Du umgebracht? [...] Und dann hab ich in seine Tasche geguckt, er hat einen Schraubenzieher gehabt, ein Metermaß in der Tasche gehabt, ein großes Messer, eine große Zange. Und bei jedem hab ich gefragt, für was ist dieses Metermaß? »Wenn wir Leute töten, gucken wir schnell mit dem Metermaß und machen ein Grab.« Dann hab ich wegen dem Schraubenzieher gefragt, »für was ist dieser? Mit diesem Schraubenzieher« – sagt er – »machen wir viele Sachen. Erste Sache: Wenn man jemand schlecht (= auf brutale Weise) töten will, dann macht man mit dem Schraubenzieher die Augen weg oder das Herz oder so« [...] Ich habe gefragt, »warum machst Du das?« »Ich bin Tschetnik«, hat er gesagt. Tschetnik, wissen Sie, im Zweiten Weltkrieg. Die mit dem Bart bis hier. Lange Haare bis hier, viele Ringe in den Ohren. Und dann – ich habe ihn nicht selbst getötet. Aber ich wollte das machen. Aber ich habe Angst gehabt vor dem großen Offizier. Der hat gesagt, »egal festnehmen – Du darfst nicht töten«. Wissen Sie, wegen Genfer Konvention, da muss man Gefangene machen. Ja, und dann hab ich zu ihm zwei Leute geschickt. Habe geguckt nach unserem Kommandeur. Habe eine schwarze Kappe genommen, den Kopf ganz rein gesteckt, die Augen zu, habe ich zu ihm geschickt. Ich habe sie zu ihm geschickt und habe ihn nur zwei-, dreimal so geschlagen. Weil der hatte das erzählt vom dem Schraubenzieher. Ich war schon sehr nervös. Ich habe gefragt, »warum machst Du das?« Ich habe gesagt: »Du hast Glück, weil ich Angst habe vor meinem großen Offizier. Ich würde es genauso machen mit dem Schraubenzieher bei Dir, wie Du es gemacht hast bei unseren Leuten. Und Du solltest denken, wie schwer das für uns ist.« Und ich hab ihn geschla... (bricht ab) Und ... es war Fehler ... bei Zivil-Leuten hab ich nichts gemacht, nie.

Die Serben werden als Monster geschildert, dämonisiert. Ihnen wird kein Herz, kein metaphorischer Ort der Seele zugesprochen, sie haben Lust am Töten, sind Sadisten. Und da sie selbst kein Herz haben, töten sie die Menschen auf besonders grausame Weise. Die Serben werden als Unmenschen dehumanisiert und in die binäre Logik des Bösen eingebunden. In dieser Codierung gruppieren sich alle Phänomene um die Pole Gut und Böse (Strasser 1990). Dabei wirkt die Dämonisierung des Feindes in Halils Rede wie eine vorweggenommene Verteidigung gegenüber (inneren oder äußeren) Schuldvorwürfen. Die eigenen mörderischen Fantasien werden abgewehrt, verdrängt und auf das Fremde projiziert, wo sie ihre Existenz unerkannt im Monströsen fristen (Lamott 1993).

Doch zunächst bleibt unklar, ob Halil selbst zugeschlagen oder andere damit beauftragt hat. Die auffallende, immer wieder beschworene Verneinung unrechten Handelns, lässt die Frage aufkommen, welchen inneren Dialog Halil führt und ob er mich als Vertreterin des Kriegverbrecher-Tribunals in Den Haag fantasiert. Diese Rechtfertigungsstrategie wird erneut deutlich, als er über die Zeit nach dem Krieg spricht.

Die Enttäuschung

Nach Beendigung der Kampfhandlungen befindet sich Halil wie so viele Kämpfer in einem Vakuum: Die Kämpfe werden eingestellt, das Land ist weitgehend zerstört, die UÇK aufgelöst und die ehemaligen Kämpfer fühlen sich nicht nur durch die Anwesenheit fremder Soldaten gedemütigt. Ihre soldatische Identität ist gebrochen. Sie werden weder als Freiheitskämpfer noch als Helden gefeiert, sondern fremden Truppen unterstellt. Neben die Beschämung tritt die Angst vor der Rache serbischer Überlebender:

Nach dem Krieg, als Freiheit war in Prishtina, der Hauptstadt, habe ich sehr viele serbische Leute in Zivil gesehen, ich habe nur mit ihnen schlecht gesprochen, aber mit Zivilisten nichts Schlechtes gemacht. – Nach dem Krieg, wir haben sehr viel für unser Land gemacht, und haben aber gar nichts gekriegt. Warum bin ich von hier (von Deutschland, F.L.) in den Krieg gegangen? Die Leute sind jetzt auch anders. Unsere Stadt ist die erste auf der ganzen Welt, in der die Leute, die gekämpft haben, nach dem Krieg alles verloren haben […]. Die Kämpfer von der UÇK sind für unser Volk schlechte Leute. Ich weiß auch nicht warum. In Kroatien nach dem Krieg, waren die Kämpfer die besten Leute. Die Administration hat die Leute genommen, die für ihr Land gekämpft haben. […] So viele Soldaten sind tot. Der beste Kommandeur Yashari auch. Alle sind tot. Ja. Und die, die noch leben, sind bei der TMK[10]*, normalerweise. Aber alle sind gegen die Leute. Schauen Sie, was diese Leute für unser Land gemacht haben! Jetzt kann man überall laufen, es kommt niemand. Früher waren alle 20 Meter serbische Soldaten. Aber jetzt nicht mehr. Das hat die UÇK gemacht und Hilfe haben wir von der NATO gekriegt. Unsere Leute wissen alles – doch die sind gegen uns. Ich weiß warum. Warum waren sie nicht selbst bei der UÇK? Deswegen sind sie gegen uns, fühlen sich schuldig, weil sie nicht gekämpft haben. Ja, und guck, mit so wenig Leuten gekämpft und die Freiheit gekriegt. Die UÇK hat am Boden alles gemacht, oben die NATO, aber die UÇK hat alles am Boden gemacht. Das war schwierig. Aber unser Land, unser Volk, unsere Leute müssten glücklich sein, weil jetzt kann man spazieren gehen Tag und Nacht. Es fragt niemand, wohin man geht und so. Aber früher war abends Schluss. Keiner ging in die Kneipe, keiner in die Disco. Aber die denken gar nicht, warum das jetzt so ist.*

Halil ist enttäuscht. Er hat für sein Land gekämpft, sein Leben eingesetzt, seine Frau und seine Kinder für eine bessere Zukunft in der Fremde zurückgelassen, seinen Freund, seinen Bruder und letztendlich seine Heimat verloren. Seine Landsleute sind ihm fremd geworden. Halil, seiner nationalen Identität beraubt, will so schnell wie möglich zurück nach Deutschland. Doch es gibt Schwierigkeiten mit der Aufenthaltsgenehmigung. So kehrt er nach kurzem Besuch in Deutschland in den Kosovo zurück, um als Offizier für die TMK zu arbeiten. Ein Jahr bleibt er noch dort, bevor er 2000 erneut einen Antrag auf Asyl in Deutschland stellt, diesmal macht er die Traumatisierungen des Krieges geltend:

Das Leiden

Ich habe so viel gemacht, und jetzt bin ich gar nichts und krank. Ich hab viele Probleme gehabt während des Krieges, das hab ich überlebt. Ich habe Angst gehabt, was passieren kann, ob ich einen Herzinfarkt bekomme oder so. Und dann war ich beim Militärarzt, er heißt V., er hat mir sehr viel geholfen. Er ist immer noch beim Militär. Ich habe immer noch Kontakt zu ihm. Er fragt mich »wie weit bist Du, was machst Du? Hast Du was Gutes gekriegt? Ich habe gesagt, ich bin beim Psychiater, ich versuche, was zu machen und so. Und dann hab ich alle Papiere, die schon Dr. R. (ein Arzt in Deutschland, F.L.) geschrieben hatte, habe ich zu ihm geschickt, dann hat er gelesen, was ich für eine Krankheit habe, und er hat dann auch etwas geschrieben und zu dem Arzt geschickt: »Halil ist immer noch bei TMK. Halil darf im Moment nicht mobilisieren, weil er krank ist. Er muss erst wieder gesund sein und dann kann er wieder zurück.« Und dann hat eine Kommission von drei Personen meine Papiere angeschaut und dann haben sie gesagt, man sollte warten, bis ich gesund bin. Normalerweise beim Militär, wenn ein Soldat psychisch krank ist, darf er nicht weitermachen. Normalerweise darf er nicht, weil da kann jederzeit was Schlechtes passieren. Und ich bin nicht hundertprozentig sicher, dass ich weitermache, ich habe schon genug gemacht. […] Ich kenne viele Leute, sehr viele. Und ich glaube, die Leute, die sehr viel gemacht haben, die haben keinen Platz in diesem Dorf, in dieser Stadt. Die haben keinen Platz. Und dann habe ich überlegt, wenn ich zurückgehe, ich sehe sehr viele schlechte Leute, und die sind jetzt die Großen, und die haben alles in der Hand. Wie kann ich mit den Leuten weiterleben? Ich kenne viele von früher, Leute die mit Serben zusammen gearbeitet haben und jetzt wieder. […] Ich kann hier (in Deutschland) sterben oder im Gefängnis (im Kosovo) bleiben das ganze Leben. Aber ich will nicht. Ich will meine Ruhe, das ist für mich alles. […] Aber ich denke, ich lebe nicht mehr lang. Das ist mir auch so in den Kopf gekommen, dass ich denke, ich lebe nicht mehr lang, weil ich sehr müde bin. Und es geht mir schlecht manchmal. Ja. Und dann sage ich, warum bin ich nicht gestorben im Krieg? Das wäre besser gewesen. Und das, was ich jetzt sehe, wie die Leute sind, da wäre es besser gewesen, ich wäre tot, und fertig. Aber ich weiß auch nicht, ich bin in einer sehr großen Stress-Situation. [...] Vielleicht habe ich es schlecht gemacht, weil ich in den Kosovo gegangen bin. Aber so war es halt ...

Während des Interviews hört man die Sirene eines vorbeifahrenden Notarztwagens. Mit dem Klang der Sirene tauchen alte Erinnerungen auf:

Rotes Kreuz, die haben aus den Roten-Kreuz-Autos geschossen. Normalerweise dürfen die das nicht. Die haben das gemacht. Und gegen uns. Schon die Hubschrauber haben das mit dem Roten Kreuz gemacht, und dann kommen sie in diese Dörfer, wo bei uns die UÇK war, und dann haben sie geschossen. Normalerweise hat man nicht auf das Rote Kreuz geschossen. Weil man normalerweise denkt, die helfen verletzten Leuten oder Familien. Und dann fingen die an zu schießen über uns, vom Roten-Kreuz-Hubschrauber. Die haben sehr viel Schlechtes gemacht.

Und nun sind wir wieder mitten im Krieg:

Ich habe schon 24 Stunden gar nichts gegessen. [...] Und Wasser haben wir getrunken vom Regen und aus Regenrinnen. Für mich und für die Leute, die mit mir waren, ich kenne viele, die sagen: »Es war wie im Vietnam-Krieg.« Für mich war das auch so, wie in Vietnam, wie in Vietnam. Und da habe ich sehr viel Schlechtes gesehen.

Es ist nicht klar, ob Halil sich bei diesem Vergleich auf das mediale Bilderrepertoire des Vietnam-Krieges bezieht oder ob die Geringschätzung der UÇK-Kämpfer durch die Bevölkerung und die damit verbundene Entwertung und Beschämung ausschlaggebend für seine Identifikation sind. Dem Krieger wird die Anerkennung als Kämpfer für die gemeinsame Sache verweigert, ganz zu schweigen davon, dass er als Held im zivilen Leben eine angemessene Position erhält. Und wenn das so ist, dann muss wenigstens in der Anerkennung des Leidens, das von ihm gebrachte Opfer für die nationale Sache Anerkennung finden, sein Leiden muss als krankheitswertig anerkannt werden.

Ich will nur eines machen, aber ich glaube, ich bin zu alt. Ich will mit einem Rechtsanwalt für das Recht kämpfen. [...] Ich habe gedacht, man muss was machen. Der Psychiater gefällt mir nicht. Wenn ich mal hingehe, stellt er nur drei, vier Fragen, untersucht nicht und dann gibt er gleich Medikamente. [...] und dann fertig. Ich habe gesagt, ich muss untersucht werden, eine Herzkontrolle oder der Kopf. »Nimm doch einfach die Tabletten, Halil,« sagt er. Ich denke, ich habe etwas. Ich weiß nicht, was mit mir ist. Ich kann oft gar nichts essen. Ich weiß auch nicht. Früher habe ich mehr Kilo gehabt. Jetzt hab ich 60, normal hab ich 67 gehabt. [...] Es kommt eben sehr viel mehr raus. Ich bin sehr nervös.

Zur Zeit des Interviews beginnen die Prozesse gegen ehemalige UÇK-Kämpfer. Über das Wissen, dass das Leiden in Krankheit transformiert werden muss, um rechtlich verwertbar zu sein, verfügt Halil (Lamott 2003). Er klagt die medizinischen Kompetenzen der Ärzte ein, die allein eine Anerkennung gewährleisten können. Die im DSM-V zusammengefassten »Posttraumatischen Stresssyndrome« (Posttraumatic Stress Disorder, PTSD) sind dabei wichtige Operationalisierungen in der Trauma-Diagnostik.

Blick zurück: Krieg und Trauma

Die Frage, ob ein Ereignis individuell als Trauma empfunden oder gesellschaftlich als Trauma bewertet wird, ist also abhängig vom historischen Kontext:

So waren die massenhaften »shell-shocks« der Kriegsteilnehmer des *Ersten Weltkriegs* eine Herausforderung für die Militärpsychiatrie. Als »Kriegshysterie«, »traumatische Neurose« oder »Neurasthenie« diagnostiziert, behandelte man die Symptomträger unterschiedlich: Während die einfachen Soldaten als Hysteriker (bis zur Jahrhundertwende ein vorwiegend Frauen erfassendes Krankheitsbild) diagnostiziert wurden (Lamott 2001), hielt man für Offiziere neutralere Bezeichnungen, wie die der »traumatischen Neurose« (Oppenheim 1889) oder die »Neurasthenie« bereit. Die Traumakonzepte des Ersten Weltkrieges unterschieden sich also klassenspezifisch (Roth 1987). Wurde die Kriegshysterie als Folge einer heriditären Belastung, als Erbkrankheit (die nicht selten kriminalisiert wurde) angesehen und wurde den betroffenen Soldaten damit der Schutz des Krankheitsstatus entzogen, so galt die traumatische Neurose als ein vorübergehender Erschöpfungszustand. Dementsprechend variierten die Therapiemaßnahmen: Elektroschocks für die konstitutionell Willensschwachen und Erholungsaufenthalte für die Erschöpften. Galt die Kriegshysterie als eine unter belastenden Anforderungen sichtbar werdende heriditäre Veranlagung, als eine Störung, die nicht ursächlich mit dem Kriegsgeschehen zusammenhing, so lag es auf der Hand, dass sich daraus kein *Anspruch auf Rente* ableiten ließ. Anders sah es hingegen bei der traumatischen Neurose und der Neurasthenie aus. Beide galten als Erschöpfungsneurosen in Folge ungewöhnlicher Belastungssituationen, aus denen dann folgerichtig Rentenansprüche ableitbar waren. Die Zusammenhänge zeigen, dass mithilfe diagnostischer Klassifikationen politische Entscheidungen gefällt werden, die ihrerseits in der Lage sind, volkswirtschaftliche Kosten zu begrenzen (Lerner 2003)[11].

Wurden die Symptomträger des Ersten Weltkriegs »hysterisiert« (Lamott 2001), so wurden sie im *Zweiten Weltkrieg* als »wehrkraftzersetzend« psychiatrisch isoliert, strafrechtlich verfolgt und in Konzentrationslagern interniert. 1944 wurden durch Erlass des Oberkommandos der Wehrmacht die auf Traumatisierungen beruhenden Diagnosen »Kriegshysterie« und »Kriegsneurose« verboten[12], da die Militärpsychiater befürchteten, dass diese erneut massenhaft auftreten und abermals zu Aufruhr unter den Soldaten führen könnten (Roth 1987)[13]. Seit 1942 gab es eine Meldepflicht für sogenannte »abnorme seelische Reaktionen« von Kriegsteilnehmern. Damit wurde ihnen endgültig der Schutz des *Krankheitsstatus entzogen*. Statt Heilung stand Disziplinierung im Dienste der Wiederherstellung der *Wehrtauglichkeit*. Die Psychiater Panse und Elsässer entwickelten 1941 ein auf galvanischen Strömen beruhendes schmerzhaftes Elektroschockverfahren, das sogenannte »Pansen« (Panse 1942; Hilpert 1995). Ab 1943 wurde dieses Verfahren als Hauptbehandlungsmethode bei Kriegshysterikern – die nunmehr als »Psychopathen« bezeichnet wurden – durchgesetzt. Bei persistierenden Symptomen wurden sie dem T4-Programm in Anstalten der Vernichtungspsychiatrie bzw. Konzentrationslagern zur Tötung überstellt (Blaßneck 2000; Hilpert 1995; Riedesser/Verderber 1996). In der Nachkriegszeit blieben die traumatischen Folgen der Kriegsteilnehmer weitgehend unthematisiert.[14]

Die Traumaforschung der *Nachkriegszeit* konzentrierte sich auf die Überlebenden der Shoah, mithin auf die Psychodynamik der Traumatisierung durch Genozid und Lageraufenthalt. Im Zentrum der Forschung standen die Analyse der psychischen Folgen von Inhaftierung und Verfolgung sowie die Retraumatisierung der Opfer durch demütigende »Entschädigungsprozesse« (Eissler 1963; Niederland 1980) und später die transgenerationelle Weitergabe des Traumas. Als Merkmale des Überlebenden-Syndroms galten neben einer Reihe psychosomatischer Beschwerden Erregungs- und Angstzustände, Depressionen, Kontaktmangel, schnelle Erschöpfbarkeit und quälendes Wiedererleben der Schrecken des Lagers (Eitinger 1964; Krystal/Niederland 1965; Niederland 1980), Symptome, die auch in der heutigen PTSD-Klassifikation enthalten sind. Die sogenannte *»Wiedergutmachungspolitik«* der Nachkriegszeit verdeutlicht die Schwierigkeit der Psychiatrie, die seelischen Verfolgungsschäden der Überlebenden nach der herrschenden Lehrmeinung ernst zu nehmen und ihren »Krankheitswert« anzuerkennen, was für die Betroffenen zu einer erneuten – und wie Keilson (1979) betonte – oftmals gravierenderen Traumatisierung führte.

Brachte die Traumaforschung um den Holocaust die Differenzierung überwiegend psychoanalytischer Konzepte mit sich, so lieferte der *Vietnamkrieg* einen weiteren Entwicklungsschub psychiatrischer Traumakonzepte. Die Folgen des schließlich gesellschaftlich geächteten Krieges stellten die USA vor innenpolitische Probleme, die eng mit der Frage nach der *Integration der zurückkehrenden Kriegsteilnehmer* verbunden war: Wie sollte man auf die im Vietnamkrieg verrohten und verstörten Veteranen reagieren? Die ungeliebten, von der amerikanischen Gesellschaft im Stich gelassenen Kämpfer repräsentierten, als Täter identifiziert und beschuldigt, ein psycho-soziales und politisches Problem ungeheuren Ausmaßes (Shay 1998)[15]. Das »Post-Vietnam Syndrom« (Shepard 2000) wurde schließlich 1980 als »Posttraumatic Stress Disorder« (PTSD) im Diagnostischen und Statistischen Manual (DSM-III) operationalisiert. Die Subsumption psychosomatischer Beschwerden und Verhaltensauffälligkeiten unter das diagnostische Konstrukt trug dazu bei, die Vietnamveteranen moralisch zu exkulpieren.

Im *Kosovo-Krieg* wurden die Traumatisierungen durch die Serben zur zentralen Begründung der Notwendigkeit militärischen Einschreitens und die erwarteten posttraumatischen Belastungsstörungen zum Anlass für die Initiierung eines engmaschigen therapeutischen Netzwerkes (Lamott 2003). Zum ersten Mal seit dem Zweiten Weltkrieg gab es eine militärische Beteiligung Deutschlands, die damit begründet wurde, größeres Leid zu verhindern. Die Rechtfertigungsfiguren orientierten sich an dem »new humanitarianism«, der jede Kritik an den gegen internationales Recht und die Autorität der Vereinten Nationen verstoßenden NATO-Luftangriffen im Keim erstickte (Lamott 2006b). Die UÇK wurde im Kampf gegen die serbische Armee aufgerüstet und am Ende des Krieges durch die UNO wieder entwaffnet.

Nunmehr laufen die Prozesse gegen ehemalige UÇK-Kämpfer im Kosovo an. Halils Assoziationen an den Vietnam-Krieg sind kein Zufall. Auch damals ging es um Kontinuitätsbrüche, um die Korrektur militärischer (Fehl-)Entscheidungen und um die Auseinandersetzung mit den Aggressionen der aus den Kampfzonen zurückkehrenden Kämpfer. Auch sie hatten damals die Erfahrung machen müssen, dass auf »das Gesetz des Vaters« kein Verlass ist. Welche intrapsychischen Auswirkungen hat die Illegitimität des militärischen Eingreifens seitens des Verbündeten, der NATO, für ehemalige UÇK-Kämpfer? Welche Folgen hat die retrospektive Umdeutung eigenen Handelns in unrechtmäßiges Verhalten?

Nach dem Desaster in Vietnam und den Konsequenzen für die leidtragenden Veteranen lag die Konstruktion eines klinischen Deutungsmusters, der Posttraumatischen Belastungsstörung, nahe. Auf diese Weise werden selbstzerstörerische wie fremdaggressive Verhaltensweisen zum Bestandteil eines umfassenden Symptomkomplexes, der die Verzweiflung und Verrohung durch den Krieg als krankhafte posttraumatische Belastungsreaktion medizinisch rahmt. Indem Täter in Opfer transformiert werden, können Gewalttaten als Ausdruck »psychischer Störungen«, eben als Krankheit, attestiert werden (Summerfield 1999). Auf diese Weise werden politische Diskurse in medizinische überführt und gleichzeitig sozial brisante Konflikte in individuelle Problemlagen übersetzt. Damit wird das Leid jedoch des komplexen politischen Entstehungskontextes beraubt (Becker 2000; Ebner 2001), während die Betroffenen ihrerseits durch den Krankenstatus gesellschaftlich reintegriert und durch die Gewährung einer Rente befriedet werden.

Die klinische Diagnose erlaubt nicht nur, diese Verhaltensweisen als Krankheit anzuerkennen und damit eine Kriminalisierung zu verhindern, sondern eröffnet darüber hinaus für Kosovo-Albaner auch die Möglichkeit, politisches Asyl zu begründen, da die Rückkehr in das ehemalige Kriegsgebiet, die Gefahr einer Retraumatisierung mit sich bringen könnte.

Kriegstraumatisierungen sind nicht bloße individuelle Krankheiten, sie sind auch soziale Phänomene (Bar-On 1999). Auf der Grundlage diagnostischer Manuale (ICD-10, DSM-IV), die die Normierung menschlichen Verhaltens in gesund und krank vornehmen, wird die Unangemessenheit bestimmter Verhaltensweisen in Symptome transformiert, die ihrerseits Bestandteile einer komplex zusammengesetzten Diagnose sind. Dass diese Normierungen dem Menschen nicht äußerlich bleiben, sondern in einem Rückkoppelungsprozess die Diagnose erneut bestätigen, führt dazu, die Entstehungsprozesse zum Verschwinden zu bringen (Haubl

2007). Das komplizierte Interaktionsgeschehen wird reifiziert und gerinnt auf diese Weise zur »Natur«, wird zur Krankheit.

Dass posttraumatisches Leiden sozial determiniert ist, zeigt sich darin, dass es unter bestimmten gesellschaftlichen Bedingungen tabuisiert wird. Dann tritt an die Stelle des Leidens, das Ideal der Stärke, als Teil der Identität des für die »richtige« Sache kämpfenden Kriegers. Dan Bar-On (1999) hat darauf hingewiesen, das während der Intifada keine posttraumatischen Belastungsstörungen thematisiert wurden. Doch das Eingeständnis des Leids, kann auch Widerstandspotenziale gegen den Kampf freisetzen, die imstande sind einen Beitrag zur Beendigung der leidvollen Situation zu leisten, wie es der Matrosenaufstand des Jahres 1918 gezeigt hat. So muss das in der Diagnose gefasste Leid, politisch gewendet, nicht zwangsläufig der Individualisierung und Befriedung dienen, sondern kann auch als Verkörperung kollektiver Kritik an unmenschlichen Verhältnissen, ihre Wirkung in Form von Widerstand entfalten.

Literatur

Bar-On, D. (1999): Kriegstrauma als soziales Phänomen. In: Bronfen, E.; Erdle, B.R.; Weigel, S. (Hg.) Trauma. Zwischen Psychoanalyse und kulturellem Deutungsmuster. Köln, Weimar, Wien (Böhlau).

Basic, N. (2003): Vom Ansprechen und Auf-sich-beruhen-lassen. Biographische Interviews mit ehemaligen Kombattanten der postjugoslawischen Kriege 1991–1995. In: Haubl, R.; Lamott, F. & Traue, H.C. (Hg.): Über Lebensgeschichten. Trauma und Erzählung. psychosozial 26, 7–27.

Becker, D. (2000): Prüfstempel PTSD – Einwände gegen das herrschende »Trauma-Konzept«. In: Medico International (Hg.): Schnelle Eingreiftruppe »Seele«: auf dem Weg in die therapeutische Weltgesellschaft. Frankfurt/M. (Medico Mondiale), S. 25–49.

Blaßneck, K. (2000): Militärpsychiatrie im Nationalsozialismus. Kriegsneurotiker im Zweiten Weltkrieg. Würzburg (Deutscher Wissenschafts-Verlag).

Browning, C.R. (1993): Ganz normale Männer. Das Reserve-Polizeibataillon 101 und die »Endlösung« in Polen. Reinbek b. Hamburg (Rowohlt).

Diagnostisches und statistisches Manual psychischer Störungen (DSM III) (1984). (Übersetzt von K. Köhler u. a.). Weinheim (Beltz).

Ebner, G. (2001): Posttraumatische Belastungsstörung – gültige Diagnose oder fragwürdige psychiatrische Konstruktion eines normalpsychologischen Phänomens? Psychiatrie 2, 15–18.

Eissler, K.R. (1963): Die Ermordung von wie vielen seiner Kinder muss ein Mensch symptomfrei ertragen können, um eine normale Konstitution zu haben. Psyche – Z psychoanal 17, 241–291.

Eitinger, L. (1964): Concentration camp survivors in Norway and Israel. The Hague (Martinus Nijhoff).

Ermann, M. (2004): Wir Kriegskinder. Forum Psychoanal 20, 226–236.

Forster, E.; Bieringer, I. & Lamott, F. (Hg.) (2003): Migration und Trauma. Beiträge zu einer reflexiven Flüchtlingsarbeit. Münster (LIT-Verlag).

Fussel, P. (1975): The Great War and Modern Memory. London (Oxford University Press).

Gaupp, R. (1919): Der nervöse Zusammenbruch und die Revolution. In: Blätter für Volksgesundheit 19, 43–50.

Gaupp, R. (1922): Schreckneurose und Neurasthenie. In: Bonhoeffer, K. (Hg.): Handbuch der ärztlichen Erfahrungen im Weltkriege, Bd. 4: Geistes- und Nervenkrankheiten. Leipzig, S. 68–101.

Giesen, B. (1999): Kollektive Identität. Frankfurt/M. (Suhrkamp).

Hafner, S. (2004): Die deutsche Revolution 1918/1919. Reinbek b. Hamburg (Rowohlt).

Haubl, R. (2007): Krankheiten, die Karriere machen: Zur Medizinalisierung und Medikalisierung sozialer Probleme. In: Warrlich, C.; Reinke, E. (Hg.): Auf der Suche. Psychoanalytische Betrachtungen zum AD(H)S. Gießen (Psychosozial-Verlag), S. 159–186.

Hilpert, R. (1995): Rekonstruktion der Geschichte eines speziellen Elektrosuggestivverfahrens (»Pansen«) aus Archivmaterialien des Heeressanitätswesens der Wehrmacht und dessen Einordnung in das Kriegsneurosenproblem des Zweiten Weltkrieges. Diss. Universität Leipzig.

Keilson, H. ([1979] 2005): Sequentielle Traumatisierung. Untersuchung zum Schicksal jüdischer Kriegswaisen. Gießen (Psychosozial-Verlag).

Kloocke, R.; Schmiedebach, H.-P. & Priebe, S. (2005): Psychisches Trauma in deutschsprachigen Lehrbüchern der Nachkriegszeit – die psychiatrische »Lehrmeinung« zwischen 1945 und 2002. In: Psychiat Prax 32, 327–333.

Krystal, H.; Niederland, W.G. (1965): Clinical observations of the survivor syndrome. American Psychiatric Association. Scientific proceedings of the 21th annual meeting of the American Psychiatric Association 1965, Washington D.C.

Lamott, F. (1993): Monsterbilder – Spiegelbilder. In: Wie werden aus Monstren Menschen? Manuskripte. Zeitschrift für Literatur 33, 27–38.

Lamott, F. (2001): Die vermessene Frau. Hysterien um 1900. München (Fink).

Lamott, F. (2003): Das Trauma als symbolisches Kapital. Über Risiken und Nebenwirkungen des Traumadiskurses. In: Haubl, R.; Lamott, F. & Traue, H.C.:

Über Lebensgeschichten. Trauma und Erzählung. Gießen (Psychosozial-Verlag), S. 53–63.

Lamott, F. (2005): Trauma as a political tool. Critical Public Health 15 (3), 219–228.

Lamott, F. (2006a): Trauma ohne Unbewusstes? Anmerkungen zur Inflationierung eines Begriffs. In: Buchholz, M.; Gödde, G. (Hg.) Das Unbewusste in der Praxis. Erfahrungen verschiedener Professionen. Bd. III. Gießen (Psychosozial-Verlag), S. 587–610.

Lamott, F. (2006b): Migration und Trauma in Zeiten des Humanitarismus. Notizen zur reflexiven Flüchtlingsarbeit. In: Roloff, G.; Zoeke, B. (Hg.): 10 x Gerechtigkeit. Unterwegs mit Sisyphos. Lengerich (Pabst Science), S. 83–93.

Legendre, P. (1998): Das Verbrechen des Gefreiten Lortie. Abhandlung über den Vater. Freiburg (Rombach).

Lerner, P. (2003): Hysterical Men: War, Psychiatry, and the Politics of Trauma in Germany, 1880–1830. Ithaka (Cornell University Press).

Leuzinger-Bohleber, M. (2003): Der lange Schatten von Krieg und Verfolgung: Kriegskinder in Psychoanalysen. Beobachtungen und Berichte aus der DPV-Katamnesestudie. Psyche – Z Psychoanal 57, 982–1017.

Mosse, G.L. (1997): Das Bild des Mannes. Zur Konstruktion der modernen Männlichkeit. Frankfurt/M. (Fischer).

Mosse, G.L. (1993): Gefallen für das Vaterland. Nationales Heldentum und namenloses Sterben. Stuttgart (Klett-Cotta).

Niederland, W.G. (1980): Folgen der Verfolgung: Das Überlebenden-Syndrom Seelenmord. Frankfurt/M. (Suhrkamp).

Nonne, M. (1922): Therapeutische Erfahrungen an den Kriegsneurosen in den Jahren 1914–1918. In: Bonhoeffer, K. (Hg.): Handbuch der ärztlichen Erfahrungen im Weltkriege. Bd. 4: Geistes- und Nervenkrankheiten. Leipzig, S. 102–111.

Oppenheim, H. (1889): Die traumatischen Neurosen. Berlin (August Hirschwald).

Panse, F. (1942): Vortrag auf der zweiten Arbeitstagung Ost vom 30. Nov. bis 3. Dez. 1942, S. 142–143.

Pittinger, R.E.; Hockett, C.F. & Danehy, J.J. (1960): The First Five Minutes. A Sample of Microscopic Interview Analysis, Ithaca, New York (Paul Martineau)

Poulton, H.; Vickers, M. (1997): The Kosovo Albanians: Ethnic Confrontation with the Slav State. In: Poulton, H.; Taji-Farouki, S. (Hg.): Muslim Identity and the Balkan State. New York (University Press), S. 139–169.

Reemtsma, J.P. (1998): Vorwort zu Shay, J. Achill in Vietnam. Kampftrauma und Persönlichkeitsverlust. Hamburg (Hamburger Edition), S. 9–14.

Riedesser, P.; Verderber, A. (1996): Maschinengewehre hinter der Front. Zur Geschichte der deutschen Militärpsychiatrie. Frankfurt/M. (Mabuse Verlag).

Roth, K.H. (1987): Die Modernisierung der Folter in den beiden Weltkriegen. Der Konflikt der Psychotherapeuten und Schulpsychiater um die deutschen »Kriegsneurotiker« 1915–1945. In: 1999 Zeitschrift für Sozialgeschichte des 20. und 21 Jahrhunderts 3, 8–7.

Roth, P. (2000): Der menschliche Makel. München (Hanser).

Sebald, W.G. (1999): Luftkrieg und Literatur. Frankfurt/M. (Fischer).

Seifert, S. (2002): Kriegserfahrung und Identität: Die Konstruktion der Kosovo-Albaner als Europäer. In: Unveröffentlichter Abschlussbericht des Forschungsprojektes »Kriegserfahrung, Identität und Geschlecht. Wien.

Shay, J. (1991): Learning about Combat Stress from Homer's Iliad. In: Journal of Traumatic Stress 4, 561–579.

Shay, J. (1998): Achill in Vietnam. Kampftrauma und Persönlichkeitsverlust. Hamburg (Hamburger Edition).

Shepard, B. (2000): A war of nerves. Soldiers and psychiatrists 1914–1994. London (Jonathan Cape).

Strasser, P. (1990): Tiere sehen dich an – der Blick des Hasses. In: Wie werden aus Menschen Monstren? Manuskripte. Zeitschrift für Literatur 30, 3–23.

Summerfield, D. (1999): A critique of seven assumptions behind psychological trauma programmes in war-affected areas. In: Social Science & Medicin 48, 1449–1462.

Theweleit, K. (1977): Männerphantasien. Bd. 1 & 2. Frankfurt/M. (Roter Stern).

Thomann. K.D.; Rauschmann, M. (2003): Die »posttraumatische Belastungstörung« – historische Aspekte einer »modernen« psychischen Erkrankung im deutschen Sprachraum. In: Med. hist. J. 38, 103–138.

Turner, V. (1969): The Ritual Process. Structure and Anti-Structure. Ithaca, N.Y.

v. Gennep, A. (2005): Übergangsriten. Frankfurt/M. (Campus).

Anmerkungen

1 Namen und Ortsnamen in Deutschland wurden geändert.

2 Die folgenden Ausführungen basieren auf dem Forschungsprojekt »Kriegserfahrungen, Identität und Geschlecht«, das vom Österreichischen Bundesministerium für Bildung, Wissenschaft und Kunst finanziert und als Kooperationsprojekt (Uni Salzburg: E. Forster, I. Bieringer, Uni Ulm: F. Lamott & FH Regensburg: R. Seifert) realisiert wurde. Das Material für den Teilbereich »Kriegstraumatisierung« bildeten narrative Interviews mit Flüchtlingen und UÇK-Kämpfern aus dem Kosovo, die die Autorin 2002 durchgeführt hat (Literatur aus diesem Projekt: Forster/Bieringer/Lamott 2003; Lamott 2003, 2005, 2006 a, b; Seifert 2002).

3 Übergangssituationen markieren räumliche, soziale und zeitliche Veränderungen. Dabei sind die *rites des passage* (van Gennep 2005) durch Brüche und Krisen im sozialen Prozess gekennzeichnet. Sie bestehen hauptsächlich aus drei Phasen: einer Trennungsphase (vom alten Zustand und Status), einer Schwellen- bzw. Umwandlungsphase und einer Angliederungsphase. Die mittlere der drei Phasen, in der die Umwandlung stattfindet, ist die wichtigste; sie gilt als Angelpunkt der Transformation (Turner 1989; v. Gennep 2005).

4 Legendre meinte damit folgenden Zusammenhang: Der Vater ist ein Sohn, der das Amt des Vaters ausübt. Tut er es nicht, dann geraten umgekehrt die Kinder in die unhaltbare Position, das Amt des unmöglichen Vaters ausüben zu müssen. Der Vater ist nur dann Vater, wenn er die willkürliche Herrschaft (nach Freud 1913, des Vaters der Urhorde) aufgegeben hat und sich den gleichen Gesetzen verpflichtet fühlt, die er seinen Söhnen übermittelt. Nur unter dieser Bedingung ist der Vater seiner Willkürlichkeit entrissen und erlaubt den Söhnen einen identifikatorischen Zugang zu den grundlegenden Gesetzen der Menschlichkeit. Das bedeutet, dass der Vater, kein primär biologischer, sondern ein genealogischer Vater ist. Nicht die biologische Filiation zählt, sondern die symbolische, sprachlich vermittelte. Nur sie kann die Grundlage für identifikatorische Prozesse sein.

5 Pittinger zeigt in seiner Mikroanalyse, wie in den ersten erzählerischen Zügen bereits der Schlüssel zum Verständnis des gesamten Narrativs steckt.

6 Auf Yashari wurde in nahezu jedem Interview Bezug genommen. Adem Yashari, der Gründer der UÇK, repräsentiert als Nationalheld die kollektive Identität der Kosovo-Albaner. Er und seine gesamte Familie wurden in Drenica 1998 von serbischen Soldaten getötet. Das Massaker von Drenica gilt für die albanische Bevölkerung als Kriegsbeginn (Lamott 2003a).

7 Die *democratic league of Kosovo* (LDK), unter der Führung Rugovas.

8 Shay und Basic weisen auf die Bedeutung von nahen Kameraden als Repräsentanten der Heimat und des Überlebens in Kriegszusammenhängen hin.

9 Albaner kämpften neben Deutschen in der SS-Division Skanderbeg (Nationalheld der Albaner) und vertrieben 10.000 slawische Familien aus dem Kosovo und siedelten Albaner aus Nordalbanien im Kosovo an (Poulton/Vickers 1997, S. 147).

10 Am 21. September 1999 wurde die UÇK gemäß der UNO-Resolution 1244 aufgelöst und entwaffnet. Aus ihr entstand eine zivile Schutztruppe, das »Kosova Protection Corps« (KPC) oder »Trupat e Mbrojtjë të Kosovës« (TMK). Sie soll ähnliche Aufgaben wie der Zivilschutz, die Katastrophenhilfe oder die Feuerwehr übernehmen. Doch in einigen Orten übernimmt sie, was nicht ihrem Mandat entspricht, auch polizeiliche Aufgaben. Der Kommandant der TMK war vormals bei der UÇK, wie viele ehemalige UÇK-Kämpfer bei der TMK oder der Polizei sind. Viele Kosovo-Albaner sehen in der TMK das Kernstück der Armee eines zukünftigen unabhängigen Kosovos.

11 Lerner wies darauf hin, dass sich in den Fachdiskussionen der Jahrhundertwende ein Paradigmenwechsel vom individuellen Patienten zum volkswirtschaftlichen Faktor nationaler Gesundheit vollzogen hat.

12 Darüber hinaus ist die Koinzidenz zwischen dem Erlass von 1944 und der psychogenen Erblindung Adolf Hitlers im Ersten Weltkrieg bemerkenswert. Das Verbot könnte auch den Versuch darstellen, mit der Eliminierung des Hysteriebegriffs die eigene »Schwäche« endgültig auszulöschen.

13 Der Kieler Aufstand vom November 1918 entwickelte sich aus einer Meuterei der Matrosen, die befürchteten, noch kurz vor Kriegsende in einer sinnlosen Schlacht dem Ehrenkodex der Offiziere geopfert zu werden (siehe dazu Hafner 2004). Von psychiatrischer Seite wurden die Aufständischen pathologisiert und als jene Kriegshysteriker identifiziert, die die Wehrtüchtigkeit der Truppen schon immer geschmälert haben (siehe dazu vor allem Gaupp 1919, 1922 sowie Nonne 1922).

14 Erst jetzt, 60 Jahre nach Kriegsende, werden die Traumatisierungen der Kriegsgeneration thematisiert, dokumentiert, analysiert (z. B. Leuzinger-Bohleber 2003; Ermann, M. 2004). Kloocke, Schmiedebach und Triebe (2005) weisen in ihrer Untersuchung über »Psychisches Trauma in deutschsprachigen Lehrbüchern der Nachkriegszeit« darauf hin, dass weder die psychischen Kriegsfolgen noch das Fehlverhalten der Psychiater in beiden Weltkriegen in einem der von ihnen untersuchten 127 Lehrbücher erwähnt wurde, weder damals noch in neuerer Zeit.

15 Philipp Roth (2000) hat in seinem Roman »Der menschliche Makel« eine beeindruckende Beschreibung der Verhaltensauffälligkeiten eines Vietnamveteranen mit einer PTSD vorgelegt.

Moderne Leiden im Überblick

Susanne Goldschmidt & Elmar Brähler

Im Folgenden sind einige der »modernen Leiden« (Shorter 1994) als Glossar aufgeführt und näher erläutert. Da es sich hierbei jedoch um eine begrenzte Auswahl handelt, kann diese Übersicht einem Anspruch auf Vollständigkeit nicht gerecht werden. Viele der beschriebenen unspezifischen Beschwerden sind mit verschiedenen psychiatrischen Krankheitsbildern bzw. den aufgeführten diagnostischen Kriterien des ICD-10 nahezu identisch. Dies betrifft insbesondere folgende Diagnosen: Somatisierungsstörungen (F45.0), Hypochondrische Störungen (F45.2), Somatoforme autonome Funktionsstörungen (F45.3), Neurasthenie (F48.0), Depressive Erkrankungen (F32.0), Akute Belastungsreaktion (F43.0), Posttraumatische Belastungsstörung (F43.1), Anpassungsstörungen (F43.2). Ätiologisch werden die Beschwerdebilder u. a. primär mit umweltbezogenen Ursachen in Verbindung gebracht und vielfach den Syndromen der Umweltmedizin zugeordnet (vgl. Wiesmüller et al. 2001). Da es für viele Beschwerden gar keine oder nur sehr eingeschränkt validierte und wissenschaftlich belegte Diagnosekriterien, Therapieverfahren sowie präventive Maßnahmen gibt, besteht hier ein großer Forschungsbedarf. Handlungsbedarf entsteht zudem aus der zunehmenden Prävalenz der Beschwerden, d.h. es gibt viele Menschen, die betroffen sind und unter einem großen Leidensdruck stehen. Die vielfachen Arztbesuche bzw. die Suche nach einer ausschließlich organischen Ursache ist unter Berücksichtigung des Wunsches von Betroffenen, mit ihren Beschwerden ernst genommen zu werden, in unserem gesellschaftlichen und kulturellen Umfeld verständlich. Diesbezüglich besteht weiterhin ein großer Bedarf an Aufklärung und Informationsvermittlung für die ärztliche Praxis.

Neben den hier genannten Störungen möchten wir erwähnen, dass es auch Syndrome gibt, die nur in bestimmten Kulturen auftreten, sogenannte »kulturgebundene Störungsbilder« (siehe dazu Guarnaccia et al. 1999). Auf diese sind wir hier der Übersicht halber nicht näher eingegangen und haben aus diesem Grund exemplarisch lediglich die Koro-Störung erwähnt.

Aufmerksamkeitsdefizit-/Hyperaktivitätsstörung (ADHS) bei Erwachsenen

Systematische Untersuchungen zur Kernsymptomatik des ADHS im Erwachsenenalter liegen derzeit nicht vor. Die von dieser Störung Betroffenen schildern im klinischen Alltag vor allem: *mangelnde Alltagsorganisation (z. B. Unfähigkeit zu planvollem Vorgehen, Neigung, sich zu verzetteln), ineffiziente Arbeitsweise (z. B. viele Flüchtigkeitsfehler, Schwierigkeiten in Ausbildung oder Studium, erhöhtes Bewegungsbedürfnis), schlechte Impulskontrolle (z. B. überschießende emotionale Reaktionen bei verminderter Frustrationstoleranz) sowie emotionale Labilität (z. B. reaktiv ausgelöste Stimmungseinbrüche und/ oder Angstgefühle).* 1902 wurde die Aufmerksamkeitsdefizit-/Hyperaktivitätsstörung erstmals beschrieben und galt lange Zeit ausschließlich als eine Erkrankung des Kindes- und Jugendalters. Langzeituntersuchungen zeigten jedoch, dass bei 35–50% der Kinder und Jugendlichen mit diesem Störungsbild die Symptomatik bis ins frühe und mittlere Erwachsenenalter persistierte. Einzelfalldarstellungen schildern ADHS auch in der Altersgruppe der 50–60-Jährigen. Die Prävalenz von ADHS im Erwachsenenalter wird mit 1–2,5% geschätzt. Untersuchungen belegen für betroffene Personen im Vergleich zu Kontrollpersonen ein deutlich geringeres Funktionsniveau in den Lebensbereichen: Arbeit, Ausbildung (Klassenwiederholung und Schulabbrüche), Partnerschaft und Familie (erhöhte Scheidungsrate), sowie im Straßenverkehr (vermehrte Ordnungswidrigkeiten oder selbstverschuldete Unfälle). Bei Erwachsenen mit ADHS liegen häufig komorbide psychiatrische Erkrankungen vor. Diese betreffen v.a. Substanzmissbrauch (3–4-fach erhöhte Prävalenz für Alkohol- und Drogenmissbrauch), Affektive Störungen (uneinheitliche Ergebnisse von komorbiden depressiven Erkrankungen), Angsterkrankungen (erhöhte Prävalenz bei Erwachsenen mit ADHS in Querschnittuntersuchungen), subjektive Schlafstörungen sowie dissoziale Persönlichkeitsstörungen/dissoziales Verhalten (erhöhte Prävalenz bei Betroffenen in Längs- und Querschnittstudien). Ätiologisch wird angenommen, dass die Erkrankung maßgeblich durch neurobiologische Funktionsstörungen verursacht wird. Sowohl ICD-10 als auch DSM-IV enthalten verschiedene Kriterien zur Diagnosesicherung einer ADHS, diese wurden jedoch für das Kindesalter konzipiert. Definierte Kernsymptome für Erwachsene gibt es in beiden Klassifikationssystemen allerdings nicht (Laufkötter et al. 2005). Für das Erwachsenenalter existieren die Wender-Utah-Kriterien mit 7 Symptomkriterien, von denen für eine Diagnose 4 zutreffen müssen. Als Behandlungsoptionen stehen pharmakologische Therapien sowie psychotherapeutische Verfahren zur Verfügung (vgl. Sobanski/Alm 2004).

Amalgamintoxikation

Unter diesem Begriff versteht man die subjektiv angenommene schädigende Wirkung von Zahnplomben aus Amalgam bzw. einen möglichen ursächlichen Zusammenhang zu verschiedenen (chronischen) Erkrankungen. Dazu sowie zur Frage, ob eine Entfernung der Füllungen nötig ist und die Kosten von den Krankenkassen übernommen werden, gab es eine Vielzahl kontroverser Diskussionen. Vor diesem Hintergrund kam es seitens der Betroffenen u.a. zu einer Zunahme an Angststörungen (sogenannte »iatrogene Amalgamphobie«). Aktuell ist das Amalgamproblem in der Öffentlichkeit eher in den Hintergrund gerückt (Hausotter 2006).

Burn-out-Syndrom (BS)

Es gibt bis heute keine als Standard akzeptierte Begriffsbestimmung. Das Burn-out-Syndrom beinhaltet körperliche, psychische und psychosomatische Symptome. Diese beziehen sich z.B. auf das *Erleben grundloser Angst, Angespanntsein, Energie- und Antriebsmangel, berufliche Unzufriedenheit, Selbstunzufriedenheit, Ungeduld, Ärger und Aggressionen, verminderte Leistungsfähigkeit, Insuffizienzgefühle, Selbstanklagen und Rückzug, Apathie, Misstrauen und Zynismus*. Beobachtet wurde das Syndrom vor allem bei Menschen, die in helfenden und sozialen Berufen arbeiten, aber auch Angestellte in Verwaltung und Management oder Justiz und Polizeiarbeit können davon betroffen sein. Zur Prävalenz des Syndroms gibt es keine gesicherten Angaben. Vermutet wird, dass das Burn-out-Syndrom sich schleichend entwickelt und in mehreren Phasen verläuft. Für die Entstehung eines Burn-out-Syndroms geben Wiesmüller et al. (2001) drei Komponenten an: a) die Umgebungs- und Arbeitsplatzsituation (z.B. unangemessene finanzielle Vergütung, keine Aufstiegsmöglichkeiten, Kommunikationsprobleme etc.), b) individuelle Bedingungen wie Persönlichkeitsmerkmale (Neigung zu depressiven Reaktionen, Perfektionismus etc.), sowie demografische und biografische Merkmale, c) interpersonelle Bedingungen (z.B. Chronifizierung der Problematik, Aggressionen von Klienten etc.). Diagnostiziert werden kann das Burn-out-Syndrom durch verschiedene Testverfahren (z.B. Maslach Burn-out-Inventory, Tendium Messure). Obgleich es verschiedene Therapieansätze gibt, ist deren Wirksamkeit bisher nicht evaluiert. Empfohlen werden Stress- und Burn-out-Workshops, u.U. eine psychotherapeutische Behandlung sowie der Einsatz von Psychopharmaka. Darüber hinaus wird auch die Teilnahme an Selbsthilfegruppen empfohlen.

Candida-Syndrom (CS)

Hierbei handelt es sich um einen angenommenen Zusammenhang zwischen einem mukokutanen Candidabefall im Darm und unspezifischen Symptomen wie: *Vergesslichkeit, Konzentrationsstörungen, Abgeschlagenheit, Depressionen, Übelkeit sowie massive Beschwerden des Magen-Darm-Traktes (Durchfall, Verstopfung, übermäßige Gasbildung etc.)*. Postuliert wird, dass durch verschiedene Einflussfaktoren (z. B. die Einnahme von Kortikosteroiden oder eine sehr kohlehydratreiche Ernährung) die bakterielle Darmflora gestört und es in Folge zu einer Ausbreitung von Pilzen (Candida) kommt. Diese enthalten, so nimmt man an, eine Antigenkomponente, die zur Entwicklung eines Hypersensitivitäts-Syndroms beiträgt, welches sich klinisch unterschiedlich manifestieren kann. Eine andauernde Aktivierung des Immunsystems wird dabei mit einer allgemeinen Abwehrschwäche der Betroffenen in Verbindung gebracht. Bisher konnte das Candida-Syndrom nicht durch kontrollierte Studien belegt, noch die Wirksamkeit einer antimykotischen Behandlung nachgewiesen werden (siehe Wiesmüller et al. 2001).

Chronic Fatique Syndrom (CFS, Chronisches Erschöpfungssyndrom)

Seit 1994 Bezeichnung für das chronische Müdigkeits- oder Erschöpfungssyndrom, wenn eine *rasche Erschöpfbarkeit* und *anhaltende Müdigkeit* für mindestens 6 Monate besteht. Diese darf nicht mit einer anderen Erkrankung zusammenhängen. Sie führt zu einer deutlichen Reduktion der Leistungsfähigkeit im Beruf oder im sozialen Bereich. Zudem sollten 4 der folgenden Beschwerden ebenfalls auftreten: *Halsschmerzen, empfindliche Hals- und Achsellymphknoten, Muskel- oder Gelenkschmerzen, Kopfschmerzen, Konzentrations- und Gedächtnisschwierigkeiten, verlängerte Müdigkeit, mangelnde Erholung durch Schlaf.* Differenzialdiagnostisch müssen andere Krankheiten (z. B. Hypothyreose, Demenz etc.), welche die Müdigkeit erklären könnten, ausgeschlossen werden. Die o.g. Symptomatik ist sehr lange bekannt und wurde unter verschiedenen Bezeichnungen beschrieben. 1869 wurde sie unter dem Begriff der Neurasthenie aufgeführt und als Diagnose lange Zeit verwendet. Andere Synonyme waren z. B. atypische Polyomyelitis oder myalgische Enzephalomyelitis. Ätiologisch werden aktuell verschiedenste Erklärungen diskutiert (virale, bakterielle, neuroendokrine oder psychogene), die jedoch nicht objektivierbar sind. Am wahrscheinlichsten erscheint nach heutiger Auffassung eine Interaktion von organischen und psychischen Faktoren (»neuroendokrine Stressreaktion«) zu sein (Hausotter 2006). Martin et al. (2007) fanden in der Allgemeinbevölkerung eine Prävalenz des CFS von 6,1%. Frauen waren signifikant häufiger betroffen als Männer. Es gibt keine anerkannte medikamentöse Therapie, empfohlen werden neben einer sorgfältigen Differenzialdiagnostik verhaltenstherapeutische Maßnahmen sowie eine gute körperliche Aktivität (Fitness).

Elektrosensibilität

Hier geht es um den Einfluss von elektromagnetischen Wellen oder Feldern (sogenannter »Elektrosmog«) durch Starkstromleitungen, Funkantennen, Handys und dem Erleben von verschiedenen subjektiven Befindlichkeitsstörungen. Beschrieben werden *Kopfschmerzen, Schwindel, Unkonzentriertheit und Müdigkeit sowie Taubheitsgefühle, Krämpfe und Muskelkontraktionen.* Bisher gibt es dazu jedoch keine gesicherten Hinweise auf objektive Schädigungen. Vermutet wird, dass es sich bei der Elektrosensitivität eher um ein psychologisch-psychiatrisches Phänomen handelt (Wolf/Barth 2003).

Fibromyalgie

Anhaltende Schmerzen, die länger als 3 Monate bestehen, einer ganzen rechten oder linken, oberen oder unteren Körperhälfte. Die Betroffenen leiden weiter unter Wirbelsäulenschmerzen sowie Schmerzen an wenigstens 11 von 18 definierten empfindlichen Körperstellen. Vor 1976 wurden diese Beschwerden mit den Begriffen

»Fibrositis«, »generalisierte Tendomyopathie« oder »Weichteilrheumatismus« bezeichnet (vgl. Hausotter 2006). Der Krankheitsbegriff wird überwiegend von Orthopäden und Rheumatologen verwandt, wenn sich zu den genannten Beschwerden kein organischer Befund finden lässt. Bisher konnte jedoch kein objektivierbares organisches Substrat gefunden werden. Sehr häufig wurde bei Betroffenen ein niedriger Serotoninspiegel im Serum sowie eine erhöhte Substanz P im Liquor gefunden. Diese Befunde finden sich ebenfalls bei depressiven Patienten und chronischen Schmerzpatienten. Ätiologisch werden körperliche versus psychologische Ursachen (somatisierte Depression, Konversionsneurose, psychosomatische Erkrankungen) kontrovers diskutiert. Empfohlen wird eher eine diagnostische Zuordnung der Beschwerden zu dem Krankheitsbegriff »anhaltende Somatoforme Schmerzstörung« des ICD (F45.4).

Koro (Synonym: Syndrom der genitalen Retraktion, SGR)

Koro (malaiisch, etymologisch strittig, vielleicht »schrumpfend« oder »Schildkröte[nkopf]«) beschreibt eine in Indonesien und Malaysia vorkommende Störung. In China wird diese Suo Yang (Mandarin) oder Shuk yang (»schrumpfender Penis«) genannt. Im Westen wird von einem Syndrom der genitalen Retraktion (SGR) gesprochen. *Das Syndrom der genitalen Retraktion ist ein Störungsbild, bei dem die Betroffenen anfallsartig ein Schrumpfen und Zurückziehen des Penis in den Bauch erleben, was oftmals mit Todesängsten und verschiedenen vegetativen Symptomen (Kälteschauer, Blässe, Schwitzen, Unruhe etc.) einhergeht.* Die Anfallsdauer kann bis zu einer Stunde dauern. Ein tatsächliches Schrumpfen des Penis ist ebenso wie andere körperliche Erkrankungen auszuschließen. Die Störung betrifft in der Regel Männer, bei Frauen kann sie unter Bezug auf die äußeren Schamlippen oder die weibliche Brust jedoch ebenfalls auftreten. Betroffene Männer versuchen dem vermeintlichen Verschwinden des Penis durch Festhalten oder -binden oder durch Einsatz von speziellen Geräten entgegenzuwirken. Weiter kommen Körpermassagen (nur durch Männer) oder die Gabe eines Heiltrunks mit »männlichen« Zutaten sowie Ritualgesänge in Kombination zum Einsatz. Das Syndrom der Genitalretraktion wird grob in zwei Erscheinungsformen unterteilt: a) die in Asien vorkommende Form, die kulturell eingebunden ist. Sie tritt bei sonst psychisch Gesunden auf und kann in Form von »Epidemien«, d.h. einem plötzlichen Auftreten von teilweise über 1.000 Fällen mit regionaler Häufung verlaufen. Diese Form beruht auf lokalen Krankheitsvorstellungen (Prototypen sind das indonesische Koro und das chinesische Suo Yang), b) eine seltenere, kulturell nicht eingebundene Form der westlichen Welt. Sie verläuft milder und beschränkt sich auf Einzelfälle. Weiter tritt sie auf der Basis anderer neuropsychiatrischer Erkrankungen auf und wird in der Literatur oft als »Koro-ähnlich« bezeichnet. Der transkulturelle Vergleich beider Formen zeigt hinsichtlich Symptomatik, Pathogenese, kultureller Einbindung und therapeutischer Interventionen deutliche Unterschiede (siehe Freudenmann/Schönfeldt-Lecuona 2005).

Körperdysmorphophobie (Körperdysmorphe Störung, KDS)

Bei dieser Störung besteht eine übermäßige Beschäftigung mit einem eingebildeten Mangel oder einer Entstellung in der äußeren Erscheinung. Im Falle einer leichten körperlichen Anomalie ist die Besorgnis der betroffenen Person stark übertrieben. In Folge der übermäßigen Beschäftigung kommt es zu starken Beeinträchtigungen und subjektiv erlebtem Leiden in sozialen, beruflichen oder anderen Lebensbereichen. Bedeutsam ist, dass die Störung nicht durch andere psychische Störungen (z.B. Anorexia oder Bulimia nervosa, Depressions- oder Zwangsstörung) besser erklärt werden kann. *Die Störung kann die vermeintliche Entstellung von Nase, Mund, Wangen, Kinn, Lippen, Zunge, Zähnen, Kiefer, Ohren, Haaren, oder von Händen, Beinen, Genitalien, Gesäß, Bauch, Schultern, Hüften etc. betreffen. Mit der Störung verbunden sind weitere Verhaltensauffälligkeiten wie: perma-*

nentes Überprüfen der vermeintlichen Entstellung, extremes Pflegeverhalten, verdeckte oder entfernte Spiegel, Wechsel zwischen intensivem Prüfverhalten und Vermeidung, andauerndes Vergleichen mit anderen Personen, Kaschieren des angeblichen »Makels«, zunehmende bis extreme soziale Isolation, suizidale Gedanken oder Suizidversuche, intensive fachärztliche Konsultationen und Behandlungen (Schönheitschirurg, Zahnarzt etc.) bei anhaltend bestehender Unzufriedenheit. Die pathologische Beschäftigung mit dem eigenen Aussehen, der eingebildeten Hässlichkeit bestimmter körperlicher Merkmale und damit verbundenen Ängsten und Befürchtungen vor Zurückweisung und Nichtakzeptanz wurde mit der klinischen Bezeichnung der »Dysmorphophobie« beschrieben. Das Wort »dysmorphia« stammt aus der griechischen Sprache und bedeutete »Hässlichkeit« (speziell ein hässliches Gesicht). Der Begriff wurde bereits in der griechischen Mythologie erwähnt. 1886 bezeichnet ein italienischer Psychiater o.g. Symptome als »dismorphophobia« und forderte etwas später die Festlegung als einen eigenständigen Krankheitsbegriff. Zu Beginn des 20. Jahrhunderts kamen verschiedene Synonyme auf wie z.B. »Schönheitshypochondrie« sowie »Thersites-Komplex«. Ab 1980 setzte sich der Begriff der »Körperdysmorphophobie« zunehmend durch. 1990 wurde der Begriff »Dysmophophobie« kritisiert, da durch die Störung kein phobisches Vermeidungsverhalten hervorgerufen würde, sodass sich ab 1991 die Bezeichnung »Körperdysmorphe Störung (KDS)« etabliert hat (siehe Schaer 2006). Eine diagnostische Einordnung ist durch die Aufnahme in die gängigen Klassifikationssysteme (DSM-IV, ICD-10) gegeben. Im ICD-10 wird weiter zwischen einem wahnhaften (F22.8) und einem nicht wahnhaften Typus (F45.2) unterschieden, der nicht wahnhafte Typus wird jedoch als hypochondrische Störung klassifiziert. Auch im DSM-IV kann die Störung ohne bzw. mit wahnhaften Zügen klassifiziert werden (300.7 bzw. 297.1). Die Prävalenz der körperdysmorphen Störung bei operationswilligen Personen liegt zwischen 2–15% (vgl. Schaer 2006). Rief et al. (2006) fanden in der Allgemeinbevölkerung eine Prävalenz von 1,7%. Betroffene berichteten häufiger über Suizidalität und Suizidversuche und wiesen im Vergleich zu Personen ohne Diagnosekriterien erhöhte Somatisierungswerte auf. Zudem zeigte sich bei Betroffenen ein Zusammenhang zu geringem finanziellem Einkommen, dem Leben ohne einen Partner und bestehender Arbeitslosigkeit. Es gibt nur wenige systematische Studien zur Behandlung der Störung. Bewährt hat sich eine medikamentöse Behandlung mit Antidepressiva (SSRI) und/oder verhaltenstherapeutische Interventionen (Selbstsicherheitstraining, Exposition, Reaktionsverhinderung, kognitive Umstrukturierung dysfunktionaler Gedanken, Training von Coping-Strategien).

Multiple Chemical Sensivities (MCS; nach neuerer Nomenklatur: IEI (chemical/physical)

Die Symptomatik besteht aus unspezifischen neurologischen Symptomen wie Kopfschmerzen, Schlafstörungen, Müdigkeit, Gedächtnis- und Konzentrationsstörungen sowie (Schleim-) Hautbeschwerden, Verdauungsstörungen oder Muskel- und Gelenkschmerzen, die als Reaktion auf eine Vielzahl chemischer Substanzen vermutet werden. Dabei handelt es sich um eine Überempfindlichkeit gegenüber verschiedenen chemischen Belastungen mit Konzentrationsschwellenwerten, die bei gesunden Personen keine Reaktion auslösen. Häufig kann das Alltags- und Berufsleben nicht mehr bewältigt werden. Kenntnisse zur Ätiologie, Pathologie, Pathophysiologie, klinischer Diagnostik, Therapie sowie Prävention und Prognose fehlen bisher. Aus diesen Gründen sollte der Begriff der Multiple Chemical Sensivities (MCS) nach Auffassung einer Expertengruppe jedoch nicht länger verwendet werden. Außerdem fehlt der eindeutige Nachweis des Zusammenhangs zwischen Exposition und Symptomatik, sodass der Begriff der *Idiopathic Environmental Intolerances (IEI, idiopathische umweltbezogene Unverträglichkeiten)* zur Beschreibung für verschiedene Funktionsstörungen vorgeschlagen wird. Andere Synonyme sind: multiple Chemikalienüberempfindlichkeit, Allergische

Toxämie, Umweltunverträglichkeit. Die Beschwerden werden mit unterschiedlichen Umweltfaktoren in Verbindung gebracht, die nicht im Zusammenhang mit bekannten somatischen, psychiatrischen, und/oder psychosomatischen Funktionsstörungen erklärt werden können. Der Begriff kann durch die vermutete Ursache der Störungen durch eine zusätzliche Angabe (IEI chemical/IEI physical) näher beschrieben werden. Von großer Bedeutung ist der Ausschluss relevanter Belastungen und tatsächlicher Organschäden. Neuere ätiologische Konzepte vermuten, dass wiederholte Reizungen des limbischen Systems durch olfaktorische Signale zu einer Beeinträchtigung der Befindlichkeit führen (siehe Wolf/Barth 2006). Aus psychologischer Sicht werden viele Symptome als Folge von Konditionierungsprozessen interpretiert. Häufig liegt eine psychiatrische Ursache oder Komorbidität vor.

Ozon

Der Anstieg von bodennahem Ozon wurde mit *subjektiven Befindlichkeitsstörungen wie Kopfschmerzen und Reizungen der Atemwege (Atembeschwerden und Tränenreiz)* in Zusammenhang gebracht. Eine direkte ursächliche Verbindung wird jedoch infrage gestellt. Zudem kam es wiederholt zu Änderungen der Grenzwerte für eine gesundheitliche Gefährdung (Hausotter 2006).

Paruresis

Es handelt sich um eine funktionelle Miktionsstörung, die in dem Unvermögen besteht, auf öffentlichen Toiletten oder außerhalb des Wohnraums zu urinieren. Beschwerden dieser Art wurden 1954 erstmals von Willliams und Degenhardt als Paruresis bezeichnet. Diese Störung gilt als ein Subtypus der sozialen Phobie. Die von Betroffenen berichteten Ängste beziehen sich auf die fehlende räumliche Distanz auf öffentlichen Toiletten zu anderen sowie auf Bedenken, andere könnten die Geräusche des Urinierens hören. Problemauslösende Reize können neben dem Gefühl der auditiven bzw. visuellen Bedrohung der Privatsphäre auch emotionale Zustände wie Angst oder Wut sein. Die Symptomatik führt oftmals zu massivem Vermeidungsverhalten und damit verbundenen Einschränkungen des beruflichen und sozialen Lebens. Prävalenzschätzungen an repräsentativen Stichproben gehen von 2,8% (siehe Hammelstein et al. 2006) bis 6,6% aus. Das Verhältnis von Männern zu Frauen wird 9:1 geschätzt. Der Beginn der Störung liegt häufig in der Adoleszenz, über ihren Spontanverlauf gibt es bislang keine Belege. Ätiologische Modellansätze gehen von einem Zwei-Faktoren Modell aus. Infolge eines Scham auslösenden oder traumatischen Erlebnisses auf einer öffentlichen Toilette kommt es zu (Erwartungs-)Ängsten, die über eine Sympathikusaktivierung den Harnfluss verhindern. Resultierendes Vermeidungsverhalten hält die Störung aufrecht. Eine kombinierte Intervention mit verschiedenen verhaltenstherapeutischen Strategien hat sich als effektiv für die Behandlung der Störung erwiesen: a) Psychoedukation, b) Expositionsbehandlung, c) kognitive Umstrukturierung dysfunktionaler Gedanken, d) Entspannungsübungen. Eine Besserung der Symptomatik durch eine medikamentöse Behandlung konnte bisher nicht nachgewiesen werden. Es besteht Forschungsbedarf an kontrollierten Therapiestudien. Für Forschung und Praxis wurde ein Fragebogen bzw. eine Paruresis-Skala (PARS) mit 13 Items entwickelt und überprüft (siehe Hammelstein/Pietrowsky 2005).

Posttraumatische Verbitterungsstörung (Posttraumatic Embitterment Disorder, PTED)

Gilt als eine für die klinische Praxis notwendig angesehene »Subkategorie« der Anpassungsstörungen (siehe ICD-10, F43.2). Die Störung kann nach einschneidenden, wenn auch nicht außergewöhnlichen Lebensereignissen (z.B. Kündigung, Scheidung, Verlust eines nahen Menschen) auftreten. Auslöser sind meist Kränkungsereignisse, welche die zentralen Grundannahmen des Betroffenen verletzen. *Die Symptomatik ist oft vielgestaltig, neben dem domi-*

nierenden Affekt der Verbitterung (Aggression gegen sich und die Umwelt) treten Niedergeschlagenheit, Hoffnungslosigkeit, Fremd- und Selbstaggressivität, phobisches Vermeiden und sozialer Rückzug auf (Linden 2005). Es kann zu langfristiger Chronifizierung mit schweren sozialen und beruflichen Beeinträchtigungen kommen. Ursächlich werden bei betroffenen Personen Defizite in der Aktivierung weisheitsbezogener Leistungen (i.S. einer Fähigkeit, die hilft, komplexe und nicht eindeutig lösbare Lebensprobleme zu verarbeiten bzw. zu ertragen) angenommen. Eine Behandlung durch Psychotherapie wird aufgrund der negativen, fatalistischen Grundhaltung und der damit verbundenen geringen Motivation der Betroffenen erschwert. Therapieansätze wurden im Rahmen der kognitiven Verhaltenstherapie entwickelt.

Restless-legs-Syndrom (RLS)

In Ruhebedingungen auftretende Missempfindungen der Beine (seltener der Arme), verbunden mit Bewegungsdrang. Durch Bewegung bessert sich die Missempfindung kurzzeitig, tritt aber unter Ruhebedingung meist sofort wieder auf. Die Beschwerden weisen eine zirkadiane Rhythmik auf und treten meist vermehrt am Abend auf. Die Inzidenz der Erkrankung wird in Nordamerika und Europa auf 5–10% der Gesamtbevölkerung geschätzt. Angenommen wird, dass Frauen im Vergleich zu Männern doppelt häufig betroffen sind. Diagnostisch wird zwischen einer idiopathischen RLS (Fehlen von Begleiterkrankungen) und einer symptomatischen RLS (Auftreten bei verschiedenen anderen Erkrankungen oder als Folge von Medikamenteneinnahmen) unterschieden. Bei den symptomatischen RLS-Formen steht die Behandlung der Grunderkrankung im Vordergrund, bei der idiopathischen RLS wird in Abhängigkeit der Stärke der Symptomatik eine medikamentöse Behandlung mit L-Dopa oder Dopaminagonisten vorgeschlagen. Bei Patienten, die darauf nicht ansprechen oder unter starken Nebenwirkungen leiden, wird eine Kombinationstherapie mit Opiaten oder Antikonvulsiva empfohlen (siehe Fogel 2005).

Sick Building Syndrome (SBS)

Dieses Syndrom wird seit den 1970er Jahren zunehmend bei Aufenthalten in Innenräumen von Bürogebäuden beobachtet. Die Betroffenen klagen oftmals über *Befindlichkeitsstörungen, vor allem über Schleimhautreizungen des Auges, der Nase oder des Respirationstraktes*. Die Beschwerden bessern sich oder verschwinden durch das Verlassen der Räume. Sie werden von den Betroffenen oft mit physikalischen, chemischen oder biologischen Faktoren (Baumaterialien, Pilzen und Bakterien durch die Klimaanlage etc.) in Verbindung gebracht. Das SBS wird ebenso wie die Building Related Complains (BRC), die Building Related Symptoms (BRS) sowie der Building Related Illness (BRI) den gebäudebezogenen Gesundheitsstörungen zugeordnet. Im Gegensatz zum BRI ist das SBS jedoch kein definiertes, medizinisches Krankheitsbild. Vielmehr ist es ein operational definiertes Syndrom unklarer Genese. Ebenso sind diagnostische, therapeutische oder präventive Maßnahmen weitgehend unbekannt. Diskutiert wird auch der Einfluss von psychologischen Belastungsfaktoren wie das Betriebsklima und die Arbeitsorganisation sowie ergonomische Mängel am Arbeitsplatz oder ungünstige Lichtverhältnisse (vgl. Wolf/Barth 2003).

Sissi-Syndrom (Synonym: Sisi-Syndrom)

1998 wurde der Begriff des »Sissi-Syndroms« erstmals als eine besondere Ausprägungsform der Depression von der (Arzneimittel-)Firma SmithKline Beecham (jetzt GlaxoSmithKline) in Anzeigen erwähnt. Daraus entwickelte sich eine auffällige Medienpräsenz. *Betroffene Personen seien lebensbejahend und leistungsorientiert, vom äußeren Erscheinungsbild gepflegt. Auffällig seien ein gesteigertes berufliches, sportliches oder kulturelles Interesse und ein striktes Ernährungsmangement. Klinische Merkmale werden mit Unruhe und Rastlosigkeit und dem Fehlen von Freude oder echtem Interesse geschildert.* Es wurde angenommen, dass Betroffene mit der gesteigerten Aktivität versuchen, ihre Niedergeschlagenheit zu kompensieren und daher auch seltener als depressiv diagnostiziert würden. Im Verlauf würde das Sissi-Syndrom jedoch in eine typische Depression übergehen. Ursächlich wurde eine Serotonindysbalance vermutet und eine Behandlung mit einem Serotoninwiederaufnahmehemmer (Paroxetin) empfohlen. Benannt wurde das Syndrom nach Elisabeth Eugenie Amalie (Sissi oder Sisi), der Kaiserin von Österreich und Königin von Ungarn (1837–1898), da sie als Urbild dieses Patiententypus gelten könne (Burgmer et al. 2003). Untersuchungen haben jedoch gezeigt, dass sich das »Sissi-Syndrom« als besondere Ausprägungs- und Verlaufsform der Depression nicht stützen lässt (vgl. Burgmer et al. 2003). Zudem liegen für die Behandlung mit Paroxetin keine wissenschaftlichen Studien vor. Burgmer et al. (2003) vermuten eher eine nosologische Nähe des Sissi-Syndroms zu den Essstörungen. Den Autoren nach handele es sich um ein Beispiel der pharmazeutischen Industrie, über die Erweiterung des Krankheitsspektrums oder der Schaffung neuer Krankheiten (siehe hierzu auch Blech 2003) neue Märkte zu eröffnen.

Literatur

Blech, J. (2003): Die Krankheitserfinder. Wie wir zu Patienten gemacht werden. Frankfurt/M. (Fischer Verlag).

Burgmer, M.; Driesch, G. & Heuft, G. (2003): Das »Sisi-Syndrom« – eine neue Depression? Der Nervenarzt 74, 440–44.

Dilling, H.; Mombour, W. & Schmidt, M. (2004): Internationale Klassifikation psychischer Störungen. ICD-10. Kapitel V (F). Klinisch-diagnostische Leitlinien. Bern (Huber Verlag).

Fogel, W. (2005): Aktueller Stand von Diagnostik und Therapie des Restless-legs-Syndroms (RLS). Aktuelle Neurologie 32, Suppl. 3, 94–96.

Freudenmann, R.W.; Schönfeldt-Lecuona, C. (2005): Das Syndrom der genitalen Retraktion aus Sicht der transkulturellen Psychiatrie. Chinesisches Suo yang, indonesisches Koro und nichtasiatische Formen (Koroähnliche Symtome). Der Nervenarzt 76, 569–80.

Guarnaccia, P.; Rogler, L. (1999): Research on Culture – Bound Syndromes: New Directions. The American Journal of Psychiatry 156, 1322–27.

Hammelstein, P.; Jäntsch, B. & Barnett, W. (2003): Paruresis. Ein bisher vernachlässigtes psychotherapeutisches Problem. Psychotherapeut 48, 260–63.

Hammelstein, P.; Pietrowsky, R. (2005): Entwicklung und Überprüfung der Paruresis – Skala (PARS). Zeitschrift für Klinische Psychologie und Psychotherapie 34 (3), 215–22.

Hammelstein, P.; Pietrowsky, R.; Merbach, M. & Brähler, E. (2006): Psychogenic urinary retention (»paruresis«): diagnosis and epidemiology in a representative male sample. Psychotherapy and Psychosomatics 74 (5), 308–14.

Hausotter, W. (2006): Anmerkungen zur Begutachtung der »modernen Leiden« aus neurologisch-psychiatrischer Sicht. Arbeitsmedizin, Sozialmedizin, Umweltmedizin (ASU) 41, 5, 258–63.

Laufkötter, R.; Langguth, B.; Johann, M.; Eichhammer, P. & Hajak, G. (2005): ADHS des Erwachsenenalters und Komorbiditäten. psychoneuro 31 (11), 563–68.

Linden, M. (2005): Die Posttraumatische Verbitterungsstörung. Eine pathologische Verarbeitung von Kränkungen. psychoneuro 31 (1), 21–24.

Martin, A.; Chalder, T.; Rief, W. & Brähler, E. (2007): The relationship between chronic fatique and somatization syndrome: A general population survey. Journal of Psychosomatic Research 63 (2), 147–56.

Rief, W.; Buhlmann, U.; Wilhelm, S.; Borkenhagen, A. & Brähler, E. (2006): The prevalence of body dysmorphic disorder: a population-based survey. Psychological Medicine 36 (6), 877–85.

Saß, H.; Wittchen, H.-U.; Zaudig, M. (1998): Diagnostisches und Statistisches Manual Psychischer Störungen. DSM-IV. Göttingen: Hogrefe Verlag.

Schaer, H. (2006): Körperdysmorphophobie. Evaluation und Validierung des Fragebogen-Instruments BBD-MM; Body-dysmorphic-disorder – munich modul. Dissertation an der Medizinischen Fakultät der Ludwig-Maximilians-Universität zu München.

Shorter, E. (1994): Moderne Leiden. Zur Geschichte der psychosomatischen Krankheiten. Reinbek (Rowohlt).

Sobanski, E.; Alm, B. (2004): Aufmerksamkeitsdefizit-/Hyperaktivitätsstörung (ADHS) bei Erwachsenen. Ein Überblick. Der Nervenarzt 75, 697–716.

Wiesmüller, G.A.; Ebel, H. & Hornberg, C. (2001): Syndrome in der Umweltmedizin: Varianten von Somatisierungsstörungen? Fortschritte der Neurologie, Psychiatrie 69, 175–88.

Wolf, C.; Barth, A. (2003): Befindlichkeitsstörungen ohne Befund – moderne Syndrome. Der Gynäkologe 36, 619–26.

Aus Forschung und Praxis

Eigentore – Zur ideologischen Funktion des Fußballsports

Gerhard Vinnai

Vorbemerkung: Mit den folgenden Äußerungen will ich mich keineswegs auf elitäre Art von Fußballfans distanzieren. Auch ich freue mich, als Bremer, wenn Werder Bremen ein Spiel gewinnt. Ich treibe regelmäßig Sport, lese morgens den Sportteil der Zeitung und besuche ab und zu ein Fußballspiel im Stadion. Das scheint es mir aber nicht zu rechtfertigen, dass man darüber den Verstand verliert und das kritische Nachdenken über den Fußballsport unterlässt. Die Aufklärung als Bemühung um Mündigkeit fordert nicht zuletzt das kritische Nachdenken über eigene Vorlieben und Interessen und deren unter Umständen fatale Folgen.

Als Ideologien werden in der kritischen Gesellschaftstheorie Formen des falschen Bewusstseins bezeichnet, die fragwürdige Machtverhältnisse abstützen und soziale Emanzipationsprozesse blockieren. Sie stellen für das Leiden an einer beschädigten Lebenspraxis Rechtfertigungen oder trostspendende Ersatzwelten zur Verfügung. Als Ideologien wurden in der Vergangenheit vor allem religiöse Systeme, politische Theorien, oder philosophische Systeme analysiert. Ein weiterentwickelter Ideologiebegriff kann sich darum bemühen, sichtbar zu machen, dass nicht nur geistig relativ hochentwickelte theoretische Systeme oder Weltanschauungen, die in fragwürdigen sozialen Verhältnissen wurzeln, als deren sozialer Kitt wirksam werden können, sondern auch mit diesen Verhältnissen verbundene Formen des Verhalten, Erlebens oder Wünschens. Ein derartiger Kitt verschafft sich nicht nur auf der Ebene des Bewusstseins Geltung, seine Macht erlangt er nicht zuletzt durch seine Verbindung mit dem psychischen Unbewussten, das die Psychoanalyse aufgedeckt hat. Die folgenden, in einer sozialpsychologischen Perspektive entwickelten Thesen wollen in diesem Interpretationshorizont auf die fragwürdige kulturelle Bedeutung des organisierten Fußballsports hinweisen und damit ein weiteres kritisches Nachdenken über diesen anregen.[1]

1. Illusionäre soziale Bindungen und Fußballsport

In der bestehenden westlichen Gesellschaft, die von einer kapitalistischen Ökonomie beherrscht wird, werden die Menschen vor allem durch ökonomische Zwänge und Interessen, die mit der »Macht des Geldes« verbunden sind, zueinander in Beziehung gesetzt. Dabei werden sie, trotz ihrer wachsenden Abhängigkeit voneinander, zugleich als Konkurrenten und als Privateigentümer, die ihre bornierten Eigeninteressen verfolgen, voneinander isoliert. Die vom Kapitalismus gestiftete Form der Vergesellschaftung besorgt also zugleich den Zerfall des Sozialen und damit eine Atomisierung der Gesellschaft. Da traditionelle soziale Bindungen, die dem entgegenwirken, wie sie von Kirchen, den Organisationen der Arbeiterbewegung oder dem Vereinswesen gestiftet werden, in der Gegenwart zunehmend an Bedeutung verlieren, braucht die Gesellschaft andersartigen emotional besetzbaren sozialen Kitt, der sie zusammenhält. Ihn stellt nicht zuletzt der organisierte Fußballsport zur Verfügung, der einen von Illusionen gestifteten gemeinsamen sozialen Raum erzeugt. In diesem Raum können sich Menschen mithilfe von Phantasmen anstatt durch eine reale, alltäglich erfahrbare Lebenspraxis und eine gemeinsam gestaltete Geschichte zueinander in Beziehung setzen. Er liefert damit einen fragwürdigen Ersatz für wirklichen, durch solidarische Anstrengungen hervorgebrachten sozialen Zusammenhalt.

Warum und wie erzeugt der Fußballsport einen bloß von Wünschen gestifteten illusionären Zusammenhalt von Menschen? Der Fußballsport, der heute vor allem als kommerziell organisierter Showsport die Massen ergreift, wird von Vereinen organisiert, die als Unternehmen der Unterhaltungsindustrie die Darbietungen ihrer Athleten als Ware an ein sie bezahlendes Publikum, das Fernsehen oder Firmen, die sie für ihre Werbung nutzen wollen, verkaufen. Trainer und Aktive im kommerziellen Fußball veräußern ihre Fähigkeiten an die Unternehmen, die ihnen die größten ökonomischen Vorteile versprechen. Bei der Wahl ihres Arbeitsplatzes spielt für die Aktiven die Bindung an eine Stadt, eine Region oder ein Land üblicherweise kaum eine Rolle. Der Spitzenfußball ist internationalisiert, seine Akteure müssen zur flexiblen Anpassung an wechselnde Örtlichkeiten in der Lage sein. Eine besondere Bindung an die dort lebenden Bevölkerungen ist üblicherweise nicht vorhanden, sie widerspricht ihren auf den Ortswechsel angewiesenen kommerziellen Interessen. Obwohl sie keine besondere Beziehung zu ihnen und ihrer Heimat zu haben brauchen, erleben ihre Anhänger sie paradoxerweise als ihre sehr stark emotional besetzen Repräsentanten. Wenn diese Spieler das Trikot des ortsansässigen Vereins tragen, akzeptiert sie das Lokalpublikum als »seine Männer« und identifiziert sich, wenn sie entsprechende Leistungen zeigen, in jedem Fall leichter mit ihnen, als es dieses mit erfolglosen einheimischen Aktiven tun würde. Sie spielen im Erleben ihrer Fans gewissermaßen stellvertretend für sie. Wenn sie ein Fußballspiel gewinnen, gilt für diese: »Wir haben gewonnen«, obwohl ihre eigene sportliche Leistungsfähigkeit dabei gar nicht im Spiel war. Das kommerzielle Fußballunternehmen, an das die meist von außerhalb kommenden Aktiven ihre Fähigkeiten für einige Zeit verkaufen, gilt den Fans als »ihr« Verein, dem sie sich mit heimatlich-familiären Gefühlen verbunden fühlen. Dies gilt, obwohl sie keineswegs seine Besitzer sind und selbst als normale Vereinsmitglieder praktisch keinen Einfluss auf die dort vom Management getroffenen Entscheidungen haben. Die enorme sozialpsychologische Bedeutung des Fußballsports ist also auf ein illusionäres Wir-Gefühl angewiesen, von dessen psychischer Aufladung die Fußballbegeisterung lebt. Mit dem Fußballkult ist ein illusionäres Gefühl des Dazugehörens verbunden, ohne das er seine Anziehungskraft nicht erlangen könnte.[2]

Was hier festgestellt wurde, gilt nicht nur für den professionell organisierten Ligafußball, es gilt auch auf ähnliche Art für den einer Fußballweltmeisterschaft. Die in einer international organisierten Unterhaltungsindustrie ohne besondere nationale Bindungen tätigen Fußballspieler verwandeln sich dort plötzlich in Repräsentanten eines nationalen Kollektivs, das im Zeitalter der politischen Europäisierung und wirtschaftlichen Globalisierung, die mit der Internationalisierung des Showgeschäfts, von Wissenschaft oder Mode verbunden ist, längst in Auflösung begriffen ist. Tendenziell der Vergangenheit angehörende nationalstaatliche Bindungen werden neu emotional aufgeladen; sonst eher international eingestellte Individuen verfallen einem eigentümlichen antiquierten Nationalismus, wenn sie mit »ihrer« Nationalmannschaft mitfiebern. Das von der Geschichte bereits weitgehend überholte Phantasma der Nation stiftet plötzlich wieder in verstärkter Weise Gefühle einer sozialen Nähe. Eine Globalisierung, die mit der ängstigenden Erfahrung verbunden ist, fremden, undurchschaubaren ökonomischen und politischen Mächten ausgeliefert und bloß noch eine oder einer unter Milliarden Menschen zu sein, begünstigt die regressive Flucht zum Nationalen. Dieses lebt davon, dass soziale Zusammenhänge unbewusst mit Fantasien und Wünschen verknüpft werden, die aus der familiären Sphäre stammen. Verbunden mit der Reaktivierung von im Unbewussten fortwirkenden emotionalen Bindungen an Eltern und Geschwister erlaubt das Nationale Gefühle der pseudofamiliären Verbundenheit[3]. Das Nationale soll helfen, sich in einer Gesellschaft zuhause fühlen zu können, in der die soziale Verwurzelung immer schwieriger wird und sich Menschen von der anonymen Kälte ökonomischer Prozesse und fehlender sozialer Solidarität bedroht fühlen. Dass das Nationale von der gesellschaftlichen Entwicklung immer mehr angegriffen wird, kann dazu führen, dass man es besonders verbissen verteidigt, weil man glaubt, ohne den seelischen Halt, den es verspricht, nicht leben zu können. Zum Glück kann die Tatsache, dass das Nationale von der Geschichte überholt wird, es aber auch mit sich bringen, dass es seine martialischen Züge, die mit dem Militärischen verbunden sind, tendenziell verliert, und sich dann, wie die Fußballweltmeisterschaft 2006 zeigte, auch mit einer Art »Partystimmung« verknüpfen lässt.

Die sozialpsychologischen Elemente dieser Art der fiktiven Gemeinschaftsbildung lassen sich mithilfe der psychoanalytischen Massenpsychologie verstehen.[4] Derartige Massenbindungen kommen Sigmund Freud zufolge dadurch zustande, dass sich Menschen mit Führerfiguren identifizieren, die an Stelle dessen treten, was die Psychoanalyse als Ich-Ideal bezeichnet. Sie erleben dann z. B. ihre sportlichen Idole als Figuren, die das erreicht haben oder können, was ihren eigenen unerreichten Idealen entspricht und nehmen so an ihren Erfolgen teil. Durch die Identifikation mit ihnen wollen sie sich, psychologisch betrachtet, mit ihren Helden in eins setzen: Der Fan, der ein Trikot mit der Nummer seines Idols trägt und ihn mit seinem Vornamen anfeuert, um Nähe zu ihm auszudrücken, bringt dies besonders deutlich zum Ausdruck. Die Identifikation von Vielen mit denselben Führerfiguren in Gestalt von Sportstars stiftet zugleich deren Identifikation untereinander. Verbunden mit ihren Fußballhelden können sich die Fans untereinander als emotional eng verbunden erleben, auch wenn sie sich sonst im Alltag fremd, gleichgültig oder gar feindlich gegenüberstehen. Unter dem Einfluss solcher Massenbindungen verändert sich das Verhalten und Erleben der Einzelnen. Bisher abgewehrte Triebregungen libidinöser und aggressiver Art können unter Reduzierung von Selbstkontrollen entscheidend an Einfluss gewinnen. Emotionen, die dem reibungslosen Funktionieren im Alltag geopfert werden müssen oder Wünsche von Einsamen nach dem Erleben psychischer Verbundenheit können in die kollektive Fußballbegeisterung eingebracht werden. Verdrängte Regungen homosexueller und heterosexueller Art können sich stärker Geltung verschaffen und so ein Bindemittel zu Spielern und anderen Zuschauern herstellen helfen. Das ungelebte Leben sucht im Stadion einen Ersatz. Eine besondere Bedeutung kommt dabei der lustvollen Freisetzung von Aggressivität zu, die man, identifiziert mit der »eigenen« Mannschaft, gegen deren Gegner und deren Anhänger richten kann. Dieser Gegner verstärkt zugleich den emotionalen Zusammenhalt der Fans. Es gilt »Wir gegen die«, ohne den »Feind«, der besiegt werden soll, gibt es keine »Gefühlsvereinigung im Stadion« (Bausenwein 2006, S. 21.)

Kollektive psychische Bindungen werden durch die architektonische Gestalt von Fußballstadien begünstigt, in denen Menschen wie in einer Art sozialem Uterus versammelt werden, der sie als Masse zu erzeugen hilft. Die Einfachheit der Spielregeln und die Überschaubarkeit des Platzes erleichtern es, sich ohne besondere intellektuelle Anstrengungen verbunden zu fühlen. Im Fußballstadion werden soziale Beziehungen vereinfacht; die komplexen sozialen Strukturen und Verhältnisse einer hochentwickelten westlichen Gesellschaft, die als entfremdet und undurchschaubar erfahren werden, können als außer Kraft gesetzt erlebt werden. Die am Fußballsport Interessierten können über ihn unschwer Kenntnisse erwerben, die das Gefühl vermitteln, Sachverstand zu haben und deshalb mitreden zu können, eine Erfahrung, die die Herrschaft von spezialisieren Experten in vielen Sphären der modernen Gesellschaft nicht mehr zulässt. Diejenigen, die sich sonst nichts zu sagen haben, können sich über Fußball unterhalten; die voneinander Isolierten empfinden sich als soziale Wesen. Die »Brüderlichkeit der Fußballarenen« liefert einen Ersatz für die Geschwisterlichkeit und Solidarität, zu der es Menschen nicht gebracht haben. Ein miterlebter Sieg der »eigenen« Mannschaft, kann wenigstens im Bereich der Phantasmen für kurze Zeit der Sehnsucht nach einer »besseren Welt« Erfüllung gewähren. Bereits 1928 schrieb der englische Schriftsteller J.B. Pristley: »Der Fußball verwandelte uns in Mitglieder einer neuen Gemeinschaft, in Brüder für eineinhalb Stunden, denn wir waren nicht nur jeder für sich der dröhnenden Maschinerie dieses armseligen Lebens entflohen, das sich zusammensetzt aus Arbeit, Löhnen, Mieten, Arbeitslosenunterstützung, Krankengeldern, Versicherungskarten, keifenden Frauen, kränkelnden Kindern, schlechten Chefs, faulen Arbeitern, sondern wir waren all diesem gemeinsam mit den meisten Kameraden und Nachbarn, mit der halben Stadt entronnen; und da waren wir nun, miteinander schreiend, einer dem anderen auf die Schulter schlagend, und tauschten untereinander unser Urteil aus wie die Herren dieser Welt, nachdem wir uns durch ein Drehkreuz den Weg in eine andere und weit prächtigere Art des Lebens erkämpft hatten« (zit. n. Bausenwein 2006, S. 289).

Die oben dargestellte, immer mehr wachsende soziale Distanz zwischen den Aktiven und den Zuschauern im bezahlten Fußball gefährdet die Identifikationen, auf denen Massenbindungen im Stadion beruhen. Deshalb muss der Besuch des Stadions, vor allem für den wachsenden weiblichen Anteil der Zuschauer, immer mehr den Charakter eines Events annehmen, bei dem auch andere Wünsche eingefangen und ökonomisch verwertet werden als die, die unmittelbar mit dem Fußball verbunden sind. Mithilfe von kommerziellen Werbestrategien, die mit einem wachsenden Einsatz von technischen Medien verknüpft sind, wird das Publikum immer mehr manipulativ vereinnahmt – zugleich möchte dieses jedoch das Gefühl haben, bei der Gestaltung des »Lebens« im Stadion, etwa bei der Gestaltung der Anfeuerungsrituale, noch eine wichtige selbstständige Rolle zu spielen. Vor allem sorgt der Starkult der Medien, der das Publikum ständig mit Berichten selbst über das Privatleben seiner Idole versorgt, für eine scheinbare Nähe zu ihnen, die es ermöglicht, dass die bedrohten Identifikationen mit ihnen nicht zerfallen. »Je mehr die Spieler in den Medien präsent sind, desto größer wird der Kult um die Stars. Die andere Seite des Stars ist der verehrende Fan, der beim Besuch des Trainings streng auf Autogramm-Distanz gehalten wird. Auch der normale kleine Fan vor dem Fernsehen ist Teil des Phänomens. Durch das in Großaufnahme abgefilmte Interview erhält er das Gefühl, dass er ›seinen‹ Star kennt, und die Nahaufnahme während des Spiels lädt ein zum Nacherleben seiner Verzweiflung, seiner Wut, seiner Empörung und seines Triumphes; und so nimmt noch der Bewohner des ärmlichsten Jugendzimmers, dessen Wände mit Postern bepflastert sind, ein wenig Teil an der weit entfernten Glitzerwelt« (Bausenwein 2006, S. 481f.). Während der Fußballweltmeisterschaft 2006 jubelten deutsche Fans »ihren« auf Großbildleinwänden erscheinenden Stars zu und feuerten sie an, als ob sie als reale Personen physisch anwesend wären. Das von den Medien erzeugte Bild wurde im Erleben mit der Realität gleichgesetzt. Zu den illusionären Bindungen, die der Showsport erzeugt, gehört die falsche Aufhebung der Differenz zwischen Schein und Wirklichkeit ebenso wie die zwischen Nähe und Distanz. Wesentliche Grenzen in der sozialen und psychischen Realität sollen außer Kraft gesetzt werden.

Im Stadion, und vermittelt über die Massenmedien auch anderswo, kommt es besonders zu einer kollektiven Identifikation mit den Aktiven einer erfolgreichen Mannschaft, die stark narzisstisch getönt ist. Sie soll eine bedrohte Selbstliebe stabilisieren und Kränkungen des Selbstwertgefühls vergessen machen. Wenn die »eigene« Mannschaft gewonnen hat, kann man sich selbst als Sieger fühlen und rauschhaft triumphieren – auch wenn man sonst im Alltag eher zu den Verlierern gehört. Auch die, die sonst keineswegs zu den Siegern gehören, können sich, musikalisch unterstützt, einbilden: »We are the champions.« Die sich selbst, verbunden mit »ihrer« Mannschaft, als die Größten feiern wollen, wollen damit nicht zuletzt die schmerzliche Erfahrung leugnen, dass es im Alltag oft kaum auf sie ankommt. Die Fußballbegeisterung hat ihren Grund letztlich darin, dass man sich, identifiziert mit erfolgreichen Spielern, selbst feiern kann, auch wenn man dazu sonst wenig Anlass verspürt. Der miterlebte Sporttriumph soll wenigstens für einige Zeit für die Niederlagen in den Rivalitätskonflikten des Alltags entschädigen; mit der Erfahrung von sozialer Ohnmacht verbundene narzisstische Kränkungen sollen durch ihn kompensiert werden. Mit der Zunahme gesellschaftlicher Krisentendenzen wächst die suchthafte Bindung an derartige Ersatzbefriedigungen. Diejenigen, die trotz aller Anstrengungen im alltäglichen Konkurrenzkampf zu den anonymen Verlierern gehören, die vergeblich viele Opfer im Kampf ums Überleben erbringen, denen ihr Alltag ständig viele Begrenzungen und allzu viel Langeweile auferlegt, suchen hierfür beim Fußballsport eine Kompensation: Sie wollen im Stadion, identifiziert mit ihren erfolgreicheren Idolen, die rauschhafte Entgrenzung einer kollektiven narzisstischen Himmelfahrt erleben. Der brasilianische Lyriker de Andrade verfasste 1970, beeindruckt von der rauschhaften Begeisterung der brasilianischen Bevölkerung nach dem Endspielsieg »ihrer« Auswahl während der Fußballweltmeisterschaft, eine Ode mit den Zeilen: »Plötzlich war mein Brasilien vereinigt, glücklich dass es bestand; es tauschte Tod, Hass, Armut, Krankheit, Elend gegen einen reinen Moment der Größe« (zit. n. Stürmer 1998, S. 174). Ein deutscher Fan, für den Fußball »das Leben« bedeutet, äußerte nach einem für »seine« Mannschaft wichtigen Sieg: »Das Gefühl beim Schlusspfiff, und da stehe ich auch zu, das kann dir keine Frau besorgen. Da gibt es nichts Vergleichbares« (zit. n. Biermann 2004, S. 147).

Solche mit einer im Stadion wirksam werdenden kollektiven Euphorie verbundenen Äußerungen sind aber nicht nur mit einem Massenideal verbunden, das die »eigenen« erfolgreichen Fußballstars verkörpern. Sie wurzeln, psychoanalytisch betrachtet, auch in der Fantasie eines idealen, »paradiesischen« Zustandes, in dem eine symbiotische Beziehung zu einem »Primärobjekt«, wie dem einer guten Mutter der Kindheit, illusionär wiederhergestellt werden soll, in der alle unlustvollen Seiten der Realität zum Verschwinden gebracht sind.

Die Euphorie, die in Deutschland während der Fußballweltmeisterschaft 2006, verbunden mit den überraschenden Erfolgen der deutschen Mannschaft, um sich griff, wurde in der Medienöffentlichkeit als Ausdruck der Spontaneität eines neuen, unverkrampften Nationalbewusstseins interpretiert. Aber diese nationale Emotionalisierung hat ihre Kehrseite in Gefühlen der Hilflosigkeit und des Versagens gegenüber gesellschaftlichen Krisenerscheinungen, die das soziale Bewusstsein in Deutschland ansonsten immer mehr bestimmen. Diese Euphorie zeigte Züge eines manischen Agierens, das der Abwehr depressiver Dispositionen dient, die mit einer Selbstverachtung verbunden sind, die aus lebensgeschichtlichen Niederlagen resultiert.[5] Der miterlebte Sporttriumph soll helfen, Bedrohungen des Selbstwertgefühls abzuwehren, die mit gesellschaftlichen Krisentendenzen verbunden sind. Deshalb ist es oft nur schwer erträglich, wenn man erleben muss, dass das »eigene« Team versagt und nicht die erhofften Siege erringt: Dies kränkt auf schmerzliche Art den kollektivierten Narzissmus. Wenn die Aktiven deshalb als idealisierbare Führerfiguren ausfallen, setzt das leicht eine Enttäuschungswut frei, die gegen die gegnerische Mannschaft und deren Anhänger oder den Schiedsrichter, der scheinbar die eigene Mannschaft benachteiligt hat, gerichtet werden kann. Sie kann sich auch gegen die versagende »eigene« Mannschaft richten, und schnell verwandeln sich dann Anfeuerungsrufe in Missfallensäußerungen, Hohngelächter und Verachtung. Am liebsten würde man dann oft zum erfolgreichen Gegner überlaufen, der eine narzisstische Identifikation eher zulässt.

Warum ist die Bindung an die illusionäre Welt des Fußballsports problematisch, obwohl sie doch seelische Entlastung verspricht?

In der Welt der kollektiven Fußballbegeisterung spielen Interessenkonflikte zwischen Armen und Reichen, ebenso wie solche zwischen Frauen und Männern oder solche zwischen den Generationen scheinbar kaum eine Rolle. Sie scheinen aufgehoben: Alle scheinen durch die gemeinsame Fußballbegeisterung vereint. Keine andere Sportart erfreut sich bei allen Bevölkerungsgruppen einer ähnlichen Beliebtheit. Aber notwendige soziale Veränderungen hin zu mehr Gerechtigkeit und mehr Mitspracherechten sind an die Austragung dieser Konflikte gebunden, ohne sie gibt es keinen wirklichen sozialen Fortschritt. Zugleich ist der Fußballbetrieb, der sozialen Zusammenhalt und jedem die gleiche Chance in einer fairen Konkurrenz des Sports verspricht, an die fragwürdigen Gesetze der bestehenden Machtordnungen gebunden. Besonders aufgrund seiner wachsenden Kommerzialisierung wird der Sport zunehmend an die Interessen von Firmen bzw. deren wohlhabende Eigentümer gefesselt. Die Träger ökonomischer Macht bestimmen damit auch entscheidend, was im Sport geschieht, und in den Führungsorganen der Vereine sind die unteren sozialen Schichten praktisch nicht repräsentiert. Auch wenn sich immer mehr Frauen als Zuschauerinnen und Aktive zum Fußballsport hingezogen fühlen, bestimmen sie kaum mit, wie er organisiert wird. Obwohl Fußball fast nur von Jüngeren gespielt wird, werden diese dabei von der älteren Generation gelenkt und verwaltet. In der Welt des Fußballsports aber scheinen solche Widersprüche keine Rolle zu spielen. Deshalb ist sie geeignet, sie zu verschleiern oder herunterzuspielen und damit die produktive Austragung von sozialen Konflikten zu erschweren.

Die bloß über Phantasmen vermittelte soziale Integration, die der organisierte Fußballsport anbietet, wird durch seine Verbindung mit den elektronischen Medien ungeheuer verstärkt. Das kann fatale Wirkungen zeitigen, wie das Beispiel Italiens zeigt. Dem Medienunternehmer Berlusconi gelang es dort mithilfe des Fußballsports an die politische Macht als Ministerpräsident zu kommen und auf demokratiefeindliche Art den Staat für seine privaten Interessen zu funktionalisieren. Berlusconi übernahm als Vorsitzender den maroden AC Mailand und machte ihn mithilfe seines privaten Vermögens zu einem international erfolgreichen Club. Dadurch erlangte er einen Ruf als fähiger Organisator und vor allem in Mailand, dem Zentrum der italienischen Wirtschaft, große Popularität. Zugleich sicherte er sich für seine privaten Fernsehkanäle die wesentlichen Übertragungsrechte für den bezahlten Fußball und trat dort immer wieder als großer Fußballexperte auf, was seine Popularität noch steigerte. Seine Sender verbinden darüber hinaus das Schüren der Fußballbegeisterung mit einem demagogischen, die eigenen dahinter stehenden Interessen verschleiernden Nationalismus. Diese Mischung ließ ihn und seine Clique erfolgreich Wahlen bestehen; ohne sie wäre er nie an die Macht gekommen. Auch in Deutschland könnte man mit dieser Mischung vielleicht bald leichter an die Macht kommen oder sie erhalten, wenn der naive, geschichtsblinde, fähnchenschwingende Nationalismus der Fußballweltmeisterschaft das Tor zu anderen Formen des Nationalismus öffnet und diese politisch organisiert werden.

2. Sport und Arbeit

2.1 Gemeinsamkeiten

Um das Wesen des modernen Sports zu verstehen, muss seine Beziehung zur Arbeit erhellt werden. Der moderne Sport entsteht in einer vom Kapitalismus geprägten Arbeitsgesellschaft. England, das Mutterland des industriellen Kapitalismus, ist deshalb auch das Mutterland des modernen Fußballsports als Leistungssport. Das moderne Fußballspiel hat Vorläufer in Kampfspielen vorindustrieller Gesellschaften, aber diese erhalten erst unter dem Einfluss des Kapitalismus ihre für die gegenwärtig praktizierte Sportart typische Gestalt.

»Die aus den Ballspielen hervorgegangenen Sportarten haben an Regeln, Disziplinforderungen und Sondermoral Züge des kollektiven Arbeitsdaseins umstrukturiert erhalten« (Gehlen 1965 S. 28). Das Prinzip der Konkurrenz gilt in beiden Sphären; das sportliche Leistungsprinzip verdoppelt in anderer Gestalt die Leistungsnormen der Arbeit; die Formen des Zusammenwirkens auf dem Fußballfeld sind mit den Kooperationsformen in Wirtschaftsunternehmen verwandt.[6]

Das Konkurrenzprinzip sorgt im Bereich der Arbeit, wie dem des Sports, für Einstellungen, die auf dem Willen basieren, dadurch mit Anerkennung und materiellem Gewinn verbundene Erfolge zu erzielen, dass man Andere durch bessere Leistungen übertrumpft. Der Leistungssport propagiert Einstellungen, die in der Konkurrenzgesellschaft Erfolg versprechen – dadurch wird er aber zugleich auch zu einer Schule des Misserfolgs. Der Drang, sich im sportlichen Wettbewerb erfolgreich zu behaupten, motiviert sehr Viele zu besonderen Anstrengungen, aber nur sehr Wenige erreichen das Ziel, von dem jugendliche Anfänger auf dem Rasen träumen, nämlich zu den Auserwählten einer Spitzenmannschaft zu gehören, die über unzählige Konkurrenten triumphiert haben.

Tabellenerster in einer Liga, Deutscher Meister oder Weltmeister können immer nur die Mitglieder einer einzigen Mannschaft werden, die zahllosen Mitglieder anderer Mannschaften gehören zu den Verlierern. In das Bemühen, sportliche Erfolge zu erzielen, werden deshalb von Vielen ungeheure Energien erfolglos investiert; Viele opfern ihm vergeblich ihre Lebenszeit und ihre Lebenskraft. Wer aus einem Mangel an Talent oder aus Alters- oder Gesundheitsgründen nicht mehr mitkommt, wird erbarmungslos aus der Konkurrenz ausgeschieden. Deshalb ist der Sportbetrieb nicht nur eine Schule des Erfolgs in der Leistungskonkurrenz sondern vor allem auch eine »Schule des Scheiterns«[7]. Den vielen anonymen Verlierern bleibt meist nur der Trost, sich mit den wenigen Siegern, die im Rampenlicht der Öffentlichkeit stehen, identifizieren zu dürfen und so auf illusionäre Art an ihren Erfolgen teilzuhaben. Als Schule des Scheiterns sozialisiert der organisierte Leistungssport Einstellungen, die dabei behilflich sind, Niederlagen auch anderswo klaglos hinzunehmen und sie dem eigenen Versagen zuzurechnen. Dass es auch mehr zusammenhaltstiftende körperliche Aktivitäten mit einem ausgeprägteren spielerischen Charakter geben könnte, die darauf aus sind, dass Viele eher zu ihrem Recht kommen und Schwächere eine besondere Förderung erfahren, wird darüber verdrängt.

Die ökonomische Rationalität einer kapitalistischen Ökonomie ist quantitativ ausgerichtet, Qualitäten werden in ihr weitgehend auf messbare Quantitäten reduziert. Das Steuerungsmedium Geld, das die Organisation ökonomischer Prozesse bestimmt, ermöglicht quantifizierende Tauschrelationen von Waren und, damit verbunden, quantifizierende Wertbestimmungen ökonomischer Größen. Ein kapitalistischer Betrieb ist darauf ausgerichtet, möglichst viel zählbaren Gewinn zu erzielen, indem er quantitativ bewertbare menschliche und sachliche Produktionsfaktoren möglichst effizient verwertet und dadurch das Vermögen seiner Eigentümer mehrt. Eine quantifizierende Rechenhaftigkeit erlaubt den Betrieben die systematische Kalkulation der Kapitalrechnung, mit der die Rentabilität der eingesetzten Produktionsfaktoren bestimmt wird. Zusammen mit der immer stärker wachsenden ökonomischen Bedeutung des quantitativ kalkulierenden internationalisierten Finanzkapitals gewinnen diese ökonomischen Zwänge des Quantitativen weltweit immer mehr an Bedeutung.

Von der Sphäre der Ökonomie ausgehend durchdringt die Diktatur des Quantitativen zunehmend alle Bereiche der Gesellschaft. Sie bleibt den ihr unterworfenen Menschen nicht äußerlich, sie prägt vielmehr immer mehr bewusst und unbewusst alle ihre Lebensäußerungen. Die Magie des Geldes als Wertmesser, die Bedeutung des Notensystems in der Schule oder der zunehmende Hang zu Ranglisten in allen sozialen Sphären ist ihr zu verdanken. Die Herrschaft des Quantitativen greift auf den Freizeitbereich und damit auch den Sport über. Für den Rekord, der im Mittelpunkt vieler sportlicher Aktivitäten steht und ständig gesteigert werden soll, gilt: »Er entspricht der in unserem Leben immer deutlicher hervortretenden Rationalisierung, als er vom Qualitativen absieht und allein das Messbare und Quantitative herausholt« (Gehlen 1965, S. 29)

Beim Fußballsport zeigt sich die Dominanz des Quantitativen in der besonderen Bedeutung der Zahl der Tore, die eine Mannschaft während eines Spiels erzielt oder hinnehmen muss, in der Bedeutung der Punkte, die sie für ihre Siege oder Niederlagen oder unentschieden gestalteten Spiele erhält, oder in der Bedeutung, die der Tabellenplatz für ein Team hat. Der durch das Punktekonto und die Tordifferenz festgelegte Rang in der Tabelle ist letztlich der einzige Maßstab, an dem die Leistung einer Mannschaft gemessen wird. An der Spitze einer Tabelle zu rangieren oder zumindest soviel Punkte zu erzielen, dass der Abstieg vermieden werden kann, ist das Ziel, auf das alle Betriebsamkeit ausgerichtet ist.

Die Leistung einzelner Spieler wird daran gemessen, ob sie zur Erreichung eines dieser Ziele beitragen können. Das Interesse am Quantitativen erlangt auch darüber hinausgehend, bezogen auf den Fußballsport, immer mehr an Bedeutung: Spieler werden von der Presse mit Noten bewertet oder Torschützen in Ranglisten untergebracht. Im bezahlten Fußball steigt das Ansehen eines Spielers nicht nur bei denen, die mit ihm Geld verdienen wollen, sondern auch bei den Fans, mit dem Verkaufswert, den er im Transfergeschäft erzielt hat bzw. erzielen könnte. Ein hoher, quantitativ ausdrückbarer Verkaufswert verleiht die Aura des Besonderen.

Die gesellschaftliche Dominanz des Quantitativen kommt auch in der Bedeutung einer quantitativ messbaren Uhrzeit zum Ausdruck, die möglichst optimal für die Erbringung bestimmter Leistungen genutzt werden soll. Ein Unternehmen, das Arbeitskräfte für eine bestimmte Zeit kauft, will diese während dieser Zeit möglichst intensiv verwerten, um mit ihrer Hilfe möglichst viel Gewinn zu erzielen. Die Herrschaft der Uhrzeit im Bereich der Ökonomie bringt eine permanente Beschleunigung aller Arbeitsvollzüge mit sich, die in alle übrigen Lebensbereiche ausstrahlt. Überall gewinnt das Leben an Hektik, nirgendwo hat man genügend Zeit. Für die der Diktatur der Uhrzeit Verfallenen wird Ruhe zur Bedrohung.

Auch im Bereich des Sports findet im Interesse des Erfolgs eine permanente Beschleunigung aller Aktivitäten statt. Es soll möglichst schnell möglichst viel vollbracht werden, um den Gegner zu übertrumpfen. Es wird nicht nur in Sportarten wie der Leichtathletik immer schneller gerannt, auch auf dem Fußballfeld sollen im Interesse des Erfolgs alle Bewegungen immer mehr beschleunigt werden.

Im modernen Kapitalismus sind kollektive kooperative Arbeitsvollzüge in den meisten Sektoren der Ökonomie vorherrschend. Verglichen mit einer gleich großen Summe von vereinzelten Arbeitsleistungen produzieren kombinierte Arbeitsleistungen meist einen höheren Nutzeffekt. Durch ihre Kombination können körperliche und geistige Fähigkeiten eine höhere Kraftpotenz erlangen und zeitliche und räumliche Möglichkeiten können intensiver genutzt werden. Die Bindung in einer Gruppe kann soziale und psychische Abhängigkeiten schaffen, durch die die Arbeitsmoral erhöht wird. Wirtschaftsunternehmen sind bestrebt, sich die gesteigerte Produktivkraft kooperativer Arbeit dienstbar zu machen, um ihre Profitchancen zu erhöhen.

Dass Mannschaftssportarten für Aktive und Zuschauer eine besondere Anziehungskraft ausüben und der Fußballsport deswegen besonders viele Anhänger hat, ist der Dominanz kooperativer Arbeitsvollzüge in der Wirtschaft zu verdanken. Im Fußballsport kehren Elemente dieser Arbeitsvollzüge in anderer Gestalt wieder, beide sind auf das leistungsbezogene Zusammenwirken in Gruppen ausgerichtet. Kooperation beinhaltetet in beiden Sphären, dass individuelle Aktivitäten unmittelbar durch Andere bedingt und auf diese ausgerichtet sind, und zwar so, dass sich der Einzelne im Vollzug seines Tuns ausdrücklich auf seine kooperative Aufgabe einstellen muss. Der Ball, als ideales Medium des Zusammenwirkens in Sportgruppen, lässt Kooperationsformen zu, die sich in Anlehnung an Prozesse in der Wirtschaft rationalisieren lassen. Hier wie dort wird im Interesse der Leistungssteigerung versucht, Kräfte zu bündeln und das Zusammenwirken in Raum und Zeit immer intensiver zu gestalten.

Unter dem Zwang zur Rationalisierung der Kooperation unter sich verändernden technischen Voraussetzungen werden heute in der Arbeitssphäre der Tendenz nach Gruppen mit standardisierter Funktionsausübung in starr festgelegte Rollen immer mehr durch flexibel zusammenwirkende Teams mit wechselnder Aufgabenteilung ersetzt. Die sich verändernden Spielsysteme, Strategien und Taktiken, die auf dem Fußballfeld Anwendung finden, entsprechen diesem Wandel[8]. Die früheren Spielsysteme begünstigten lange Zeit ein ausgeprägtes Spezialistentum. Abwehr und Angriffsaufgaben wurden durch sie getrennt und Rollen innerhalb der Verteidigung, im Mittelfeld und im Sturm längerfristig festgelegt. Die Position eines jeden Spielers legte einen räumlich begrenzten Aktionsradius, eine bestimmte Funktion in der Mannschaft oder bei »Manndeckung« die Orientierung auf einen bestimmten Gegenspieler fest. Seit den 60er Jahren des letzten Jahrhunderts wurden die Nachteile einer zu einseitigen Spezialisierung sichtbar. Die Trainer begannen deshalb den Typ des »Allroundspielers« zu entwickeln. Alfredo di Stefano, der damals als weltbester Fußballer galt, äußerte 1962 zutreffend: »Der Fußballer der Zukunft muss in der Lage sein, auf jedem Mannschaftsposten spielen zu können. Er kann weder Verteidiger noch Läufer noch Stürmer allein sein, sondern er muss den ›Allround-Spieler‹ verkörpern, der sowohl im Angriff wie in der Verteidigung seinen Mann steht« (zit. n. Palfai 1963, S. 8).

Dieser neue Spielertypus ist zwar sehr viel vielseitiger einsetzbar als sein Vorgänger, er erhält aber damit keineswegs automatisch eine größere Dispositionsbefugnis als dieser. Seine Vielseitigkeit erlaubt es den Trainern vielmehr, ihn in komplexere taktische Varianten einzuplanen und mit stärker wechselnden Aufgaben zu betrauen. Die Entspezialisierung ermöglicht eine umfassendere Nutzung des Raumes auf dem Spielfeld und ein verbessertes »Timing«, also eine exaktere Regelung des Spieltempos und seiner Wechsel.[9] Eine immer gründlichere taktische Schulung der Spieler bietet die Möglichkeit, Teams viel genauer auf den jeweiligen Gegner einzustellen. Wie im Bereich der Arbeit gilt damit auch auf dem Sportfeld das Gebot der Flexibilität. Der »flexible Mensch« ist der Sozialcharakter, den man überall in der Kultur des »neuen Kapitalismus« anstrebt.[10] Ein erfolgreicher Spieler muss nicht nur in der Lage sein, in seinem Team wechselnde Aufgaben zu übernehmen, er muss darüber hinaus zu häufigeren Vereinswechseln fähig sein und sich dabei wechselnden Umständen anpassen können. Die Internationalisierung des Spitzensports verlangte es, sich auch in fremden Umgebungen rasch zurechtfinden zu können, um neuartigen sportlichen und sozialen Herausforderungen gewachsen zu sein.

Auch die Autoritätsverhältnisse am Arbeitsplatz tauchen im Fußballbetrieb in gewandelter Form wieder auf. Sowenig diejenigen, die vom Verkauf ihrer Arbeitskraft leben, deren Einsatz selbstständig gestalten können, sowenig bestimmen beim Leistungssport die Fußballer autonom über die Art der Verwendung ihrer sportlichen Fähigkeiten. Vor allem der Trainer gibt hier das Kommando. Sein Tun wiederum wird von Managern, Betreuern, Sportwissenschaftlern, Ärzten und Psychologen beeinflusst. Während einer bestimmten Zeit wird ein Spieler oder ein Team von ihnen auf ein bestimmtes Ziel hin »aufgebaut«, wie ein Wirtschaftsbetrieb auf eine optimale Produktionsleistung. Durch das Training wird das Tun der Spieler auf eine Art rationalisiert, die mit Prozeduren in der Wirtschaft verwandt ist: Nicht zufällig spricht man in der Trainingslehre des Fußballsports von »Ballarbeit«, »Laufarbeit« oder »Konditionsarbeit« und bringt damit die Verwandtschaft der Aktivitäten mit denen der Arbeitssphäre zum Ausdruck: Ein Trainer sagt nach einem erfolgreichen Match: »Wir haben gute Arbeit abgeliefert.«

Bewegungsabläufe werden im Training automatisiert, Kombinationen habitualisiert, Problemlösungen gespeichert oder Aktivitäten vernetzt. Verdeckt durch den Persönlichkeitskult, der mit den Stars betrieben wird, werden Menschen in ein »Spielermaterial« verwandelt, das gelernt hat, sich auf hohem technischen Niveau zu maschinisieren und zu automatisieren. Die Sprache des Sports gibt hierüber Auskunft: Ein Spitzenspieler demonstriert eine »perfekte Technik«, das Spiel einer erfolgreichen Mannschaft ähnelt einer »gut geölten Maschine«.

2.2 Widersprüche

Nur als Bruder der kapitalistisch formbestimmten Arbeit erlangt der moderne Sport seine besondere Bedeutung. In ihm reproduzieren sich Elemente dieser Arbeit in anderer Gestalt, offenkundig und im Verborgenen. Der Sport ist aber nicht nur dadurch an die Arbeit gebunden, dass er sie in vielerlei Hinsicht verdoppelt, er hat auch die Aufgabe, ihre Belastungen zu kompensieren und muss deshalb auch anders als sie sein. Er muss einen Ausgleich für sie schaffen, der sie zu ertragen erlaubt und ihr auch auf diese Art angemessen ist. Die Elemente des Sports, in denen sich die typische gesellschaftliche Arbeit verdoppelt, sind deshalb mit anderen Elementen verbunden, die in einem Widerspruch zu ihr stehen. Wäre der Sport nur Fabrik- oder Büroarbeit in anderer Gestalt, würde er kaum seine ungeheure Faszination ausüben. Er muss etwas anderes als sie versprechen!

Beim organisierten Fußballsport wird das Tun der Aktiven vielfältigen Regelungen unterworfen, die den Leib verdinglichen. Trotzdem erlaubt er sehr viel umfassendere Körpererfahrungen als die typische Berufsarbeit, die den Körper bei der Kopfarbeit negiert und bei der Handarbeit meist nur sehr einseitig belastet.

Sportliche Erfolge sind tendenziell planbar, aber dies nicht in einem Ausmaß wie zum Beispiel die Ergebnisse von industriellen Produktionsprozessen, die freilich im Kapitalismus auch mit den Unwägbarkeiten des Marktes verbunden sind. Trotz aller Reglementierungen gibt es beim Fußballsport Spielräume, die sich unterschiedlich nutzen lassen, und so einzelnen Spielern, Trainern oder Mannschaften eine besondere Profilierung erlauben. Beim Fußball spielen Unwägbarkeiten, die zu überraschenden Ergebnissen führen können, eine Rolle, die einen Teil des Reizes dieses Spiels ausmachen. Niederlagen folgen auf Siege und Siege auf Niederlagen. Das verleiht dem Sportbetrieb eine Dramatik, die sich mit fortlaufenden Erzählungen verknüpfen lässt, und welche in der Sphäre des beruflichen Alltags der meisten Menschen so kaum auftaucht.

Die Beherrschung des runden Leders mit dem Fuß kann auch den vollkommensten Athleten nicht immer gelingen. Die Ballannahme, das gerichtete Treten bei der Ballabgabe oder das Dribbling stellen, besonders unter der Einwirkung des Gegners, hinsichtlich der Körperbeherrschung oft nicht erfüllbare Anforderungen an die Spieler oder erlauben diesen eine besondere Profilierung durch Leistungen in Grenzbereichen. Die Spieler sollen aber nicht nur möglichst den Ball unter Kontrolle halten, sie müssen sich zugleich auch auf die oft überraschenden Aktionen ihrer Teamkameraden und Gegner einstellen, was nicht immer gelingen kann. Deshalb kommt es während eines Fußballspiels immer wieder zu einem Hin und Her zwischen den gegnerischen Mannschaften, das mit einem Spannungsaufbau und dem Lösen von Spannungen durch geglückte oder missglückte Aktionen verbunden ist. Das Fußballtraining erlaubt es zwar, die Ballbeherrschung und das Zusammenspiel einer Mannschaft sehr planvoll zu üben, aber die antrainierten Fähigkeiten müssen während des Wettkampfs in einer Vielzahl von Variationen abgerufen werden, die vorher nicht genau vorhersehbar sind. In gewisser Weise wiederholt sich zwar auf dem Fußballfeld wie im Bereich der Arbeit das immer Gleiche, aber es tritt auf dem Rasen in spannungsreicheren, rasch wechselnden Konstellationen auf und erlaubt es so, in der Sportöffentlichkeit besondere Talente beim Nutzen von Spielräumen zur Schau zu stellen. Ein Fußballspiel wird also nur als attraktiv erfahren, wenn es, trotz seiner Verwandtschaft mit der Arbeit, als Kontrasterfahrung zur Monotonie vieler Formen der Berufsarbeit erlebt werden kann.

Dass der Sport in manchem anders als die Arbeit sein muss, um nach Feierabend attraktiv zu sein, zeigt sich schon daran, dass bei der populärsten Sportart, dem Fußballsport, der Ball mit dem Fuß bewegt wird, obwohl es an sich näher liegen würde, ihn mit der Hand zu bewegen, weil er durch sie leichter zu beherrschen ist. Die absichtliche Berührung des Balles mit der Hand aber ist den Feldspielern während des Spiels auf dem Spielfeld nicht erlaubt, er darf von ihnen nur mit dem Fuß, dem Kopf und dem Rumpf bewegt werden. Die Hand, die während der Berufsarbeit ein Werkzeug hält oder Maschinen und technische Apparate bedient, wird nach der Arbeit beim Fußballsport mit einer Art Tabu versehen. Das schafft Distanz zu arbeitenden Händen. Vieles spricht dafür, dass der Fußballsport in seinen Anfängen auch deshalb bei der Jugend der Oberschicht besonders populär war, weil er Distanz zur proletarischen Handarbeit ausdrückte. Später faszinierte er wohl die mit den Händen arbeitenden Arbeitermassen unbewusst auch durch das Versprechen, Distanz zu ihrer leidvollen Arbeit zu schaffen.

Weil der Sport auch Elemente aufweist, die ihn in einen Gegensatz zu den typischen Formen der Arbeit bringen, wird von seinen Anhängern leicht seine Nähe zur Arbeit übersehen. Dieser Täuschung unterliegen insbesondere diejenigen, die als Zuschauer nur Konsumenten des Fußballsports sind. Sie sehen im Stadion, wenn das Spiel in ihrem Sinn abläuft, wie die Athleten scheinbar mühelos den Ball in ihren Reihen »tanzen« lassen, raffinierte Pässe schlagen oder artistische Luftsprünge vollführen, die die Gesetze der Schwerkraft hinter sich zu lassen scheinen. Dass diesen Fähigkeiten der Aktiven langjährige, oft ungeheuer qualvolle Dressurleistungen und den Körper mechanisierende monotone Zurichtungen zugrunde liegen, tritt den Zuschauern während des Wettkampfs meist kaum ins Bewusstsein. Die Zuschauer erleben das Spiel zumeist als wesentlich spontaner als es in Wirklichkeit ist, weil sie nicht zugegen sind, wenn im Training die Automatisierung der Körper erfolgt, die der Wettkampf eher scheinhaft als real hinter sich zu lassen erlaubt. Der Leistungssport ist als

Bruder der entfremdeten Lohnarbeit besonders geeignet, für deren Zwänge einzuschulen, weil man in seinem Reich deren Leistungsnormen nicht offen sichtbar und mit Lust verbunden scheinbar freiwillig auf sich nimmt.

2.3 Spiel und Arbeit

Wie kommt es zu einer immer ausgeprägteren Verwandtschaft zwischen dem organisierten Fußballsport und der Arbeit, indem er ihre Zwänge in anderer Gestalt verdoppelt und zugleich als Kompensation an sie gefesselt bleibt? Je mehr der Sport von den Gesetzen des Marktes durchdrungen wird, desto mehr verwandelt sich Sport tendenziell in Arbeit. Die Spitzenfußballer werden zu Verkäufern ihrer sportlichen Leistungsfähigkeit als einer Ware, die sie Fußballunternehmen zur Verwertung anbieten, welche den Regeln des Marktes unterworfen sind. Für sie wird Fußballspielen zum Beruf. Damit nehmen sportliche Aktivitäten offen sichtbar oder auch nur insgeheim immer mehr Züge von Aktivitäten an, die ansonsten in der beruflichen Arbeitswelt abverlangt werden. Ihre Ökonomisierung, ihre Fremdbestimmung durch institutionelle Reglementierungen, ihre Verplanung durch Experten oder ihre Durchdringung durch ein gnadenloses Konkurrenzprinzip wachsen ständig. Da der kommerzielle Fußballsport – nicht zuletzt durch die Vermittlung der Massenmedien – auf den gesamten Fußballbetrieb ausstrahlt, der dadurch zu einer Art Unterbau von diesem wird, findet er an ihm gewissermaßen sein »ideales Modell«.

Die Verwandtschaft von Sport und Arbeit wird Aktiven und Zuschauern aber keineswegs nur »von außen« durch eine immer ausgeprägtere Kommerzialisierung des Sports aufgezwungen. Sie wurzelt vor allem in den Zwängen einer Arbeitsgesellschaft, die durch die berufliche Alltagspraxis und ihr vorhergehende familiäre, schulische und außerschulische Lernprozesse seelisch und körperlich so verinnerlicht wurden, dass es auch in der Freizeit vor ihnen kaum ein Entrinnen gibt. Muße, Ruhe, Gelassenheit werden dadurch auch in der Freizeit von einer angestrengten Betriebsamkeit verdrängt, deren Kehrseite eine erschöpfte Apathie darstellt, die auf permanente Reize von außen angewiesen ist, um einem Gefühl der Leere zu entkommen.

Wo Arbeit den Charakter von lebenslanger, oft sehr leidvoller fremdbestimmter Zwangsarbeit annimmt, die man auf sich nehmen muss, um die eigene Existenz reproduzieren zu können, verankert sie einen Wiederholungszwang in der Psyche, der auch da zur Geltung kommt, wo man glaubt, ihrer Diktatur entkommen zu sein. Selbst in dem, was als Spiel erscheint, kehrt dann die Arbeit in anderer Gestalt wieder.

Das Fußballspiel gilt, wie sein Name im Deutschen ausdrückt, als Spiel. Als Spiel gelten aber den meisten Theoretikern nur solche Aktivitäten, die sich einem Reich der Freiheit zuordnen lassen, das den Zwängen der Arbeitswelt nicht unterworfen ist und so in einem Kontrast zu ihr stehen.

Für Kant zum Beispiel ist die Freiheit von Zwecken eines der Hauptkriterien des Spiels. Im Gegensatz zur Arbeit, die man »einer anderen Absicht wegen unternimmt«, gibt man sich dem Spiel hin »ohne weiter einen Zweck dabei zu beabsichtigen« (zit. n. Scheuerl 1965, S. 70). Für Herbert Spencer gilt: »Die Tätigkeiten, die wir Spiel nennen, kommen mit den ästhetischen Tätigkeiten darin überein, dass weder die einen noch die anderen irgendwie unmittelbar zu dem Leben förderlichen Prozessen beitragen« (Spencer 1897, S. 628). Im Sinne solcher Gedanken gilt für den Spielenden: »Er macht Ferien von der Wirklichkeit« (Erikson1968, S. 207). Eine solche Utopie des Spiels ist kaum zu realisieren und wird sicherlich nicht im Bereich des organisierten Leistungssports verwirklicht. Sie hat allenfalls dort noch einige Geltung, wo der Fußball als privatisierter Rest im Bekanntenkreis gespielt wird.

Eine enge psychologische Verknüpfung zwischen modernen Sportspielen und Arbeit lässt sich hingegen deutlich machen, wenn man eine bestimmte Variante der psychoanalytischen Theorie des Kinderspiels nutzt, die von Waelder im Anschluss an Freud entwickelt wurde[11], und sich auch auf die Spiele der Erwachsenen übertragen lässt. Diese lässt zugleich eine Erklärung der an sich verwunderlichen Tatsache zu, dass sich Menschen nach Feierabend beim Sport »freiwillig« oft sehr belastenden Leistungsnormen unterwerfen, die denen der Arbeitswelt in vielem verwandt sind.

Die beim Sport wirksame, undurchschaute Fesselung an die Zwänge der Arbeit lässt sich mit ihrer Hilfe als Ausdruck von unbewusst wirksamen psychischen Zwangsmechanismen erklären, die an diese fixieren. Auf die Art dieser Fixierung kann diese psychoanalytische Theorie des Kinderspiels Hinweise geben. Sie betont, dass das Spiel der Kinder meist keineswegs schlicht ein freies, lustvolles Tun ist, Kinder werden zu diesem vielmehr zu weiten Teilen durch innerliche Zwänge getrieben, um Ängste und Traumatisierungen zu bewältigen. Sie suchen mithilfe des Spiels das psychisch zu integrieren, was sie besonders berührt hat und sie zu überwältigen droht. Freud bemerkt: »Man sieht, dass die Kinder alles im Spiel wiederholen, was ihnen im Leben großen Eindruck gemacht hat, dass sie dabei die Stärke des Eindrucks abreagieren und sich sozusagen zu Herren der Situation machen« (Freud 1972, S. 14f.).

Das Spiel der Kinder kann zu einer sehr zwanghaften Übung werden, in ihm kann es zu einer stereotypen Reproduktion des immer Gleichen kommen, die es dem Ich der Kinder erlauben soll, unlustvolle Erfahrungen durch ihre ständige Reinszenierung psychisch unter Kontrolle zu bringen. Das Kind reproduziert aktiv, ohne unmittelbaren äußeren Zwang, was es vorher auf belastende Art passiv über sich ergehen lassen musste, um es so durch psychische Bindung ertragen zu lernen. Ihre aktive Reproduktion soll dem Kind eine Art Gewöhnung an bedrohliche Affektlagen erlauben. »Indem das Kind aus der Passivität des Erlebens in die Aktivität des Spielens übergeht« (ebd., S. 15), sucht es die Realität psychisch zu meistern, Wenn es sich zum Beispiel dem ängstigenden Zahnarzt passiv ausgeliefert fühlte, spielt es nachher einen Zahnarzt; wenn es sich von Autos im Straßenverkehr bedroht fühlte, fantasiert es sich beim Spiel als Autofahrer, der seinen Wagen beherrscht.

Das Kind verfällt also beim Spiel einem Wiederholungszwang, der es dazu bestimmt, belastende Realitätseindrücke zu reproduzieren, um mit ihnen umgehen zu lernen. Diese zwanghaften Verdoppelungen sind aber, zumindest bei einem gesunden Kind, mit Elementen der Freiheit verknüpft, die es erlauben, sie unter Beibehaltung ihrer wesentlichen Elemente umzugestalten und dabei Passivität in Aktivität zu verwandeln. Mit dem Zwang, der in das Spiel einfließt, müssen also Gestaltungsmöglichkeiten verknüpft werden können, wenn es eine entlastende Funktion bei der Realitätsbewältigung erfüllen soll. Aktive Wiederholung von vorher eher passiv Erlittenem, verbunden mit der Möglichkeit, es durch eigene Gestaltungsmöglichkeiten auf entlastende Art umzustrukturieren, kennzeichnet Freud bzw. Waelder zufolge das Kinderspiel.

Diese Feststellungen lassen sich tendenziell auf den Sport übertragen, um seine Beziehung zur Arbeit zu klären. Beim Sport werden aktiv belastende Elemente der Arbeit reproduziert, denen man sich in ihrer Sphäre auf fremdbestimmte Art ausgeliefert fühlte. Diese leidvollen Arbeitserfahrungen, oder ihre Vorläufer, z. B. in Gestalt von unlustvollen Schulerfahrungen, die in den Sport eingehen, werden dadurch psychisch erträglicher gemacht, dass sie in seiner Sphäre, unter der Nutzung von Gestaltungsmöglichkeiten, die die fremdbestimmte Arbeit nicht zulässt, in umstrukturierter Art und Weise bearbeitet werden können.

Der Sport verlängert also die Arbeit nicht einfach, er verdoppelt sie durch eine Übersetzung in seine bereichsspezifische Logik, die Elemente einer freieren Gestaltung offen lässt. Je unfreier aber die Arbeit wird, je mehr sie dem stummen Zwang der Ökonomie gehorchen muss und je mehr der Sport zugleich den Gesetzen der Ökonomie unterworfen wird, desto größer ist die Wahrscheinlichkeit, dass diese dem Sport immer mehr ausgetrieben werden, ohne dass dies seine Akteure zu merken brauchen. Den Spielen der Erwachsenen ist die Kreativität meistens abhanden gekommen, mit denen sich gesunde Kinder in ihren Spielen noch gegen die Zumutungen der Realität zu wehren suchen.

3. Fußballbegeisterung und festgefahrene Adoleszenz

Im Folgenden soll in einer entwicklungspsychologischen und erziehungswissenschaftlichen Perspektive auf die Verbindung von Adoleszenz und Fußballbegeisterung hingewiesen werden. Die Masse derjenigen, die heute im Bereich des Fußballsports aktiv sind, ist dieser Altersstufe zuzurechnen. Dabei wird auch auf die positiven Sozialisationsmöglichkeiten eingegangen, die der Sport potenziell in sich trägt, aber zugleich vor allem versucht, deutlich zu machen, dass der Fußballsport in seiner heute vorherrschenden Gestalt während der Adoleszenz eine durchaus problematische Rolle zu spielen vermag. Die Analyse bezieht sich vor allem auf männliche Adoleszente, für die der Fußballsport typischerweise eine besondere Rolle spielt. Die neue Rolle, die er für weibliche Jugendliche spielt, würde eine eigene Analyse verlangen.

Während der Adoleszenz, der Phase zwischen Kindheit und Erwachsensein, haben Jugendliche bestimmte Entwicklungsaufgaben zu bewältigen. Sie müssen sich von der Herkunftsfamilie ablösen. Sie müssen eine sexuelle Identität als Frau oder Mann finden, in der sie ihre neu erwachten sexuellen Regungen unterbringen können. Sie müssen einen Zugang zur Sphäre der Arbeit und des Berufs suchen. Sie sollten lernen, einen Zugang zum Sozialen jenseits der Familie zu finden und sich dem sozialen Engagement im Bereich der Kultur und der Politik zu öffnen. Dabei kann der Fußballsport unter bestimmten Umständen behilflich sein.

Der Fußballsport stellt eine Art Initiationsritus zur Verfügung, der einen Zugang zur erwachsenen Männlichkeit verspricht. Die Ablösung von der Familie, und dabei besonders die von der Mutter, kann durch die Bindung an eine Gruppe männlicher Jugendlicher, die gemeinsam Sport treiben, erleichtert werden. Was als Männlichkeit gilt, die sich vom Weiblichen absetzen will, wird nicht zuletzt mithilfe dieses Sports vermittelt, der traditionell als Männersport gilt oder zumindest galt. Zusammen mit dem Vater ein Fußballstadion besucht zu haben, gilt Vielen als eine »Urerfahrung« ihrer Männlichkeit. Züge des »weichen, weinerlichen Weiblichen« am eigenen Selbst, die mit der Beziehung zur Mutter verknüpft sind, sollen mithilfe des »robusten männlichen Einsatzes« auf dem Sportplatz abgewehrt werden. (Auf die fragwürdigen Züge dieses Bemühens soll später hingewiesen werden.)

Das gemeinsame Fußballspielen in der Gruppe der Jugendlichen kann bornierten egozentrischen Einstellungen entgegenwirken, es kann z. B. Einzelkindern dabei helfen, zu lernen, eigene Interessen den gemeinsamen Interessen einer Gruppe einzufügen. In Kampfspielen, wie dem Fußballsport, kann man eine gewisse Robustheit erwerben, die für das Überleben in der bestehenden Gesellschaft notwendig ist. Da das Kämpfen auf dem Fußballplatz an Regeln gebunden ist, kann man dort lernen, aggressives Verhalten Regeln zu unterwerfen. Man kann ganz allgemein die Notwendigkeit erkennen lernen, sich im Zusammenleben an Regeln zu orientieren, die helfen können, es zu meistern.

Das sportliche Gebot der Fairness kann helfen, zu vermitteln, den Gegner nicht als Feind zu betrachten, der keinerlei Rücksichtnahme verdient. Wo, wie etwa in Slums, jede soziale Ordnung zu zerfallen droht, kann der Sport Jugendlichen einen letzten sozialen Halt geben, der vor Asozialität und Kriminalität bewahrt. Jugendliche verschiedener nationaler Herkunft oder aus verschiedenen sozialen Schichten können sich bei gemeinsamen sportlichen Aktivitäten kennen und respektieren lernen. Die Internationalisierung des Sportbetriebs kann helfen, den Horizont zu erweitern, indem man durch ihn mit fremden Ländern und Menschen in Kontakt kommen kann. Der Fußballsport kann also, wie diese Beispiele zeigen, unter günstigen Umständen, bei Jugendlichen Lernprozesse hin zu wünschenswerten sozialen Einstellungen und Verhaltensweisen anstoßen. Dazu benötigen diese aber, trotz der Bindung an Regeln des Sports, offene soziale Räume, die eigene Gestaltungsmöglichkeiten zulassen. Dazu müssen sie sich z. B. der Tyrannei eines vom Spitzensport herkommenden übersteigerten Leistungsprinzips und der mit ihm verbundenen Kommerzialisierung und vorgeplanten Verregelung ihres Sports entziehen können, was leider immer weniger möglich ist.

Das, was unter günstigen Umständen an Positivem mit dem Fußballsport verbunden werden kann, wird aber heute im organisierten Sport allzu leicht mit Elementen verknüpft, die dafür sorgen, dass jugendliche Lebendigkeit und das in den Jugendlichen vorhandene kreative Potenzial eingefroren werden, wodurch der Sport zu einer Schule der Unmündigkeit wird. Auf diese negativen Elemente, die ins Freiere führende Lernprozesse blockieren, soll im Folgenden hingewiesen werden.

Sinnvolle soziale Neuerungen, ebenso wie gelingende Entwicklungsprozesse von Jugendlichen, verlangen nicht zuletzt, dass die jüngere Generation etwas anderes will als die ältere Generation: Die Jugend kann zum Motor einer besseren Zukunft werden und sich dabei selbst entwickeln, wenn sie sich dem widersetzt, was in der Gesellschaft Gültigkeit hat, weil es von Erwachsenen vorgeschrieben wird.

Notwendige gesellschaftliche Veränderungen sind fast immer daran gebunden, dass jüngere Menschen Anderes, Besseres, Gerechteres wollen als Ältere und deshalb neue Regeln und neue Ordnungen für ihr Leben suchen. Es gibt keine wirkliche gesellschaftliche Erneuerung und mit Ablösungsprozessen verbundene psychische Reifungsprozesse bei Einzelnen ohne eine gelingende Austragung des Generationskonflikts. Im Bereich des Fußballsports aber wird dieser weitgehend neutralisiert. Die Jugendlichen verweigern sich dort tendenziell den für ihre Reifungsprozesse notwendigen, konflikthaften Auseinandersetzungen mit der älteren Generation. Die Regeln beim Fußballsport werden Jugendlichen von älteren Männern vorgegeben. Diese ordnen als Trainer oder Funktionäre an, was Jüngere auf dem Spielfeld zu tun und zu lassen haben, und die Jugendlichen fügen sich dem aus Karrieregründen. Notwendige kämpferische Energien in der Auseinandersetzung mit den Älteren werden in Kämpfe mit dem sportlichen Gegner verschoben und verlieren dadurch ihre Sprengkraft.

Die Verweigerung eines notwendigen Generationskonflikts ist freilich auch der älteren Generation geschuldet. Wo Ältere immer mehr gezwungen werden, sich wirtschaftlicher Fremdbestimmung zu unterwerfen und, etwa als Arbeitslose, Bettelhaltungen gegenüber dem Staat anzunehmen, bleiben sie leicht an fragwürdige unreife Persönlichkeitsanteile fixiert. Ihnen misslingt dann ein mit Mündigkeit verbundenes wirkliches Erwachsensein, und sie fallen damit als Widerpart für Jugendliche weitgehend aus.

Im Bereich des Sports legt der Jugendwahn von Älteren, die mithilfe übersteigerter sportlicher Aktivitäten ihr Altern vertuschen wollen, davon Zeugnis ab. Wo erwachsene Männer, mit Fanartikeln verkleidet, mit einem Bierernst ins Fußballstadion pilgern und dann auch noch glauben, sie seien lustig, zeigt das ihren Wunsch, in der Adoleszenz zu verharren oder zu ihr zurückzukehren.

Zur Adoleszenz gehört das Bemühen um das Finden einer den eigenen Bedürfnissen und Wünschen angemessenen heterosexuellen oder auch homosexuellen geschlechtlichen Identität. Im Bereich der Heterosexualität muss die schwierige Annäherung an das andere Geschlecht versucht werden. Ein gelingendes Experimentieren mit Geschlechterrollen kann dabei neue Erfahrungsmöglichkeiten und Räume des Wünschens und Verhaltens eröffnen. Bevor die männlichen Jugendlichen sich dem anderen Geschlecht zuwenden, zeigen sie eine Tendenz, sich Gruppen von Jugendlichen des gleichen Geschlechts anzuschließen.

Die männliche Peergroup soll die schwierige Konfrontation mit dem anderen Geschlecht hinausschieben, die Bindung an sie lebt nicht zuletzt von der Angst, die mit der heterosexuellen Erotik verknüpft ist. Die Jugendkultur, die mit dem Fußballsport verknüpft ist, kann dazu beitragen, in dieser Phase stecken zu bleiben. Sie sucht als männliche Kultur kein Experimentieren mit Geschlechterrollen, das auf ein freieres Verhältnis zum anderen Geschlecht aus ist.

Der Rausch, der in Verbindung mit der Fußballbegeisterung gesucht wird, lebt nicht zuletzt von der Angst vor den rauschhaften sexuellen Leidenschaften, die das Verhältnis von Männern und Frauen mit sich bringen kann. Beim Leistungssport lernt man vor allem, den Körper zu beherrschen, aber nicht, wie es der sexuelle Genuss verlangt, sich ihm hinzugeben. Die »männliche Härte« gegen sich und andere, die beim Fußballsport gelehrt wird, kann als Panzer gegen die Verführungskraft benutzt werden, die vom Weiblichen ausgeht, das schwach machen kann. Deshalb kann man mit seiner Hilfe die Flucht vor der Erotik organisieren.

Nicht nur die Findung einer heterosexuellen Identität, vor allem die einer homosexuellen

Identität vermag die Fixierung an den Leistungssport Fußball erschweren. Der Fußball als Sport unter Männern lebt von einer ausgeprägten latenten Homosexualität. Der Wunsch, körperliche Nähe und Berührung mit anderen Männern zu erfahren, kann auf dem Rasen, hinter leidenschaftlichen Zweikämpfen verborgen, ausgelebt werden. Hier »treiben« es Männer mit Männern, die sich, nachdem sie beim Torschuss anderen Männern ihre Potenz bewiesen haben, lustvoll aufeinanderwerfen können. Für »echte Fans« kommt der Fußball auf den Hund, wenn zu viele Frauen im Stadion sind. Zugleich müssen die ausgeprägten homosexuellen Elemente dieses Treibens streng tabuisiert werden. Ein offen homosexueller Fußballspieler jagt seinen Mitspielern Angst ein, weil er diese Tabus infrage stellt. Ein homosexueller Profifußballer, der seine sexuellen Neigungen offenbaren würde, müsste seine Karriere beenden. Im Fußballbetrieb herrscht eine ausgeprägte Homophobie, die das schwierige Coming-out von homosexuellen Jugendlichen erschwert.

Jugendliche, die sich von ihren Eltern ablösen wollen, suchen nach neuen Autoritäten, die ihnen Orientierung gewähren und als Vorbild dienen können. Männliche Jugendliche suchen Vorbilder nicht zuletzt in Gestalt von Fußballstars. Ihre Idole, die im Bereich des Berufsfußballs zu Ansehen gekommen sind, sind aber keineswegs Repräsentanten des Bemühens um selbsttätiges Engagement, Nonkonformismus oder ein eigenständiges kritisches Urteil, sie sind vielmehr die idealen Repräsentanten des sozialen Konformismus. Sie müssen bereit sein, sich mit Haut und Haaren den Anforderungen des Marktes zu unterwerfen und dabei ein rundum diszipliniertes Verhalten zu zeigen, das ihnen von ihren Trainern, Managern und Werbepartnern abverlangt wird. Der skrupellose italienische Machtpolitiker Silvio Berlusconi äußerte als Besitzer des AC Mailand: »Ein guter Spieler ist ein vorbildlicher Angestellter« (Stürmer 1998, S. 72).[12] Damit hat er wohl Recht, und deshalb werden erfolgreiche Berufsfußballer von einer Gesellschaft, wie der gegenwärtigen verehrt, in der anpassungsbereite Angestellte das kulturelle Klima bestimmen.

Als ideale Angestellte sagen Fußballprofis nie öffentlich etwas Kritisches gegen ihren Verein, ihren Trainer, ihre Mitspieler oder gar ihre Sponsoren. Die dynamischen jungen Männer müssen bereit sein, nicht nur ihre sportlichen Leistungen, sondern ihr gesamtes Verhalten zur Werbung für ihr kommerzielles Fußballunternehmen und seine und ihre Geldgeber einzusetzen. Als gutbezahlte Werbeträger müssen sie die sportliche Leistungsmoral auch für den Bereich des Konsums propagieren und den jeweils geltenden modischen Trends zum Durchbruch verhelfen. Ein erfolgreicher Fußballspieler muss heute nicht nur mit seinen Leistungen auf dem Spielfeld, sondern auch mit seinem Aussehen und seinem gesamten Verhalten demonstrieren, dass er sein Geld wert ist. Er muss heute sogar zum passenden Zeitpunkt die vom zahlenden Publikum erwarteten öffentlichen Tränen der Rührung weinen können, um als sympathisch zu gelten.

Vom Spitzenspieler wird nicht mehr nur verlangt, dass er sehr gut Fußball spielen kann, er muss auch in der Lage sein, seine besondere Rolle in den kommerzialisierten Medien zu spielen. Er äußert in Interviews in den Medien geduldig und in endloser Wiederholung dieselben antrainierten, nichtssagenden Sätze. Er äußert nie eine besonders profilierte, vom Mainstream abweichende politische Meinung. Wenn er zu sehr aus der vorgeschriebenen Rolle fällt, ist seine Karriere zu Ende. Die munteren, auf angepasste Art engagierten und leistungsbereiten Fußballstars sind die idealen Repräsentanten des Erfolgs im gegenwärtigen Kapitalismus. Sie taugen deshalb nicht als Vorbild für Jugendliche, die in einer demokratischen Kultur auf ein selbstbestimmtes Leben aus sind, die bestrebt sind, neuartige kreative Möglichkeiten auszuprobieren und die sich der Kolonialisierung ihrer Lebenswelt durch immer totalitärer wirksam werdende ökonomische Mächte widersetzen wollen.

4. Fußballbegeisterung und die Krise der linken Politik

Man kann den Fußballsport zu großen Teilen als eine »Pseudoaktivität« (Adorno) begreifen, die ungeheure seelische und körperliche Energien absorbiert. Der oft enorme sportliche Einsatz macht unsere Gesellschaft kaum menschlicher, solidarischer oder gerechter, er taugt eher zur Ablenkung von wichtigeren Aktivitäten.

Als im 19. und 20. Jahrhundert die Arbeiter den Fußball als ihren Sport entdeckten, förderten zahlreiche Unternehmer diesen Sport, um sie von der linken politischen Betätigung abzulenken. Autoritäre Pädagogen propagierten und propagieren immer wieder den Fußballsport als Mittel der Disziplinierung nicht-konformer Jugendlicher. Er soll von Aufruhr und sexueller Ausschweifung abhalten.[13] Moderne Diktaturen zeigen nicht zufällig immer ein besonderes Interesse am Sport. Seit 10–15 Jahren hat die Fußballbegeisterung, wie etwa die Zuschauerzahlen zeigen, sehr zugenommen. Das fällt zusammen mit dem Ende des Staatssozialismus Osteuropas bzw. dem universellen Triumph des Kapitalismus: Die bestehende Gesellschaft scheint seither ohne Alternative zu sein. Soziale Massenbewegungen, wie die Arbeiterbewegung, die Studentenbewegung, die Frauenbewegung, die Ökologiebewegung oder Bürgerbewegungen in der früheren DDR, die ursprünglich Alternativen zum Bestehenden und damit ein anderes Leben durchsetzen wollten, sind deshalb in eine schwere Krise geraten.

In der Gegenwart fehlen deshalb weitgehend sich selbst organisierende Massen, die eigene Interessen und Wünsche ihrer Mitglieder gemeinsam zum Ausdruck bringen. Damit mangelt es an der Erfahrung kollektiver Stärke und dem Erleben von emotionalen Bindungen und Hochstimmungen bei gemeinsam erkämpften Erfolgen. Der Fußballsport gewinnt an Anziehungskraft, weil er hierfür einen Ersatz verspricht, dessen kommerzielle Organisation wenig eigene Anstrengungen erfordert.

Die kapitalistisch geprägte Industriegesellschaft scheint seit dem Scheitern des Staatssozialismus, der sein Ende verdient hat, ohne Alternative zu sein. Die grundlegende Kritik, die die Linke am Kapitalismus geübt hat, gilt heute als antiquiert oder wird kaum noch zur Kenntnis genommen. Aber das Leiden an sozialer Ungerechtigkeit, an Ausgrenzung und Isolierung, an der Verdinglichung des Humanen oder einer leibfeindlichen Existenz ist mit dem Fehlen einer gesellschaftlichen Alternative nicht verschwunden und weckt weiterhin Sehnsüchte nach Veränderung. Das Wünschen kann sich mit dem Bestehenden letztlich nie wirklich abfinden! Wenn die linken Kräfte, oder die sozialen Bewegungen, die ihr Erbe antreten, keine intellektuell begründeten Alternativen zum Bestehenden anzubieten vermögen, in denen die Sehnsucht nach einem anderen, besseren Leben ihren Platz finden kann, muss die Kritik am Bestehenden notwendig fragwürdige Ausdrucksformen annehmen.

Wenn keine aufgeklärten sozialen Alternativen entwickelt und präsentiert werden, die für Menschen attraktiv sind, verfallen ihre auf das Soziale gerichteten Wünsche leicht kollektiven Formen des Fundamentalismus und Nationalismus oder der kommerziell organisierten Scheinwelt der Unterhaltungsindustrie, die die Wünsche nach Veränderung auf fatale Art einfangen. Die Linke hat die Aufgabe, über andere Formen der Vergesellschaftung nachzudenken, und sie, soweit als möglich, praktisch zu erproben. Wo sie dazu nicht in der Lage ist, überlässt sie die Sehnsucht nach einem ereignisreicheren Leben, nach mehr erfahrbarem sozialen Zusammenhalt, offener ausdrückbaren Emotionen oder intensiveren Erfahrungen des Leibes nicht zuletzt dem kommerziell organisierten Fußballsport, der eine fragwürdige Ersatzwelt zur Verfügung stellt, die sich der Übermacht bestehender Verhältnisse fügt. Es wäre ihre Aufgabe, Wünschen, die der kommerziell organisierte Sport einfängt, einen anderen, freieren sozialen Ausdruck zu verleihen.

Der Sport kann gesund sein, er kann Jugendlichen helfen, bestimmte Entwicklungsaufgaben zu bewältigen, und er kann einer notwendigen entlastenden Zerstreuung dienen. Wo aber die im Bereich des Leistungssports organisierte Betriebsamkeit zum Lebensersatz wird, steht es schlimm um eine Gesellschaft. Wo eine sportliche Pseudoaktivität eine wirkliche, Neues hervorbringende Praxis ersetzt und das historische Bewusstsein sich immer mehr darauf reduziert, dass man weiß, in welcher Saison welche Mannschaft mit welchen Stars beim Fußballsport Erfolge erzielt hat, gilt für sie: Die

Tore auf dem Fußballfeld sind die Eigentore von Beherrschten.

Literatur

Bausenwein, C. (2006): Geheimnis Fußball. Göttingen (Verlag Die Werkstatt).

Biermann, C. (2004): Die Welt der Fußballfans. Köln (Kiepenheuer & Witsch).

Erikson, E.H. (1968): Kindheit und Gesellschaft. Stuttgart (Klett-Cotta).

Freud, S. (1972): Jenseits des Lustprinzips. Gesammelte Werke XIII, Frankfurt/M. (S. Fischer).

Gehlen, A. (1965): Sport und Gesellschaft. In: Schulz, U. (1965) (Hg.): Das große Spiel. Frankfurt und Hamburg (Fischer Bücherei), S. 22–33.

Palfai, J. (1963): Moderne Methoden beim Fußballtraining. Berlin, München (Bartels & Wernitz).

Scheuerl, H. (1965) (Hg.): Das Spiel. Weinheim (Beltz).

Spencer, H. (1897): Principles of Psychology, Bd. 2. New York.

Stürmer, D. (1998): Gott ist rund. Frankfurt/M. (Suhrkamp).

Vinnai, G. (1970): Fußballsport als Ideologie. Frankfurt/M., http://psydok.sulb.uni-saarland.de/volltexte/2006/809/7

Anmerkungen

1 Zum Wandel des Ideologiebegriffs und seiner Bedeutung für die Analyse des Fußballsports, siehe Gerhard Vinnai (1970): Fußballsport als Ideologie. Frankfurt/M., http://psydok.sulb.uni-saarland.de/volltexte/2006/809/

2 Mit dieser Kritik möchte ich keineswegs einen Fremde ausgrenzenden Lokalpatriotismus unterstützen. Dass Zugereiste in Mannschaften mitwirken, ist natürlich an sich nicht zu kritisieren.

3 Siehe hierzu Gerhard Vinnai (1994): Wider den Drang zum Nationalen, www.vinnai.de

4 Siehe hierzu Sigmund Freud: Massenpsychologie und Ich-Analyse. Verschiedene Ausgaben.

5 Es gibt deutliche Hinweise darauf, dass die »patriotische« Welle während der Fußballweltmeisterschaft keineswegs so harmlos war, wie die Medien glauben machen wollen. Nach Untersuchungen von Heitmeyer verstärkte sie das Ressentiment gegenüber Minderheiten bzw. Fremden (siehe hierzu »Die Welt« vom 14.12.06.) Der »nette« deutsche Nationaltrainer Jürgen Klinsmann motivierte, wie der Film »Deutschland. Ein Sommermärchen« von Sönke Wortmann zeigt, seine Mannschaft in der Kabine mit chauvinistischen Sprüchen gegen deren Gegner. Nach der Fußballweltmeisterschaft zeigten sich in deutschen Stadien Wellen der Gewalt und des Rassismus. Deutsche Fans, die als mustergültige Gastgeber während der Weltmeisterschaft narzisstische Anerkennung suchten, können also durchaus auch das Bestreben zeigen, sie mit rabiateren Mitteln zu erlangen. Zur Sommerolympiade 2000 in Sidney präsentierte sich die australische Öffentlichkeit als weltoffen und tolerant, aber die australische Regierung zeigte vor und nach dieser Olympiade eine fremdenfeindliche Politik, die sich durch besondere Grausamkeit gegenüber Flüchtlingen auszeichnete. Ähnliche Beispiele sind aus der Geschichte bekannt.

6 Siehe hierzu Gerhard Vinnai (1970): Fußballsport als Ideologie. Frankfurt/M., http://psydok.sulb.uni-saarland.de/volltexte/2006/809/

7 Siehe hierzu Johannes Beck (2006): Der Fußballbetrieb als Schule des Scheiterns. Veröffentlicht unter www.vinnai.de/Fussballbetrieb_als_Schule_des_Scheiterns.pdf

8 Siehe hierzu Vinnai (1970): Fußballsport als Ideologie, a.a.O.

9 Siehe hierzu z.B. Ch. Biermann und U. Fuchs (2002): Der Ball ist rund, damit das Spiel die Richtung ändern kann. Wie moderner Fußball funktioniert. Köln (Kiepenheuer & Witsch).

10 Siehe hierzu Richard Sennett (1998): Der flexible Mensch. Die Kultur des neuen Kapitalismus. Berlin (Berlin-Verlag).

11 Robert Waelder: Die psychoanalytische Theorie des Spiels. In: Flitner, A. (1970) (Hg.): Das Kinderspiel. München: Serie Piper, S. 81–93.

12 Siehe auch Stürmer, D. (1998): Gott ist rund. Frankfurt/M. (Suhrkamp), das Kapitel »Angestellte zum Vorzeigen«, S. 61ff.

13 Siehe hierzu Bausenwein, C. (2006): Geheimnis Fußball. Göttingen (Verlag Die Werkstatt), S. 268ff.

BodyModification als modernes Mannbarkeitsritual

Erich Kasten

»Ich mag das, was die Narbe repräsentiert. Ihre Schönheit symbolisiert, den Schmerz besiegt zu haben.« [1.]

Primitive Initiationsriten

Auf die Frage, ob es wehgetan habe, antwortete der auf der Abbildung 1 zu sehende Dinka aus dem Sudan mit Skarifizierungen am Schädel: »*Ja, aber man darf den Schmerz nicht zeigen.*« Die umfangreichen Schmucknarben hatte er im Rahmen eines Initiationsritus zur Aufnahme in die Gemeinschaft der Männer erhalten.

Abb. 1: Ein Dinka aus dem Sudan mit Skarifizierungen am Schädel, die er als Initiationsritus zur Aufnahme in die Gemeinschaft der Männer erhielt. (Foto: Eddie Roman, Stock.xchng).

Was genau unterscheidet eigentlich den Jugendlichen vom Erwachsenen? Diese Frage war in primitiven Kulturen sehr viel einfacher zu beantworten als heute, denn in einem fest bestimmten Zeitraum wurden die männlichen Heranwachsenden von den Alten des Dorfes unterwiesen und dann einer Fülle von Prüfungen unterzogen, um in den Status eines Kriegers aufzusteigen. Zunächst ist dies die ausgeprägte Seklusionsphase, in der (männliche) Jugendliche von den anderen getrennt werden und bestimmte Einweihungen erfahren. Abgeschlossen wird diese Phase mit der Mutilation, der – häufig schmerzhaften – körperlichen Zeichnung der Initianden, die auch ihre endgültige Zugehörigkeit zur Welt der Erwachsenen markiert (Herlyn 2002). Höhepunkte dieser Initiation bildete meist die Beifügung von Schmucknarben, Tätowierung, rituelle Beschneidung oder bestimmte Mutproben. Buschan (1910) berichtete vom Zurechtfeilen oder sogar Ausschlagen von Zähnen, um Aufnahme in den Kreis der Erwachsenen zu finden. Hypospadiasis ist eine weitere obskure Technik, die allerdings nur bei australischen Ureinwohnern im Rahmen von Mannbarkeitsritualen durchgeführt wird. Hierbei öffnet man die Harnröhre mit einem scharfkantigen Werkzeug und spaltet den Penis an der Unterseite immer weiter auf (Kasten 2006, 2007).

Die Übergangsriten lassen sich nach van Gennep (1969, 1986) in drei Phasen gliedern. Trennungsriten *(Rites de séparation)* bezeichnen die Ablösung aus dem alten Zustand, Schwellen- bzw. Umwandlungsriten *(Rites de marge)* die Zwischenphase und Angliederungsriten *(Rites d'aggrégation)* die Integration in den neuen Zustand. Victor Turner (1992) hat die These aufgestellt, dass die Person im Schwellenzustand häufig im übertragenen Sinne als »tot« angesehen wird, mit der Wiederaufnahme, dem Angliederungsritual, wird sie wieder »zum Leben erweckt«. Der Initiand wird durch die Initiation verändert, gegebenenfalls »stirbt« sein altes *Ich* symbolisch. Danach tritt der Initiand in eine »neue Welt«, weshalb bei vielen Initiationsriten eine symbolische Geburt vollzogen wird [2.]. Die Mutproben, die im Verlauf solcher Rituale abverlangt wurden, waren oft so drastisch, dass es nicht nur bei diesem übertragenen Sinn blieb. Nicht selten starben die Initianden an Infektionen oder Blutverlust. Das symbolische Sterben konnte aber noch eine völlig andere Bedeutung haben: Giorgio Samorini (1998) berichtet, dass die zur Bwiti-Religion gehörenden Fang-Gemeinden im Rahmen eines Initiationsrituals dem jungen Mann eine große Dosis der halluzinogen wirkenden Iboga-Wurzel verabreichen. Diese führt zu einer zwei bis drei Tage dauernden Bewusstlosigkeit, in dessen Verlauf die Seele des Prüflings eine *»Reise ins Jenseits«* unternimmt, während der Körper wie im Koma daliegt und von den Mitgliedern der Gemeinschaft überwacht wird.

Im Rahmen der Mannbarkeitsrituale antiker Kulturen hatten die Prüflinge keinen Rang; erst durch das Bestehen von Proben konnten sie diesen Status erreichen. Die Gleichstellung wurde häufig dadurch erreicht, dass alle nackt waren und dieselben Schmerzen ertragen mussten. Insbesondere die Genitalbeschneidung mit oft primitiven Methoden stellte ein mit massiver Angst besetztes Ritual dar (s. z. B. Wolter 2005). Andererseits führte diese absolute Gleichheit und das gemeinsame Aushalten der Prüfungen zu intensiver Kameradschaft zwischen den jungen Männern, die dann oft lebenslang hielt. Meade (1993) schrieb, dass man nach dem Durchleiden dieser Qualen und dramatischen Ereignissen als ausgeprägterer und anderer Mensch zurückkehrte.

Auch wenn manche Beispiele primitiver Initiationsrituale aus heutiger Sicht extrem anmuten, lässt sich gerade mit Körperveränderungen der Übergang von einem Lebensabschnitt in einen anderen äußerlich dauerhaft sichtbar am besten festhalten. Die meisten Körperkunstpraktiken, so Agjala Stirn (2003) folgten traditionellen Regeln. Besser als in jedem modernen Personalausweis konnte man die Lebensgeschichte eines Menschen an seinem Körperschmuck ablesen. Männer bekamen ihr Tattoo nicht zu Schönheitszwecken, sondern erst, wenn sie sich nach entsprechenden Prüfungen den Status eines Kriegers oder Jägers erworben hatten; bei jedem Feind, den sie besiegt hatten, kam eine weitere Tätowierung hinzu, womit der Sieger seinen Status weithin sichtbar dokumentierte. Erfolge wurden hier im wahrsten Sinne des Wortes »ins Gesicht geschrieben«. Erst viel später übernahmen Orden aus Blech diese Funktion. Manche Völker glaubten sogar, dass die Anzahl ihrer Tätowierungen ein wichtiger Faktor sei, um einen Status in der Nachwelt zu erhalten. Ohne Körpermarkierungen drohte ihnen der Zustand als rastloser Geist in der Zwischenwelt.

In Kontrast zu primitiven Kulturen, in denen Übergangsriten unausweichlicher Bestandteil des Heranwachsens waren, stehen unsere modernen, technisierten Gesellschaftsformen, die die Verbindlichkeit ritueller Ordnungen nicht mehr kennen. Justin Stagl (1983) stellte einen kontinuierlichen Rückgang fest:

> »Wenn wir das gewaltige, weltweite Panorama der Übergangsriten durchmustern und unsere eigene Gesellschaft damit vergleichen, dann fällt uns vor allem ihr Rückgang und ihre Entleerung auf. Es gibt sie zwar noch, aber die Intensität, die sie in archaischen Kulturen hatten, ist dahin, vor allem bei den städtischen ›aufgeklärten‹ Teilen der Bevölkerung. […] Es besteht eine allgemeine Tendenz, die Übergänge zu entritualisieren.«

In der Tat finden wir heute in den westlichen Kulturen nur noch armselige Reste dieser einst glanzvollen, prächtigen Rituale der Naturvölker, mit denen Jugendliche ihre Kindheit endgültig hinter sich lassen und die Verantwortung des Erwachsenen übernehmen konnten. Konfirmation, Kommunion oder Jugendweihe werden in der Postmoderne so früh durchgeführt, dass man nur selten wirklich den Eindruck hat, hier werde das Erwachsensein gefeiert. Der 18. Geburtstag, im juristischen Sinn der Schritt in das Erwachsenenalter, ist mit keiner Aufnahmeprüfung verbunden. Jeder Heranwachsende kann diesen Zeitpunkt durch bloßes Warten absitzen, ohne eine echte Leistung dafür vollbringen zu müssen. Auch der Wehrdienst bei der Bundeswehr, im klassischen Sinne ja die Aufnahme in die Gemeinschaft der Stammeskrieger, wird heute wohl kaum als wirklicher Eintritt in das Entwicklungsstadium des Erwachsenen gesehen.

Ritus zur Männlichkeitsherstellung

Das Sonderbare ist: die Jugendlichen scheinen auf diese schmerzhaften Initiationsrituale, die unsere zivilisierte Gesellschaft ihnen so großzügig erlassen hat, gar nicht wirklich verzichten zu wollen. Ganz offensichtlich gibt es in der späten Pubertät einen von innen kommenden Drang, beweisen zu wollen, dass man schon erwachsen ist. In den 1960er und 70er Jahren war Rauchen eine typische Handlung, mit der die Heranwachsenden versuchten, möglichst erwachsen zu wirken. Allerdings reicht die bloße Benutzung einer Zigarette bei Weitem nicht aus, um sich selbst und anderen beweisen zu können, dass man stark und mutig genug ist, um in die Welt der Großen aufgenommen zu werden.

Heranwachsende junge Männer waren wohl in keiner Epoche wirklich friedlich; schon allein der steigende Testosteronspiegel sorgt in diesem Alter immer für eine latente Gewaltbereitschaft. Auch Studentenverbindungen und Geheimbünde des 18. und 19. Jahrhunderts kannten Initiationsriten. Innerhalb von Studentenverbindungen wurden Neumitglieder nach einer Probezeit von ein bis zwei Semestern vom Status des »Fux« mittels einer »Burschung« genannten Initiation zum Vollmitglied ernannt. Früher gehörte der »Schmiss«, eine durch Fechten erlangte Narbe, dazu. Initiationsrituale sind auch bei Jugendbanden üblich, wobei der Anwärter gewöhnlich eine »Mutprobe« (z.B. Diebstahl) bestehen muss. Oft werden Neuankömmlinge vor Ekel- und Gewaltproben gestellt. In Frankreich heißen diese Erniedrigungsrituale »Bizutage«, in Brasilien »Trote« [2.]. Gerade die Bildung von Banden entspricht der Tribalisierung archaischer Kulturen. Seit Ende der 1980er Jahre beobachten insbesondere die Soziologen zunehmend mehr die Tendenz Jugendlicher, sich risikoreichen Extremerfahrungen auszusetzen, Schmerzen und körperliche Stigmatisierungen zuzufügen oder Gewalt auszuüben. Die nach oben offene Skala reicht von Schwarzfahren als Versuch die eigene Angst auszukundschaften, bis hin zu Steilwandklettern, Bungee-Jumping, U-Bahn-Surfing und prügelnden Hooligans, die sich selbst zu beweisen versuchen, wie hart und männlich sie sind. Was in den westlichen Metropolen dem rasant wachsenden Markt des Risiko- und Abenteuersports zugeordnet werden kann, das gehörte in primitiven Kulturen zu den Initiationsprüfungen der Jungen und war eine kollektive Veranstaltung (Brunotte 2000).

Längst vergessen geglaubte Mannbarkeitsriten der Naturvölker sind inzwischen dabei, wieder Eingang in unsere moderne Welt zu finden. Veronique Zbinden (2002) spricht von dem »Techno-Zulu-Krieger«, bekannt sind auch Worte wie »Stadtindianer« oder »Großstadtdschungel«. Ausgerechnet um den Millionär Dough Malloy sammelte sich Anfang der 1970er Jahre eine kleine Anzahl von Leuten, die sich im Sinne tribaler Rituale piercten und sich als *»modern primitives«* bezeichneten. Ziel war, primitive Rituale in das 20. Jahrhundert zu transformieren. Unter ihnen hat sich auch ein Mann befunden, der später unter dem Pseudonym *»Fakir Musafar«* Berühmtheit erlangte und auf den der Begriff der Modernen Primitiven letztlich zurückgeht (Zbinden 1998; Feige/Krause 2002). Er betrachtete sich als Reinkarnation eines indianischen Kriegers und imitierte deren Sonnentanz. Kaldera und Schwartzstein (2003) schöpften den Begriff des »urban primitive«. Diese Bewegungen benutzen z.B. großflächige »Tribals«, verschlungene Ornamente, die mythische und okkulte Symbole darstellen und oft eine magische Bedeutung haben sollen.

Nach Ansicht von Agjala Stirn (2003) dienen auch in der modernen Tattoo-Piercing-Community Körpermodifikationen häufig der Erinnerung an eine spezielle Lebensphase mit negativem wie mit positivem Hintergrund, d.h. zum Beispiel der Verarbeitung von Trennung, Tod, Trauma, Verlust, Krankheiten und Unfällen ebenso wie Liebe, Partnerschaft, Schulabschluss und andere Ereignisse. Auch Kaldera und Schwartzstein (2003) meinten, dass gerade Piercings an schwere Verluste oder gute Erlebnisse erinnern können und den Gedanken wachhalten, dass man etwas überlebt hat und dadurch stärker und erwachsener geworden ist. In einer Zeit, in der die klassische Rollenverteilung zwischen Mann und Frau zunehmend mehr zusammenbricht, haben gerade junge Männer es schwer, ihre Position in unserer Gesellschaft genau zu definieren. Eine Folge der Massenarbeitslosigkeit ist, dass heute oft die Frau hinaus ins feindliche Leben muss, um die Brötchen zu verdienen und ihr arbeitssuchender Partner mit umgebundener Schürze im Heim die Hausarbeit erledigt, die Einkäufe macht und die Pampers des Kleinkindes entsorgt. Eine zentrale Funktion vieler Mannbarkeitsrituale ist die Herstellung oder Wiederherstellung von »Männlichkeit«. Dabei spielen oft Identitätskrisen und Angstbeherrschung eine massive Rolle. Wo sonst, wenn nicht bei modernen Mutproben sollen Männer in einem Zeitalter starker, dynamischer und dominanter Frauen noch ihre »Männlichkeit« beweisen? David Gilmores (1993) kam in seinen Studien zu der Auffassung, dass dieses Konstrukt heute ein unsicherer, künstlicher Zustand ist, der ständig bedroht wird. Diese bedrohte Maskulinität schafft den Nährboden für moderne Formen von Mutproben und Intitiationsritualen.

Abb. 2: Tattoo, Zigarre, Nasen- und Ohrpiercing: Der neue Mannbarkeitsritus? (Foto: Farez; www.Pixelquelle.de)

Neue Formen der Mannbarkeitsrituale

In meinem Buch über BodyModifications (Kasten 2006) wird eine Vielzahl von Motiven für Körperveränderungen analysiert. Die Frage, warum viele Jugendliche und Heranwachsende sich von Piercing, Tattoos, Skarifizierungen oder Zungenspaltung angezogen fühlen, kann man nicht auf eine einzige Ursache zurückführen. Mutproben zu bestehen und der Wunsch damit zu beweisen, dass man den Status des bei Schmerz weinenden Kindes verlassen hat und dabei ist erwachsen zu werden, ist aber ein kardinales Motiv, das in außerordentlich vielen Berichten im Hintergrund mitschwingt. Aus einer 2005–2006 von mir durchgeführten Internetrecherche zu dem Thema sollen hier einige Berichte zitiert werden, um die These der BodyModification als Form eines modernen Initiationsritus zu untermauern.

Die Anbringung von Körperveränderungen ist immer mit Schmerzen verbunden. Oji aus Alberta empfand die Anfertigung seines Brandings (eingebrannte Schmucknarbe) nicht als sehr angenehm:

> »Ich kann nicht genau beschreiben wie es war. Es war die schlimmste Menge an Schmerz, den ich jemals im Leben gefühlt habe. Es war ein so intensives Gefühl, dass ich für den Zeitraum, in dem sie an meinem Arm arbeitete nicht reden konnte. Sherri fragte mich etwas und es kostete mich riesige Anstrengung, einen tiefen Atemzug zu nehmen und ihr zu sagen, dass es mich nicht störte, dass sie redete, dass ich im Moment aber total auf mich fokussiert sein würde. Langsame, gleichmäßige Atemzüge. Es bestand zwar keine Gefahr, dass ich ohnmächtig werden würde, aber ich konnte den Schmerz im gesamten Körper fühlen. Ich wusste, dass Branding schmerzhaft ist, aber ich hätte nicht erwartet, dass es so intensiv ist.« [3.]

Nicht selten mischen sich aber bereits andere, eher positive Emotionen unter diesen Primärschmerz und verändern die Wahrnehmung. Eine sehr eigenwillige Unterscheidung traf jemand in diesem Auszug über ein PlayPiercing, einer schmerzhaften Form der Selbsterfahrung (s.

Kasten 2006, 2007), bei dem der Piercer ihm temporär mehrere Spritzenkanülen in den Arm setzte:

»Au! Uh … hey, das tut nicht wirklich weh! Ich meine … es ist schmerzhaft … glaube ich, aber es tut nicht weh, sagte ich, während eine Mischung aus Verwirrung, Freude, Entzückung über mein Gesicht lief. Ich weiß, das macht nicht wirklich Sinn, aber genauso fühlte ich mich im Moment. […] Während der ganzen Sitzung fand ich mich in sich gegenseitig widersprechenden Emotionen wieder. Es war schmerzhaft, aber zur selben Zeit tat es nicht weh. Das war ein völlig neues Konzept für mich. Sobald das Endorphin die Steuerung übernahm, verschwand der Schmerz und alles was ich fühlte, war der Druck, den die Nadeln unter der Haut verursachten.« [4.]

Spätestens, wenn der neue Körperschmuck fertig ist und der Schmerz durch die Verletzung der Hautoberfläche nachlässt, kommt es dann zu Gefühlen des Stolzes und der Euphorie, diese kleine Heldentat durchgestanden zu haben. Eine Person, die ansonsten keine nähere Angaben machte, berichtete über das Setzen eines Piercings durch die Nasenscheidewand:

»Ich sah die sterilen Nadeln und Klammern und Handschuhe und all das Zeug und musste mich in etwas reinsetzen, das mich am ehesten an den Stuhl eines Zahnarztes erinnerte. An diesem Punkt wurde ich extrem nervös … Ich dachte, dass nichts schlimmer sein könnte als mein Brustwarzen-Piercing, aber er informierte mich, dass es schlimmer sein würde. Das erschreckte mich und ich begann hypernervös zu werden. […] Er sagte mir, dass er es bevorzuge die Klammer zu benutzen, da das Piercing auf diesem Weg besser durchgehen würde und ich meinte, das sei in Ordnung […]. Er sagte dann, ich solle mich entspannen und tief Atem holen und dann fühlte ich wie die Nadel durchging. Ich will dir sagen, das war der schrecklichste Schmerz in meinem gesamten, ganzen Leben. Ich hab die Hand meines Freundes so gequetscht, dass meine Finger hinterher ganz blau waren. […] Ich hab auch geblutet, zwar keine Tonne voll, aber eine ganze Menge. […] Obwohl es so sehr wehtat, war es eine unglaublich wertvolle Erfahrung und ich liebe dieses Piercing.« [5.]

Das Gefühl eine solche Mutprobe bestanden zu haben, ist noch intensiver bei Leuten, die sich ein Piercing eigenhängig eingestanzt haben. Über seine erste selbstgesetzte PlayPiercing-Nadel schrieb jemand:

»Ich nahm einen Schritt Abstand von mir selbst und betrachtete mir meinen nun gepiercten Unterarm. Habe ich das wirklich getan? Bin ich wirklich fähig, mein eigenes Fleisch zu durchstechen? So unklar die Antwort auf diese Frage vorher gewesen war, nun war die Antwort ein laut tönendes: Ja!« [6.]

Die modernen Mannbarkeitsrituale gehen aber weit über Piercing und Tattoos hinaus. »Talyn« berichtet von einer Extremerfahrung. Er war in einer extrem religiösen Familie aufgewachsen, hatte sich aber schon immer für primitive Stammesriten interessiert. Seine strenge baptistische Erziehung hinderte ihn später daran, aus sich herauszukommen. Mit einer Gruppe entschloss man sich, mit ihm ein Transformatonsritus zu zelebrieren. Hierbei musste er sich nackt ausziehen und seine alte Kleidung wurde verbrannt. Dann wurde er in einen Kreis aus Feuer gestellt. Hinterher führte man ihn mit verbundenen Augen, fesselte ihn an den Knöcheln und hängte ihn dann, mit dem Kopf nach unten, an einen Baum. Dann schmierten fünf der anderen Teilnehmer Asche auf seine Haut und man stach ihn mit Dornen, bis sich das Blut mit der Asche vermischte. Danach ließ man ihn einige Zeit (scheinbar) alleine, bis er schließlich heruntergelassen und als ein völlig neuer Mensch begrüßt wurde [7.].

Eine noch extremere Methode ist die Technik der Suspension, das Aufhängen eines Menschen an durch die Haut gebohrten Haken. Die Ogala-Sioux nannten es Sonnentanz (»Sun-Dance«), die Mandan-Indianer »O-Kee-Pa«. Catlin (1967) beschrieb als erster dieses Ritual bei den Mandan-Indianern in Nordamerika. Nachdem die heranwachsenden Krieger mehrere Tage gefastet und kaum geschlafen hatten, erschien der als Dämon verkleidete Medizinmann und stach Pflöcke durch die Haut. An einigen der Öffnungen wurden Tierschädel angebunden, an anderen wurde der Betroffene an einem Gestell hochgezogen. Dann ließ man den »Tänzer« immer schneller kreisen, bis er das Bewusstsein verlor. Der Sonnentanz drückte symbolisch den Tod aus, woraufhin eine neue Geburt und die Verleihung eines Kriegernamens erfolgte. Dieses uralte Ritual wurde insbesondere durch den Kinofilm *Ein Mann, den sie Pferd nannten* bekannt (Regie: Elliot Silverstein 1969).

Es gibt mehrere Formen von Suspensionen mit verschiedener Anzahl von Haken in unterschiedlichen Stärken. Grob unterteilen lassen sich Aufhängungen in vertikale und horizontale Positionen. Zu den vertikalen Suspensions zählen *»Vertical Chest Suspensions«, »Suicide Suspensions«* und *»Knee Suspensions«* – zu den horizontalen Suspensions gehören die *»Coma Suspensions«* und die *»Superman Suspensions«*. Die Namen der unterschiedlichen Suspensionen kommen entweder von der Platzierung der Haken (wie z. B. Knie oder Brust) oder hängen von der Lage des Körpers ab. Ein weiterer Zusatz zu der Aufhängung ist meistens die Anzahl der Haken, die verwendet werden, z. B. *»4 Point Suicide Suspension«* bedeutet, dass eine Aufhängung mit vier Haken durchgeführt wird (s. Kasten 2006). Die Anzahl der Haken ist ein zweischneidiges Problem. Viele Haken bedeuten, dass man viele Piercings bohren muss, Schmerz, Blutverlust und Infektionsgefahr sind dadurch größer als bei wenigen Haken. Andererseits wird die Suspension mit vielen Haken von den Benutzern als sehr viel angenehmer empfunden, da sich das Körpergewicht auf viele Stellen verteilt, die Zugspannung an einzelnen Positionen nicht so hoch ist, was auch die Gefahr verringert, dass die Haut hier ein- oder durchreißt.

In dem folgenden Beispiel erlebte ein Jugendlicher bei seiner ersten Suspension eine überraschende Veränderung seiner Schmerzwahrnehmung. Das Einsetzen von vier Haken hatte er als wenig schmerzhaft erlebt, und er sollte nun an den Seilen hochgezogen werden:

> »Das Seil wurde straffer gezogen und ich ging ein paar Schritte rückwärts. Ich spürte plötzlich wie der Schmerz zunahm. Ich hatte das Gefühl, dass sämtliche Schmerzen, die ich jemals in meinem ganzen Leben gefühlt hatte, genau zu diesem Zeitpunkt wieder zu mir zurückgekommen waren. Der Schmerz nahm immer mehr zu und wurde immer intensiver. Frank ließ mich einen Schritt vor und wieder zurückgehen und dann hob ich vom Boden ab. Alles veränderte sich, ich konnte in diesem Moment weder etwas hören noch sehen, in mir gab es nur noch Schmerz. In meinem Kopf schrie es und dann berührte Frank meinen Arm und sagte: ›Mike ... Mike ... der Schmerz wird vorbei gehen. Halt es aus.‹ Alles was ich verstand war, dass Frank mir versprochen hatte, es würde vorbeigehen. Tatsächlich begann der Schmerz nach ein paar Minuten zu verblassen und ich merkte, dass ich in der Luft hin und her schwang. Es gibt kein Gefühl, womit man dieses Schwingen vergleichen kann. Plötzlich war ich total glücklich. Ich lächelte nur noch und fühlte mich absolut großartig [...], ich war in einer anderen Welt. Ich flog. [...] ich war so glücklich, so unglaublich glücklich, jenseits von allem, was ich vorher jemals gefühlt habe. Ich könnte es nichtmal beschreiben [...]. Ich spürte einen tiefen inneren Frieden, Glück und Kraft, ein Gefühl als wenn ich alles tun könnte, was mein Verstand wollte.« [8.]

Das Durchstoßen der Wangen ist ein Ritual, das heute noch bei Naturvölkern auf den Fidji-Inseln durchgeführt wird. Neuerdings imitiert die BodMod-Generation auch diese Kleinstoperation. »Bob« erhielt die Möglichkeit, an der rituellen Durchstoßung der Wangen mit einem Metallstab teilzunehmen. Zunächst wollte er nur zum Zusehen mitkommen, bis sein Freund ihn mit den Worten überzeugte: »Das ist doch das, worauf wir immer gewartet haben. Ein Ticket für den nächsten Level.« Am Abend wurde der Raum abgedunkelt und leichte Musik mit einem schweren Bass ertönte. Alle Teilnehmer setzten sich im Kreis zusammen, wobei niemand neben jemandem sitzen durfte, den oder die er gut kannte. Als Bob an die Reihe kam, ging er in die Mitte des Kreises und alle blickten ihn an. Der Piercer markierte die Punkte an den Wangen, die er durchstechen wollte. Bob spürte die Schärfe des kalten Metalls, das mit einer antibiotischen Creme bestrichen war: »Er fragte mich, ob ich bereit sei? Klar war ich! Und in dem Moment drückte er den Stab durch eine Wange, den Raum von zehntausend Herzschlägen, die Welt hörte auf zu existieren und dann ging die Nadel durch meine andere Wange.« Den Schmerz beschrieb

Bob als »hübsch intensiv«, es brannte und er musste den Mund offen lassen, weil der Stab für seinen Unterkiefer etwas zu hoch saß. Trotz der Schmerzen fühlte er »ein seltsames Gefühl der Energie« in sich. Er setzte sich wieder auf seinen Platz und konzentrierte sich auf diese Energie, die ihn durchströmte. Später standen alle auf, gingen herum und berührten sich mit ihren Köpfen, um diese Energie untereinander auszutauschen. Später bezeichnete er dieses Erlebnis als das spirituellste in seinem ganzen Leben. Eine solche Energie wie in diesem Raum habe er nie wieder erlebt [9.]

Eine weitere moderne Mutprobe ist das »Sewing«, d.h. Schmucknähte auf der Haut bzw. das Zusammennähen von Körperteilen oder Körperöffnungen (s. Kasten 2007). »Bizarroboy« aus Schottland berichtete über seine persönliche Motivation, sich den Mund zunähen zu lassen:

> »Ich wollte es tun. Ich wollte diese Erfahrung machen. Ich wollte mein Leben auf eine sehr persönliche Weise berühren. Ich wollte dadurch herausgefordert und verändert werden. Ich wollte den Schmerz spüren. Ich wollte wissen wie es ist, wenn man von unserer normalen Form der Kommunikation ausgeschlossen ist. Ich wollte spüren wie der Faden durch meine Lippen gezogen wird. [...] Diese einfache Prozedur des Stechens und Nähens sollte Symbol für unseren Kampf sein, auf einer höheren Ebene gehört zu werden. Insbesondere mit Bezug auf den Krieg im Irak, als Millionen von Stimmen von den sogenannten Führern dieses Staates komplett ignoriert wurden. Wir sprachen, aber sie hörten nicht zu. In manchen Ländern werden jetzt Leute zum Schweigen gebracht, sie haben Angst ihre Stimme zu erheben aus Furcht als unpatriotisch gekennzeichnet zu werden. Daher ist dies ein Symbol.«

Auf einer Suspensions-Party in Tokio ließ er sich dann die Lippen von einer in Latex gekleideten kanadischen Krankenschwester zunähen, auf einer Bühne vor einer Menge von Zuschauern. Das Vernähen, so schrieb er, war nicht so leicht wie angenommen, da er wohl sehr feste Haut an den Lippen hatte und die Piercerin so viel Kraft aufwenden musste, dass ihr regelrecht die Hände dabei zitterten. Er selbst fühlte sich dabei, als wenn er gar nicht beteiligt wäre, sondern »sicher im Kokon einer mentalen Blase«. Er habe sich, so sagte er, wie an einem beruhigenden Ort gefühlt. Dabei verlor er jedes Gefühl für Zeit und hatte keinerlei Bedürfnis in die Realität zurückzukommen [10.].

Abb. 3: Verdrehte Ordnung: Die Generation der Väter orientiert sich am Outfit Jugend. Aber lässt sich die bedrohte Männlichkeit durch ein schickes Panther-Tattoo wirklich noch retten? (Foto: Kunstzirkus, www.Pixelquelle.de)

Wir wissen zuviel und glauben zu wenig

Während in traditionellen Kulturen der Schritt von der Kindheit zum Erwachsenenalter mit bestimmten Initiationsriten bewerkstelligt wird, stellt sich die Frage, wie dieser Übergang in der modernen Kultur erreicht wird? Nach Ansicht von Michael Meade (1993) ging man in vielen primitiven Stämmen davon aus, dass die Söhne die Kultur zerstören würden, wenn sie nicht durch Initiationsriten zum Manne wurden, wenn sie nicht durch Geschick und Liebe der Älteren geformt würden. Der Lebensabschnitt junger Heranwachsender ist offensichtlich besonders anfällig für den Glauben an Rituale und Symbole; nicht umsonst sprach Erik H. Erikson hier von der Phase der »Identitätsdiffusion«. Bei den Naturvölkern wurden diese ausreichend dargeboten; in einem Zeitalter der aufgeklärten Naturwissenschaften weiß man zuviel, glaubt aber zuwenig. Viele Jugendlichen schaffen sich daher ihre Rituale und Symbole selbst in Subkulturen, die gemeinschaftsbildende Funktionen haben (Herlyn 2002). Die oben geschilderten modernen Mutproben erfüllen sicherlich in mancher Hinsicht Mannbarkeitsrituale. Hugger (1992) schrieb:

> »Genauso wie einst brauchen die Menschen heute die Riten als existentielle Lebenshilfen, als Orientierungszeichen räumlicher, zeitlicher und gesellschaftlicher Art. Mehr noch, es scheint, dass die moderne Gesellschaft durch gruppenspezifische Rituale der Anonymität, der Vermassung entgegenzuwirken sucht. Rituale grenzen auch aus, verleihen dem Individuum den Status des Besonderen, des Einmalig-Unverwechselbaren. Der Mensch unserer Tage scheint ein besonderes Bedürfnis danach zu haben.«

Dennoch gibt es gravierende Unterschiede. Schmerzhafte Initiationsrituale werden heute nicht mehr von der Gesellschaft zwangsweise auferlegt, sondern der Initiand ist im Bereich der Modifizierung seines Körpers zum handelnden Subjekt geworden. Bei der modernen Mutprobe handelt es sich um eine aktive und oft sogar kreative Form der Auseinandersetzung mit sich und der Umwelt (Turner 1992). Stiglegger (1998) schrieb hierzu den merkenswerten Satz: »Wer seine eigene Qual wählen kann, hat letztlich die Macht.«

Auch Klosinski (1991) sieht Differenzen zwischen antiken und modernen Formen des Mannbarkeitsritus. Bei den Naturvölkern wurde durch das Zeichen am Körper die Integration zur Erwachsenenwelt deutlich. Jugendliche moderner Gesellschaften drücken durch den Körperschmuck jedoch oft massive Distanz gegenüber der Erwachsenenwelt aus. Ein weiterer Unterschied ist, dass in den Naturvölkern der Initiationsritus meist im Rahmen eines Festes an mehreren Heranwachsenden durchgeführt wurde. Hierdurch festigte sich die Gemeinschaft des Stammes und insbesondere zwischen den Prüflingen bildete sich Kameradschaft. Mario Erdheim bemerkte hierzu: »Die Initiationsrituale hatten vielfältige Funktionen zu erfüllen. Sie begründeten die kulturelle Identität, und stifteten zwischen denjenigen, die sich den gemeinsamen Ritualen unterzogen, Solidaritätsbeziehungen, die dem Zusammenhalt der Gruppe zugute kamen.« Moderner Körperschmuck bildet dagegen in vielen Fällen ein isoliertes, singuläres Ereignis. Nicht selten finden sich Geschichten Betroffener, die sich den Schmuck in Situationen der sozialen Isolation und Frustration anlegen lassen, um einer Depression zu entgehen (Kasten 2006). Allerdings gibt es Gegenbeispiele wie Feuerlaufen oder Suspensions, die in Sessions mit ähnlichem Charakter wie in primitiven Kulturen durchgeführt werden.

Gegen welche Veränderungen protestieren diese selbstinszenierten Mutproben Jugendlicher in unserer Gegenwart? In der modernen Gesellschaft hat das traditionelle Generationengefüge nur noch eine lächerliche Bedeutung. In primitiven Völkern lehrten die alten Weisen den Initianden geheimes Wissen und prüften seine Fähigkeit Schmerz auszuhalten. Die Rolle des weisen alten Mannes gibt es in unserer Gesellschaft nicht mehr. Alter wird zunehmend mehr mit Demenz gleichgesetzt. Alte Menschen, früher noch unerschöpfliche Quelle von Wetter- und Bauernregeln, stehen hilflos vor Automaten und wissen nicht, wie sie der Maschine eine gültige Busfahrkarte entlocken sollen. Daneben steht grinsend der Jugendliche und bedient lässig Gameboy, Handy und I-Pod. Heute bringt der Enkel seinem Opa bei, wie man in dieser Gesellschaft zurechtkommt, nicht umgekehrt. Gleichzeitig ist die Jugend in mancher Hinsicht orientierungslos. Wen soll ein Schüler sich als Vorbild suchen, wenn man selbst mit der Technik besser zurechtkommt als der Lehrer, der verzweifelt versucht das PC-Programm zum Laufen zu bringen? Können Erwachsene noch nachzuahmende Idealfigur für Heranwachsende sein, wenn die Über-40-Jährigen anfangen, jeden Trend Jugendlicher nachzuahmen, im verzweifelten Versuch des Dorian-Gray-Syndroms das Alter aufzuhalten versuchen (Euler et al. 2003)? Auch für Klosinski (1991) hängt die Ziellosigkeit der Heranwachsenden mit der Sinn- und Wertekrise der Erwachsenen zusammen, die statt den jungen Menschen glaubhaft gültige Werte zu vermitteln, ebenfalls den rebellischen Idealen der Jugend anhängen würden.

Ebenso unscharf wie die klassische Hierarchie der Generationen ist heute die Geschlechterrolle geworden. Zwangsläufig ist das junge Individuum aufgefordert, seinen Eintritt ins Erwachsenenleben selbst zu meistern. Heranwachsende suchen sich selbst Mannbarkeitsrituale, um diesen Schritt zu meistern: »Der lustvolle Schmerz dient als Ersatz für eine fehlende Initiation und für mangelnde existenzielle Erfahrungen«, schrieb Stiglegger (1998). »Er befreit das gesellschaftlich gebundene Wesen aus seinen alltäglichen und geschlechtlichen Zwängen und lässt es eins mit sich werden. In der Konfrontation mit der erzwungenen Grenzerfahrung sucht der Mensch die individuelle Erfahrung, die seine domestizierte Welt verlöschen lässt« (ebd.).

Mannbarkeitsrituale sind eine solche Grenzerfahrung. Moderne Formen der BodyModification eröffnen hier neue Pforten. Auch oder gerade weil sie mit Angst und Schmerz verbunden sind, brauchen Heranwachsende sie offenbar, um den Schritt in die Welt der Erwachsenen zu tun. Jeder von uns reift an seinen Krisen und auch Phoenix entstieg, schöner als je zuvor, seiner eigenen Asche.

Literatur

Brunotte, U. (2000): Ritual und Erlebnis. Theorien der Initiation und ihre Aktualität in der Moderne. ZfRGG, S. 349–367.

Buschan, G. (1910): Illustrierte Völkerkunde. Stuttgart (Strecker & Schröder).

Catlin G. (1967): O-Kee-Pa, a religious ceremony and other customs of the Mandabns. New Haven and London (Yale University Press).

Erdheim, M. (1991): Zur Entritualisierung der Adoleszenz bei beschleunigtem Kulturwandel. In: Klosinski, G. (Hg.): Pubertätsriten. Äquivalente und Defizite in unserer Gesellschaft. Bern, Stuttgart, Toronto (Huber-Verlag), S. 79–88.

Erikson, E.H. (1998): Der vollständige Lebenszyklus. Frankfurt/M. (Suhrkamp-Verlag).

Euler, S.; Brähler, E. & Brosig, B. (2003): Das Dorian Gray-Syndrom. In: Stirn, A.; Decker, O. & Brähler, E. (Hg.): Körperkunst und Körpermodifikation. psychosozial 94 (4), 73–90.

Feige, M.; Krause, B. (2004): Piercing intim – mein kleines Geheimnis. Berlin (Schwarzkopf & Schwarzkopf).

Gilmore, D. (1993): Mythos Mann. Wie Männer gemacht werden. Rollen, Rituale, Leitbilder. München (Dt. Taschenbuch-Verlag), S. 11.

Herlyn, G. (2002): Initiationsriten: Anmerkungen zum Umgang mit Ritualtheorien. http://www.uni-hamburg.de/Wiss/FB/09/VolkskuI/Texte/Vokus/1999-1/initirit.html.

Hugger, P. (1992): Die Ritualisierung des Alltags. In: ders. (Hg.): Handbuch der schweizerischen Volkskultur. Zürich (Offizin-Verlag).

Kaldera, R.; Schwartzstein, T. (2003): urban primitive – Heidentum in der Großstadt. Engerda (Arun-Verlag).

Kasten, E. (2006): BodyModification. Psychologische und medizinische Aspekte von Piercing, Tattoo, Selbstverletzung und anderen Körperveränderungen. München (Reinhardt-Verlag).

Kasten, E. (2007): Mein Körper gehört mir. Psychologie heute 34 (1), 64–69.

Klosinski, G. (1991): Pubertätsriten – Äquivalente und Defizite in unserer Gesellschaft. Einführende Bemerkungen des Jugendpsychiaters. In: Klosinski, G. (Hg.): Pubertätsriten. Äquivalente und Defizite in unserer Gesellschaft. Bern, Stuttgart, Toronto (Huber-Verlag).

Meade, M. (1993): Die Männer und das Wasser des Lebens. Wege zur wahren Männlichkeit. München (Droemer Knaur).

Samorini, G. (1998): Halluzinogene im Mythos. Vom Ursprung psychoaktiver Pflanzen. Basel (Nachtschatten-Verlag).

Stagl, J. (1983): Übergangsriten und Statuspassagen. Überlegungen zu Arnold van Genneps »Les Rites de Passage«. In: Acham, K. (Hg.): Gesellschaftliche Prozesse. Beiträge zur historischen Soziologie und Gesellschaftsanalyse. Graz (Akademische Druck- u. Verlagsanstalt Dr. Paul Struzl), S. 83–96.

Stiglegger, M. (1998): Das Leben ist Schmerz. – Modern Primitivism auf der Suche nach einer neuen Authenzität. http://sterneck.net/cybertribe/ritual/marcus-stiglegger/index.php 1998.

Stirn, A. (2003): Körperkunst und Körpermodifikation – Interkulturelle Zusammenhänge eines weltweiten Phänomens. In: Stirn, A.; Decker, O. & Brähler, E. (Hg.): Körperkunst und Körpermodifikation. psychosozial 94 (4), 7–12.

Turner, V. (1992): Prozeß, System, Symbol. Eine neue anthropologische Synthese. In: Habermas, R.; Minkmar, N. (Hg.): Das Schwein des Häuptlings. Beiträge zur Historischen Anthropologie. Berlin (Wagenbach), S. 130–146.

van Gennep, A. (1986): Übergangsriten. Les Rites de Passage. Frankfurt/M., New York 1986 (deutsch: Schomburg-Scherff, Frankfurt/M. 1986 Campus Verlag).

Wolter, J. (2005): Body-Piercing & Tattoo – Kunst oder Kult, der in und unter die Haut geht. Flensburg (Carl Stephenson Verlag).

Zbinden, V. (1998): Piercing – archaische Riten und modernes Leben. Engerda (Arun-Verlag).

Verzeichnis der zitierten Internetseiten

[1.] http://www.bmezine.com/scar/A41202/scrsoldi.html
[2.] http://de.wikipedia.org/wiki/Initiationsritus
[3.] http://www.bmezine.com/scar/A30412/scrbrand.html
[4.] http://www.bmezine.com/ritual/A30205/ritneedl.html
[5.] http://www.bmezine.com/pierce/03-nose/A50110/nosunbea.html
[6.] http://www.bmezine.com/ritual/A30623/ritplayp.html
[7.] http://www.bmezine.com/pierce/05-lips/A50430/lipmyrit.html
[8.] http://www.bmezine.com/ritual/A50218/ritanewl.html
[9.] http://www.bmezine.com/ritual/A20601/ritmyche.html
[10.] http://www.bmezine.com/ritual/A31001/ritsewyo.html

Ernst Federn (26.08.1914–24.06.2007)

Erinnerung an einen Pionier der psychoanalytischen Pädagogik und Sozialarbeiter

Roland Kaufhold

»Ich fühle mich ganz als Fortsetzer meines Vaters und betrachte es als meine Lebensaufgabe das Werk des Professors (Sigmund Freud) in den Dienst einer besseren Weltordnung zu stellen.«
Ernst Federn an Anna Freud, 24. Juli 1945, gut drei Monate nach seiner Befreiung aus Buchenwald (in: Kuschey 2004, Bd. II., S. 938).

Ernst Federns Leben trägt die Signatur des 20. Jahrhunderts: Es führte von Wien über Dachau und Buchenwald nach Brüssel, dann in die USA und schließlich wieder nach Wien. Ernst Federn, der am 24.06.2007 in Wien 92-jährig verstorben ist, war ein führender Historiker der Psychoanalyse, ein Pionier der psychoanalytischen Pädagogik und einer Psychologie des Terrors. Die Grundlagen für sein bedeutendes, aber erst viel zu spät beachteten Werkes schuf er im Konzentrationslager. Ernst Federn versuchte, seine traumatischen Erfahrungen im Konzentrationslager auf psychoanalytischer Basis zu analysieren und zu verstehen.

Ernst Federn, der am 26. August 1914 in Wien geboren wurde, lernte die Psychoanalyse quasi am Mittagstisch kennen: Sein Großvater war einer der bekanntesten Ärzte Wiens, sein Vater Paul Federn, Arzt und Psychoanalytiker der ersten Stunde, war von 1924 bis 1938 als enger Mitarbeiter Sigmund Freuds an der Entwicklung der jungen Wissenschaft Psychoanalyse beteiligt und setzte sich maßgeblich für deren soziale und pädagogische Öffnung im Sinne einer kollektiven Reformbewegung ein. Insbesondere junge, vom Reformgeist gespeiste AnalytikerInnen verkehrten regelmäßig im Hause der Federns, das der ungarische Psychoanalytiker von Isvan Hollós wegen seiner gesellschaftlichen Offenheit und Liberalität einmal treffend als »Pension zur aufgelassenen Ich-Grenze« bezeichnet hat.

Dabei hatte sich der junge Ernst Federn die Psychoanalyse nicht als Beruf vorgenommen. Er studierte in Wien Jura und Sozialwissenschaften mit dem Wunsch, sozialistischer Politiker zu werden. Schon bald engagierte er sich bei den ab 1934 verbotenen »Revolutionären Sozialisten«, was mehrfache Inhaftierungen durch die politische Polizei und seinen Ausschluss von der Universität zur Folge hatte. Aus dieser Not heraus arbeitete er als Sekretär seines Vaters und beteiligte sich an der Bearbeitung des von diesem – gemeinsam mit Heinrich Meng – ab 1926 herausgegebenen »Psychoanalytischen Volksbuchs«. Dieses Werk stellt einen ersten interdisziplinären Versuch dar, psychoanalytische Erkenntnisse auch breiteren Bevölkerungskreisen zur Verfügung zu stellen.

Unmittelbar nach ihrer Machtübernahme 1938 verschleppten die österreichischen Nationalsozialisten Ernst Federn wegen seines antifaschistischen Kampfes sowie des ihm zugeschriebenen Judentums nach Dachau, dann nach Buchenwald. Dort freundete er sich mit dem seinerzeit noch völlig unbekannten Bruno Bettelheim an, woraus eine lebenslange, in ihrem Briefwechsel dokumentierte, Freundschaft erwuchs (in: Kaufhold 1999). Sie versuchten zu überleben, indem sie die terroristische Realität zu begreifen versuchten. In nächtlichen Gesprächen entwarfen sie die Grundlagen einer *Psychologie des Terrors*. Bettelheim hatte mehr Glück als Federn: Nach elf Monaten wurde er mit der Auflage freigelassen, unverzüglich zu emigrieren. Bettelheim ging nach New York, wohin auch Federns Eltern geflohen waren, und wurde ein Pionier der Milieutherapie. Er arbeitete mit psychisch sehr kranken Kindern, deren Leiden er auf psychodynamischer Basis zu verstehen versuchte und denen er ein ideales Lebensumfeld anbieten wollte (Kaufhold 2001).

Ernst Federn hingegen wurde sieben Jahre lang in Buchenwald festgehalten – und resignierte doch nicht. Seine psychoanalytisch gewonnenen Erkenntnisse zeigten ihm, dass er sich dem Terror zwar weitgehend anpassen, aber innerlich Reste von Autonomie erhalten musste. Er wurde auch von Vertretern der von Kommunisten dominierten sogenannten Häftlingsselbstverwaltung drangsaliert. Die Stalinisten duldeten abweichende Standpunkte, wie sie Federn vertrat, nicht. »Als Begründer der österreichischen Sektion der Vierten Internationale wurde ich im Lager von den Stalinisten isoliert«, schreibt Federn Jahrzehnte später über diese Zeit. »Mit einem Trotzkisten zu reden, war verboten. Es gab allerdings einen berühmten kommunistischen Gefangenen, der im Lager unerhörte Dinge durchgestanden hatte. Mit dem habe ich sehr viel über Psychoanalyse gesprochen. Er ließ es sich nicht verbieten, mit mir zu sprechen. Da er großen Einfluss auf die anderen hatte, bekam ich den Ruf des Psychoanalytikers im Lager. Man konnte nun doch mit mir sprechen, die Leute konnten mit mir über sich und ihre Probleme reden« (Plänkers/Federn 1994, S. 158f.).

Sein Optimismus war für viele Mitgefangene eine große Ermutigung: »Du warst verrückt im Lager, mit deinem Optimismus! Aber es war gut, dir zuzuhören«, berichtete ihm sein Freund Edgar Konradi Jahrzehnte später, bei ihrem glücklichen Wiedertreffen in den USA (s. Kuschey 2004, S. 763f., 785f., 833). Federn betonte im Rückblick: »Für mich war mein Optimismus ganz entscheidend für mein Überleben. Ich war völlig überzeugt, daß mir nichts passiert« (Plänkers/Federn 1994, S. 154).

Im April 1945 wurde Ernst Federn durch US-amerikanische Truppen befreit. Eine Rückkehr nach Österreich, das von den Russen besetzt war, erschien dem entschiedenen Gegner Stalins als zu gefährlich – eine realistische Einschätzung: Sein Freund Karl Fischer beispielsweise wurde vom sowjetischen Geheimdienst entführt und nach Sibirien verschleppt. Ernst Federn war innerlich ungebrochen geblieben. Noch im Lager, am 20. April 1945, veröffentlichte er mit drei anderen Häftlingen die »Erklärung der internationalistischen Kommunisten Buchenwalds«, in der sie sich gegen den Stalinismus wandten und für eine österreichische Räterepublik eintraten. Federn ging nach Brüssel, wo er sein politisches Engagement fortsetzte. Er arbeitete mit dem marxistischen Ökonomen Ernest Mandel sowie mit dem späteren SPD-Politiker Heinz Kühn zusammen. Zugleich gelang es ihm endlich, wieder in Kontakt mit seiner Verlobten Hilde Paar zu kommen, die in Wien sieben Jahre lang auf ihn gewartet und ihn durch regelmäßige, lebensrettende Geldsendungen unterstützt hatte.

Ernst Federn hatte große Pläne: Er plante ein Buch zum Verhältnis von Psychoanalyse und Marxismus. Vor allem jedoch arbeitete er, auf der Grundlage der freudschen Erkenntnisse über das menschliche Seelenleben, an einer »Psychologie des Terrors«. Bereits 1946 veröffentlichte er seine wohl bedeutsamste Studie, den *»Versuch einer Psychologie des Terrors«*, in der er seine fürchterlichen Erfahrungen verarbeitete. Er zeigte auf, wie im Konzentrationslager der individuelle menschliche Sadismus durch ein perfides System gezielt zum Zweck der grausamen, kollektiven Zerstörung instrumentalisiert worden war. Die Etablierung eines kriminellen Über-Ichs förderte die sadistischen Triebe der Einzelnen: »Mit der SS-Uniform wurde der Verbrecher zum Ehrenmann, wurden seine Schandtaten zum Dienst am Volk. Außerdem wurden alle Opfer des SS-Terrors als verworfene Banditen bezeichnet und so die Maßnahmen gegen sie gerechtfertigt« (in: Kaufhold 1999). Federn beschönigt in der Studie nichts, klagt nicht an, sondern analysiert die erlebte Vergangenheit frei von moralisierendem Unterton.

Die Zeitumstände waren nicht günstig für solche Analysen. Federn, der noch vor Hannah Arendt die »Banalität des Bösen« beschrieben hatte, vermochte seine Studie nur in einer kleinen belgischen Zeitschrift zu veröffentlichen. Anfang 1948 emigrierte er gemeinsam mit seiner Ehefrau Hilde nach New York. In der antikommunistischen McCarthy-Ära bestand keinerlei Interesse an seinen Terrorstudien. Sie gingen vergessen. Erst 1999 erschienen sie unter dem Titel »Versuche zur Psychologie des Terrors« (Kaufhold 1999).

Die Freude des Wiedersehens mit den Eltern in New York währte nicht lange: Federns Mutter verstarb 1949, sein Vater 1950. Er vermachte seinem Sohn, der sich zum psychoanalytischen

Sozialtherapeuten ausbilden ließ, jedoch ein wichtiges Erbe: die umfangreichen Protokolle von Freuds »Psychoanalytischer Mittwoch-Gesellschaft«. Gemeinsam mit dem ebenfalls aus Wien in die USA emigrierten Psychoanalytiker Hermann Nunberg edierte er diese Protokolle in den 1960er und -70er Jahren. Sie wurden zu einem Grundlagenwerk für die Geschichte der Psychoanalyse und erschienen in den 1960er und -70er Jahren auf Englisch und erst danach auf Deutsch. Es war ein harter Kampf, bestand unter den meisten Psychoanalytikern anfangs doch keinerlei Interesse an diesen eminent wichtigen historischen Quellen. Es enthält eine gewisse Tragik, dass Ernst Federn das Erscheinen der Neuauflage dieser 4-bändigen Protokolle – sie erscheinen 2008 beim Psychosozial-Verlag – nicht mehr erleben durfte.

Der österreichische Bundeskanzler Bruno Kreisky sowie der Justizminister Christian Broda, die mit Federn seit dessen Engagement in den 30er Jahren im Wiener Untergrund befreundet waren, holten ihn 1972 aus den USA nach Wien zurück. Seitdem arbeitete Ernst Federn als Psychotherapeut und Supervisor an einer Reform des österreichischen Strafvollzugs. Waren noch Anfang der 70er Jahre persönliche Gespräche zwischen Gefangenen und dem Gefängnispersonal untersagt, so bilden nun therapeutisch orientierte Gespräche mit den Häftlingen einen selbstverständlichen Teil der Resozialisierungsbemühungen. Die Verarbeitung seiner eigenen Terrorerfahrungen war Federn eine Hilfe, sich in die Motive gewaltsamen Verhaltens einzufühlen.

Sehr anrührend für Viele sind die Erinnerungen an die verschiedenen Wiener Ehrenveranstaltungen anlässlich seines 90. Geburtstages, wo er noch einmal mit außergewöhnlicher Kraft und Liebenswürdigkeit aus seinem so außergewöhnlich reichhaltigen, schwierigen und doch so produktiven Leben erzählte (s. Kaufhold 2005a; Kuschey 2006).

Der Tod Ernst Federns ist ein ganz außerordentlicher Verlust. Wir haben ihm sehr viel zu verdanken. Es bleibt zu hoffen, dass in Wien – etwa vor seiner ehemaligen Wohnung in der Kolingasse 20 – in angemessener Weise an sein Wirken erinnert wird.

Literatur

Federn, E. (1988): Die Emigration von Sigmund und Anna Freud. Eine Fallstudie. In: Stadler, F. (Hg.): Vertriebene Vernunft II. Emigration und Exil Österreichischer Wissenschaft 1930–40. Wien-München, S. 247–250.

Federn, E.; Wittenberger, G. (Hg.) (1992): Aus dem Kreis um Sigmund Freud. Frankfurt/M. (Fischer TB).

Federn, E. (1999): Ein Leben mit der Psychoanalyse. Von Wien über Buchenwald und die USA zurück nach Wien. Gießen (Psychosozial-Verlag).

Federn, E. (1999a): Versuch einer Psychologie des Terrors. In: Kaufhold, R. (Hg.) (1999): Ernst Federn: Versuche zur Psychologie des Terrors. Gießen (Psychosozial-Verlag), S. 35–75.

Kaufhold, R. (Hg.) (1999): Ernst Federn: Versuche zur Psychologie des Terrors. Material zum Leben und Werk von Ernst Federn. Gießen (Psychosozial-Verlag), S. 145–172.

Kaufhold, R. (2001): Bettelheim, Ekstein, Federn: Impulse für die psychoanalytisch-pädagogische Bewegung. Mit einem Vorwort von Ernst Federn. Gießen (Psychosozial-Verlag).

Kaufhold, R. (2005): Erinnerung an Hilde Federn (26.10.1910–19.01.2005). In: Kinderanalyse, 13. Jg., Heft 2/2005, 234–237.

Kaufhold, R. (2005a): Biographische Kontinuität, Emigration und psychoanalytisch-pädagogisches Engagement. Laudatio auf Ernst Federn zu seinem 90. Geburtstag. In: psychosozial, 28. Jg. Nr. 100 (Heft 2/2005), 75–83.

Kaufhold, R. (2007): Traumatisierung überleben und verarbeiten – Leben und Werk des Pioniers der Psychoanalyse Ernst Federn. In: Krisor, M.; Wunderlich, K. (Hg.) (2007): Gerade in schwierigen Zeiten: Gemeindepsychiatrie verankern – Internationale Beiträge. Lengerich, Berlin (Pabst Science Publishers), S. 182–199.

Kuschey, B. (2003): Die Ausnahme des Überlebens. Ernst und Hilde Federn. Eine biographische Studie und eine Analyse der Binnenstruktur des Konzentrationslagers. Bd. I und II. Gießen (Psychosozial-Verlag).

Kuschey, B. (Hg.) (2006): Die Psychoanalyse kritisch nützen und sozial anwenden. Ernst Federn zum 90. Geburtstag. Wien (Verlag Theodor Kramer Gesellschaft).

Nunberg, H.; Federn, E. (Hg.) (2008): Protokolle der Wiener Psychoanalytischen Vereinigung, Bd. I–IV. Gießen (Psychosozial-Verlag).

Plänkers, T.; Federn, E. (1994): Vertreibung und Rückkehr. Zur Geschichte der Psychoanalyse und Ernst Federns. Tübingen (Edition diskord).

Rezensionen

Joachim Perels (2004): Entsorgung der NS-Herrschaft? Konfliktlinien im Umgang mit dem Hitler-Regime. Hannover (Offizin), 384 Seiten, 22,90 €

Joachim Perels ist »gelernter« Jurist mit parallel hohem wissenschaftlichem Interesse für die Neuere und Neueste Geschichte. Er arbeitet als Professor für Politische Wissenschaft an der Universität Hannover. Eines seiner provokanten Leitthemen: »Der Mythos von der Nazi-Vergangenheitsbewältigung« findet einen umfassenden Niederschlag in seinem vorliegenden neuen Buch. Für Perels gilt die historische Entwicklung der Bundesrepublik hinsichtlich der verfassungsrechtlichen Institutionen und der politischen Prozesse im Wesentlichen als Erfolgsgeschichte. Derartige Problementwicklungen könnten jedoch für den Umgang mit der NS-Herrschaft keine generelle Gültigkeit beanspruchen.

Im ersten Hauptkapitel »Strukturen der NS-Despotie« mit drei Beiträgen dominiert jener mit dem Titel »die Reichspogromnacht und die Komplizenschaft der Gesellschaft«. Hier werden das außergesetzlich organisierte und gelenkte November-Pogrom als Wendepunkt in der nationalsozialistischen Politik des Judenhasses ebenso detailliert skizziert wie die damals nur schwach ausgebildeten Gegenpositionen zur Verfolgung der Juden (z.B. auch seitens der Bekennenden Kirche einschließlich der lutherischen Landeskirchen).

Das zweite Hauptkapitel »Das Hitler-Regime vor dem Forum des Rechts« enthält zwei Beiträge zu den Nürnberger Prozessen; ferner vier relevante Beiträge zu speziellen juristischen Aspekten (einschl. des Umganges der Justiz mit Kommunisten); schließlich den informativen Beitrag zur Übernahme der Beamtenschaft des Hitler-Regimes. Ergänzend erwähne ich noch zwei weitere Beiträge: einesteils geht es dem Autor um das Thema »die Relativierung der Verantwortung für den Anstaltsmord«. Die »Vernichtung lebensunwerten Lebens« (im Sinne der NS-»Euthanasie«) an insgesamt 125.000 Menschen beinhaltete auch die Handlangerfunktion der Justiz an dieser Mordorganisation. Die juristische Aufarbeitung der NS-»Euthanasie« nach 1945 hatte zur Folge, dass allein die Mitglieder der engeren politischen NS-Führung an dem Mordapparat als Täter gelten sollten, während die übrigen für die Durchführung des Anstaltsmords Verantwortlichen als lediglich fremdgesteuerte Rädchen eines äußerlichen Mechanismus betrachtet wurden. Anderenteils wird das Thema des Frankfurter Auschwitz-Prozesses eingebracht, der erst achtzehn Jahre nach der Befreiung der Vernichtungsstätte in Gang kam und zwei Jahre dauerte. Nunmehr trat an die Stelle des Schweigens die Auschwitz-Wirklichkeit. Hier erwähnt Perels auch nachdrücklich den damaligen hessischen Generalstaatsanwalt Fritz Bauer (1903 bis 1968, ehemaliger KZ-Häftling), der dieses öffentliche Gerichtsverfahren in Gang gesetzt hatte und bereits in der zweiten Hälfte der 50er Jahre der entscheidende initiale Inaugurator für die Entführung des Massenmörders Adolf Eichmann von Argentinien nach Israel gewesen war.

Das dritte Hauptkapitel »Gesellschaftliche Auseinandersetzungen um die Wahrnehmung des Nationalsozialismus« enthält als ersten den Beitrag »Vergessen-Gedenken-Erinnern«, der von Hannah Arendts 1950 gemachter Erfahrung ausgeht, wonach »das Ungeschehenmachen der Schreckenstaten im Zentrum des allgemeinen Bewusstseins der deutschen Bevölkerung steht«. Ferner beschäftigt sich Perels kritisch mit der 1952-Theodor Heuss-Rede in Bergen-Belsen; ebenso beschreibt er den maßgeblich von Helmut Kohl bestimmten rein formelhaften Umgang mit der nationalen Gedenkstätte der Neuen Wache in Berlin, der im Sinne einer regierungsamtlichen Endkonkretisierung des Gedenkens imponiert habe. Schließlich präsentiert der Autor eine ungewöhnlich treffende Kritik zu Martin Walsers Friedenspreisrede vom Oktober 1988, und er geht ergänzend auch auf die bei Roman Herzog und Gerhard Schröder fassbare irritierende Ambivalenz im Umgang mit dieser Sonntagsrede ein. Der zweite Beitrag trägt den Titel »Widerstände gegen die Erinnerung an die Shoa«. Es wird hinsichtlich dieses Themas als radikaler Hauptzeuge der ehemalige Reichssicherheitshauptamt-Justiziar Werner Best angeführt, der zu Beginn der 50er Jahre – über enge FDP-Verbindungen – eine Generalamnestie für die Staatsverbrechen des Dritten Reiches gefordert hatte, weil die Ausrottung der Juden – anders als bei gewöhnlichen Verbrechern – nicht aus persönlichen Motiven geschehen sei. Es folgen zwei weitere, höchst instruktiv geschriebene Beiträge, die trotz ihrer betont kritischen Note sehr gut nachvollziehbar sind: »die Haltung Hans Liljes zur NS-Diktatur« und »die Hannoversche Landeskirche im Nationalsozialismus als Problem der Nachkriegsgeschichte«.

Das vierte Hauptkapitel mit dem Thema »Zeugen der Erinnerung« stellt wegen seiner ungewöhnlich differenzierten Niederschrift eine Art von krönendem Abschluss dieses Buches dar. Es beinhaltet die »politischen Dimensionen letzter Äußerungen von Widerstandskämpfern«. Hier erwähnt der Autor auch seinen Vater Friedrich Justus Perels (Rechtsberater der Bekennenden Kirche), der wegen seiner 20. Juli-Mitbeteiligung im Februar 1945 vom Volksgerichtshofpräsidenten Roland Freisler zum Tode verurteilt worden war. Es folgen sieben ausführliche, außerordentlich lesenswerte Niederschriften u. a. zu Fritz Bauer (»die Humanität einer demokratischen Rechtsordnung«), Martin Niemöller (»Überwindung der christlichen Verklärung des Staates«), Eugen Kogon (»politische Konsequenzen aus den Erfahrungen im SS-Staat«) sowie Wolfgang Abendroth (»marxistischer Humanismus in der Restaurationszeit«).

Dieses Buch von Joachim Perels imponiert als ein komprimiert geschriebenes, außerordentlich inhaltsträchtiges Buch mit wesentlichen neuen Aspekten zur NS-Vergangenheit. Es zeichnet sich zudem durch wichtige Literaturvoten aus. Dem Autor ist es optimal gelungen, kompliziert erscheinende juristische, historische und psychologische Dinge sehr genau auf den Punkt zu bringen, sodass schnell optimale Nachvollziehbarkeit und intensiver Lesegewinn ermöglicht werden.

Hellmuth Freyberger

Ulrike Loch (2006): Sexualisierte Gewalt in Kriegs- und Nachkriegskindheiten. Lebens- und familiengeschichtliche Verläufe. Opladen und Farmington Hills (Verlag Barbara Budrich), 341 Seiten, 33,– €

Auf dieses Buch ist sehr gewartet worden – vom Rezensenten, aber eigentlich noch viel mehr von Menschen in erheblicher Zahl, für die es außerordentliche Bedeutung gehabt hätte, wenn ihnen aus dem akademischen Bereich, einem der am meisten Ton angebenden Teile unserer Gesellschaft, schon früher solch eine Veröffentlichung als Resonanzraum entgegen gekommen wäre. Das hätte einen noch etwas »offizielleren« Anstrich gehabt, als wenn sie – immer noch selten genug, aber doch zunehmend – in Therapie oder psychologischer Beratung Gehör finden. Vor allem hätten entsprechende Forschungen und Publikationen indirekte Wirkung gehabt weit in das gesellschaftliche Bewusstsein hinein, also in Familien, Kindergärten, Schulen … Stattdessen kann die Autorin als ein Ergebnis ihrer sorgfältigen und sehr lesenswerten Literaturrecherche über sexualisierte Gewalt, über die Tradierung von NS-Vergangenheit in den Familien und schließlich über deren mögliche Zusammenhänge (S. 17–63) nur konstatieren: »Die Frage nach sexualisierter Gewalt gegen Kinder in nationalsozialistischen Familien wurde in den vergangenen Jahren in der Forschung sehr selten gestellt, dies korrespondiert auf der Makroebene mit der Marginalisierung von Forschungen zu sexualisierter Gewalt gegen Frauen im ›Dritten Reich‹« (S. 55).

Es geht in diesem Buch um die Erforschung eventueller konkreter Zusammenhänge zwischen politischer, speziell NS-Gewalt auf der einen und sexualisierter Gewalt im persönlichen Nahraum der Familie während Kriegs- und Nachkriegszeit auf der anderen Seite. Das ist eine ausgesprochen heikle Fragestellung, berührt sie doch gleich zwei Bereiche, in denen sich aufgrund erheblicher allgemeiner Tabuisierung wissenschaftliche Forschung mit ihren üblichen Mitteln schwer tut: seelische Nachwirkungen der NS-Zeit und sexualisierte Gewalt. Und wenn dann noch gar die Möglichkeit von Zusammenhängen thematisiert wird, liegen Einwände etwa der Art nahe, dass nach allen statistischen Wahrscheinlichkeiten selbstverständlich unter der Population von NS-Tätern und -Tatbeteiligten eine dem allgemeinen Schnitt entsprechende Zahl von Männern später sexuellen Missbrauch an Töchtern, Söhnen, Enkelkindern begangen haben dürfte. Oder umgekehrt gälte dasselbe für die Proportion von NS-Täterschaft im Hintergrund späterer Sexualtäter. Oder: Dann müsste es in anderen Ländern doch weniger an sexuellem Missbrauch geben?

Diesen durchaus bedenkenswerten Argumenten steht allerdings die beharrliche Tatsache entgegen, dass sich Menschen, die diesen Zusammenhang am eigenen Leib und in der eigenen Seele erlitten haben, immer dann in auffälliger Zahl und Intensität melden, wenn ihnen – bisher wohl überwiegend aus dem therapeutischen Raum – entsprechende Veröffentlichungen entgegen kommen. Und dann berichten sie regelhaft Haarsträubendes an Zurückweisungen, sobald sie davon etwas zu thematisieren versuchten – auch in Therapie und Beratung. Die tatsächliche oder indirekte Zuschreibung in Richtung einer paranoiden Störung war dann keine Ausnahme. Solche Mitteilungen erhält der Rezensent seit bald zwanzig Jahren, und sie sind es, die ihn parteilich – aber nicht blind oder einäugig, also nicht kritiklos – sein lassen bei dieser Fragestellung.

Nach diesen Vorspann-Bemerkungen zur besonderen Diffizilität der Fragestellung und der hohen Verleugnung, auf die sie in der Gesellschaft und im individuellen Bereich stößt, dürfte es nicht verwundern, dass in dem Buch von Ulrike Loch nicht Korrelationen oder Cluster-Analysen im Mittelpunkt stehen, also nicht statistische Berechnungen, basierend auf den Daten Hunderter Personen. Ganz im Gegenteil. Es sind vierzehn Frauen, die interviewt wurden, wobei nach Möglichkeit auch weitere Familienmitglieder eingeschlossen wurden. »Ausgegangen wurde dabei von den Erinnerungen von Frauen, die als Kinder durch mindestens einen Familienangehörigen traumatisiert wurden und deren Eltern als Erwachsene den Nationalsozialismus erlebten« (S. 65). Traumatisiert wurden sie durch sexualisierte Gewalt. Hinsichtlich der konkreten NS-Hintergründe bei den Eltern gab es keine Auswahlkriterien. Es sind sowohl »Mitläufer«- als auch Täterfamilien enthalten.

Anwendung fand die Methode der biografischen Fallrekonstruktion, wie sie innerhalb der soziologischen Biografieforschung entwickelt wurde. In Deutschland ist das besonders mit den Namen von Gabriele Rosenthal und Wolfram Fischer-Rosenthal verbunden. Erstere war auch eng an dem Forschungsprojekt beteiligt. Dies ist ein aufwendiges Forschungsverfahren mit einer ganzen Reihe von Schritten, beginnend bei der Ausbildung für die Durchführung solcher Interviews, den Diskussionen im Forschungskolloquium und in Interpretationsgruppen, der Einzelsupervision bis hin endlich zur wissenschaftlichen Auswertung der umfangreichen Daten aus den Interviews sowie aus Akten und ähnlichem Material, dies in mehreren Stufen: Genogrammanalyse, thematische Feldanalyse, Analyse von Familienskulpturen, Feinanalyse, Kontrastierung von erzählter und erlebter Lebensgeschichte, schließlich fallübergreifend der Versuch von Typisierungen.

Dies klingt kompliziert, ist es auch, und doch gelingt es der Autorin ausgezeichnet, selbst diese eher trockenen Themen anschaulich zu vermitteln. Es ist sehr zu empfehlen, diese Passagen nicht einfach zu übergehen, um sich schnell den »Ergebnissen« zuzuwenden, denn ähnlich wie in guter Psychotherapie ist bei dieser schwierigen Thematik der Blick auf das »Material« wichtig – und wie sehr diese Wahrnehmungen vom

Bewusstsein interpersoneller Differenz, von Diskussion und Reflexion getragen sind.

Die Rezension dieses Buches hätte ein Leichtes und Schnelles sein können, so gut sind die verschiedenen Zusammenfassungen. In vielleicht zwei Stunden ließe sich so »das Wesentliche« darstellen. Das brächte aber große Verluste mit sich. Vielmehr geht auch der Rat für die Lektüre dahin, sich nach erstem Orientieren über Forschungsdesign und den sehr guten Überblick zur relevanten Literatur auf die drei ausführlichen (jeweils etwa 50 Seiten umfassenden) Falldarstellungen zu konzentrieren. Das dürfte gerade auch für therapeutisch Tätige von großem Gewinn sein. Sie werden auf eine Subtilität der Analyse stoßen, wie sie in der täglichen Fülle der therapeutischen Arbeit selten möglich ist, und so kann das Lesen auch eine Art von Fortbildung sein, zumindest ein immer mal wieder wichtiger Hinweis für das genaue Hinhören auf Details, auf Brüche, Widersprüche, sich nur Andeutendes. Gerade für psychoanalytisch Gebildete wird es dabei wohltuend und vielleicht erstaunlich zugleich sein, wie sehr hier die Unterscheidung von manifesten und latenten Inhalten und Strukturen herausgearbeitet wird.

Es war nach der fast über einen ganzen Tag gehenden Lektüre dieser drei Darstellungen, dass der Rezensent, oder reden wir lieber persönlicher, dass ich intensiv den Wunsch nach klarer Aussprache hatte, nach dem Gespräch mit meiner Frau, doch da diese gerade verreist war, half wenigstens passende Musik. Nicht aber etwaige Unklarheiten des Buches waren der Grund für diesen Zustand, ganz im Gegenteil: In diesen Berichten werden in bemerkenswerter Klarheit bestimmende Eigenarten aus den Tabubereichen sexualisierter Gewalt und der seelischen Nachwirkungen des NS-Reichs sichtbar gemacht, wie sie auch in Therapien oft nur zwischen den Worten schwingen können. In dieser intensiven Zusammenstellung verdichteten sich in mir Eindrücke von erstickender Klebrigkeit, von mörderisch-normaler untergründiger Bedrohung, von Missachtung individueller Bedürfnisse, von biedermännischer Lüge, vom männlich-weiblichen Stricken an idyllischen Familienlegenden, vom behänden Wegdefinieren der Realität des millionenfachen Mordens und eigener Beteiligung daran, Eindrücke eines Miefs, der das Morden in sich trägt, bis heute. Wie oft habe ich in Therapien von Menschen, die sich daraus zu befreien suchten, gedacht: Wenn es doch gelänge, nur den Inhalt dieser einen Stunde in aller Dichte und Abgründigkeit an die Öffentlichkeit zu bringen! Hier, in diesem Buch, ist davon sehr viel gelungen. Und das kann gerade auch für Therapeutinnen und Therapeuten von besonderer Bedeutung sein, da es aus einem anderen Bereich als dem ihren kommt, nämlich aus der akademischen Forschung.

Darauf habe ich bereits eingangs verwiesen, und das wird jetzt vielleicht noch nachvollziehbarer: Der Austausch zwischen den verschiedenen gesellschaftlichen Bereichen ist erst recht angesichts der hier angesprochenen Thematiken wichtig, ist unerlässlich. Was ich soeben als den Mord in sich tragenden Mief bezeichnete, bedarf ja zu seiner Konstituierung, dass die Gewaltunterworfenen von der Umgebung isoliert sind, bedient sich der Familienideologie von der heilen Welt.

Und dann antworten Therapeutinnen und Therapeuten auf die Frage, ob sie in ihrer Praxis mit Auswirkungen der NS-Zeit zu tun hätten, leider seien noch keine Opfer oder deren Nachkommen bei ihnen erschienen – dass aber ihre »deutsch-normale« Kundschaft vorwiegend von ehemaligen »Volksgenossen« abstammt und das NS-Reich bis heute in all ihren Äußerungen untergründig, doch eventuell sehr wirksam mitspielen kann, wird herausgehalten, wird wegisoliert. Anders ist es in diesem Buch. Hier wird in großer Klarheit Unklarheit sichtbar gemacht. Das ist wohltuend, und das kann schließlich sogar befreiend wirken, wenn man nur will und wirklich Abstand nimmt vom mörderischen Mief, der bis heute reicht.

Wichtig ist dabei noch ein Punkt: In dieser biografischen Forschungsmethode wird genau unterschieden zwischen dem, was jemand »wirklich« erlebt hat, und dem, was sie oder er später daraus macht, wie also die eigene Lebensgeschichte und die Familiengeschichte konstruiert und dabei auch kontinuierlich umkonstruiert werden. Für therapeutisch Tätige ist dies, sollte man meinen, tägliches Brot, doch wie oft, um nur von mir selber zu sprechen, sind mir beschönigende Tendenzen, verdeckte, aber hochwirksame Loyalitäten mit gewalttätigen NS-Eltern – die als solche nie benannt wurden – entgangen, wie oft haben meine eigenen Blindheiten das Entstehen von Klarheit verhindert? Wie oft habe ich es »vergessen«, mir vor Augen zu halten, dass es ja Konstruktionen sind, die uns in der Therapie präsentiert werden und dass diese gerade in so hoch tabuisierten Bereichen äußerst schillernd sein können? Es ist also ein Buch, das auch Therapeutinnen und Therapeuten infrage stellen kann. Das ist gut so.

Jürgen Müller-Hohagen

Autorinnen und Autoren

Brähler, Elmar, Prof. Dr. rer. biol. hum., Leiter der Selbstständigen Abteilung für Medizinische Psychologie und Soziologie des Universitätsklinikum Leipzig. Arbeitsschwerpunkte: Psychodiagnostik, Migration und Gesundheit, somatoforme Störungen. Aktuelle Veröffentlichung: Berth, H.; Förster, P.; Brähler, E. & Stöbel-Richter, Y. (2007): *Einheitslust und Einheitsfrust. Junge Ostdeutsche auf dem Weg vom DDR- zum Bundesbürger. Eine sozialwissenschaftliche Längsschnittstudie von 1987–2006.* Gießen (Psychosozial-Verlag).

Brandl, Yvonne, Dr. phil., Mutter von zwei Kindern. Studium der Psychologie (Dipl.) und der Germanistik (M.A.), Promotionsstipendium der Studienstiftung des deutschen Volkes 1997–2000. Mitarbeit im Institut für Psychologie Universität Frankfurt, Abt. Methoden und Evaluation von 1999–2001. Seit 2002 Mitarbeiterin im Sigmund-Freud-Institut Frankfurt. Forschungsschwerpunkte: Methodologie und Evaluation, Sprach- und Modellkritik, z. B. Therapiewirksamkeit bei ADHS.

Günther, Armin, Prof. Dr. rer. pol., Dipl.-Psych., geb. 1958; Studium der Psychologie und Philosophie an der Universität Hamburg; 1986–1989 Mitarbeiter in der Forschungsgruppe »Motivationspsychologie« am Max-Planck-Institut für psychologische Forschung in München; 1989–2006 wissenschaftlicher Mitarbeiter, Assistent, Oberassistent und Professor (Lehrstuhlvertretung) am Lehrstuhl für Psychologie II der Wirtschaftswissenschaftlichen Fakultät der Universität Augsburg. Zurzeit wissenschaftlicher Mitarbeiter am Lehrstuhl für Kulturgeografie an der Katholischen Universität Eichstätt-Ingolstadt, sowie außerplanmäßiger Professor an der Universität Augsburg. Forschungsschwerpunkte: Methodologie, Risikoforschung, Freizeit und Tourismus.

Haubl, Rolf, Dipl.-Psych., Germanist und Professor für Soziologie und psychoanalytische Sozialpsychologie der Universität Frankfurt und Direktor des Sigmund-Freud-Instituts in Frankfurt. Er ist Gruppenlehranalytiker, Gruppenanalytischer Supervisor und Organisationsberater (DAGG, DGSv).

Beratungsfelder: Coaching weiblicher Leitungskräfte in Profit- und Non-Profit-Organisationen, Teamsupervision, Mediation von Intra- und Intergruppenkonflikten, Nachfolgeberatung. Forschungsschwerpunkte: ökonomisches Alltagshandeln und seine Psychopathologien, zum Beispiel Kaufsucht und Überschuldung; Beratungsforschung, insbesondere Supervision und Coaching in Profit- und Non-Profit-Organisationen und Emotionsforschung.

Publikation u. a.: Haubl, R., Heltzel, R., Barthel-Rösing, M. (Hg.) (2005): *Gruppenanalytische Supervision und Organisationsberatung. Eine Einführung*. Gießen (Psychosozial-Verlag).

Kasten, Erich, Prof. Dr., Psychologie-Studium in Kiel, 1992–2007 wissenschaftlicher Mitarbeiter der Otto-von-Guericke-Universität in Magdeburg. 1993 Promotion, 1999 Habilitation und Approbation. 2000–2002 Gastprofessur an der Humboldt-Universität (Berlin). Seit 2006 apl. Professur. Seit 1998 im Vorstand der Dt. Gesellschaft für Medizin. Psychologie (DGMP). Gegenwärtig ist er am Institut für Medizinische Psychologie der Universität zu Lübeck tätig. Wichtigste Schriftwerke sind: Effektive neuropsychologische Behandlungsmethoden

(2002); Body Modification – Psychologische und medizinische Aspekte von Piercing, Tattoo, Selbstverletzung und anderen Körperveränderungen (2006); Einführung Neuropsychologie (2007); Die irreale Welt in unserem Kopf – Halluzinationen, Visionen, Träume (2008); 1ÄP: Medizin. Psychologie, Med. Soziologie (15. Aufl., 2008).

Kaufhold, Roland, Dr. phil., Dipl.- Päd., Promotion am Fachbereich Erziehungswissenschaft der Universität Hamburg, arbeitet an einer Sonderschule für Sprachbehinderte in Köln.

Lamott, Franziska, Prof. Dr., Studium der Soziologie und Psychologie. Promotion in Soziologie. Gruppenanalytikerin (DAAG). Forschung und Lehre an den Universitäten München, Klagenfurt, Basel und Ulm. Habilitation in Sozialpsychologie. Professorin an der Universität Ulm, Sektion Forensische Psychotherapie. Forschungsprojekte und Publikationen in den Bereichen: Kriminologie und Forensik, Psychotherapie- und Genderforschung, Gruppen- und Kulturanalyse.

Liebsch, Katharina, arbeitet als Professorin für Soziologie mit dem Schwerpunkt Familien- und Jugendsoziologie am Fachbereich Gesellschaftswissenschaften der Johann Wolfgang Goethe-Universität Frankfurt. Arbeitsschwerpunkte: Körper und Geschlecht, Moral- und Identitätsentwicklung, Wissenskulturen. Jüngste Veröffentlichung: Jenseits der Expertenkultur. Zur Aneignung und Transformation biopolitischen Wissens. Wiesbaden 2007 (zs. mit Ulrike Manz)

Quindeau, Ilka, Prof. Dr. phil. habil., Diplom-Psychologin, Diplom-Soziologin und Psychoanalytikerin (DPV/IPV), arbeitet als Professorin für Psychoanalyse an der Fachhochschule Frankfurt und in eigener Praxis.

Vinnai, Gerhard, Prof. Dr., war Professor für analytische Sozialpsychologie an der Universität Bremen mit den Arbeitsschwerpunkten Psychologie der Gewalt, Psychoanalyse der Religion, Geschlechterrollenprobleme, Universitäts- und Wissenschaftskritik sowie Psychoanalyse der Erziehung.

Vinnai studierte Soziologie und der Psychologie in Frankfurt am Main. Von 1972 bis 2005 war er Hochschullehrer an der Universität Bremen.

www.ingramcontent.com/pod-product-compliance
Ingram Content Group UK Ltd.
Pitfield, Milton Keynes, MK11 3LW, UK
UKHW061656190726
13853UKWH00008B/2246